CARRÉS & CIE AU CROCHET

MIX AND MATCH DE BLOCS INSPIRATION PATCHWORK

LEONIE MORGAN

UN DIMANCHE APRÈS-MIDI

Cette présente éditions a été publiée en 2022 par Un Dimanche Après Midi®
Éditions Huapango
Un Dimanche Après Midi
257, av. du Général Leclerc - 94700 Maisons-Alfort
www.undimancheapresmidi.fr
infos@undimancheapresmidi.fr
Merci d'avoir acheté ce livre !
Vous pouvez consulter notre catalogue sur notre site :
www.undimancheapresmidi.fr

ISBN : 978-2-37817-060-8
Imprimé en Chine.

Un livre QUARTO

Pour la version française :
Direction éditoriale : Alexis Faja
Traduction et révisions techniques : Barbara Laurent

Pour la version originale anglaise :
Direction éditoriale : Samantha Warrington
Éditrice : Marie Clayton
Éditrice technique : Lynne Rowe
Assistante d'édition : Anna Galkina
Maquette : Joanna Bettles
Illustrator: Kuo Kang Chen
Photographies : Nicki Dowey
Directrice artistique : Gemma Wilson
Directrice artistique adjointe : Martina Calvio

Suivez-nous sur les réseaux sociaux :
Instagram : @dimancheam
Facebook et Pinterest : @undimancheapresmidi

MIXTE
Papier issu de sources responsables
FSC® C016973

Sommaire

Les Blocs

Projets

Bienvenue

Je suis ravie d'écrire une introduction pour mon cinquième livre de crochet ! J'ai commencé à travailler sur ce livre pendant le confinement, au printemps 2020, ici au Pays de Galles.
Alors que beaucoup de gens se tournaient vers les loisirs créatifs pour les aider à traverser une période incertaine, j'étais occupée à concevoir des blocs et j'aurais aimé que ce livre soit déjà disponible pour que les gens puissent en profiter.
C'est passionnant de concevoir des modèles de crochet pour vous tous, et ce livre s'est avéré être l'un de mes préférés.
L'inspiration pour tous les blocs de ce livre vient du monde merveilleux du patchwork et des quilts. Chaque modèle s'inspire de certains des modèles de blocs de patchwork les plus populaires – en version crochetée.
Dans le livre, vous trouverez des blocs de patchwork de base, comme le Half Square Triangle [*Triangle demi-carré*] (voir page 20), mon point de vue personnel sur les blocs étoiles (voir pages 38 et 44), ainsi que quelques blocs de formes diverses.
Les modèles sont principalement réalisés avec des points de crochet de base, ils sont donc assez simples à faire tout en étant excellents pour les crocheteurs de tous niveaux (que vous soyez débutant ou un accro au crochet !). Les motifs sont basés sur l'utilisation de la couleur et de la géométrie, et les combinaisons sont infinies. Ces blocs sont parfaits pour vider votre stock aussi, pour garder le véritable esprit des quilts en patchwork, vous pouvez préparer plusieurs blocs à partir d e votre réserve de laine (qui a besoin d'être réduite si elle ressemble à la mienne !), ou choisissez des combinaisons de couleurs que vous aimez. En faisant un bloc à la fois, vous pouvez progressivement en réaliser suffisamment pour créer votre propre projet.
La recherche de modèles de patchwork vous montrera qu'il est possible de remplir une bibliothèque entière - bien plus qu'un seul livre - avec des idées de combinaisons et de couleurs.
N'ayant pas autant d'espace ici, je donne quelques idées de modèles simples, mais vraiment magnifiques, pour vous aider à démarrer.
Vous pouvez également mélanger et assortir les blocs pour créer toutes sortes de designs merveilleux, et n'oubliez pas de faire des essais avec les couleurs. Alors... choisissez un motif, plongez dans votre stock de laine, réalisez une pile de blocs, puis assemblez-les selon la disposition qui vous plaît !
J'espère que les motifs de ce livre vous inspireront pour créer quelque chose de chaleureux, confortable et charmant, et que vous serez occupé par tout ce que la vie vous réserve. Je suis toujours là si vous avez besoin d'un peu d'aide, alors n'hésitez pas à me contacter sur les réseaux sociaux @woolnhook ou sur mon site Web www.leoniemorgan.com.
Bon crochet ! Léonie x

À propos de ce livre

Ce livre est une ressource colorée de modèles de blocs au crochet inspirés des patchworks et quilts traditionnels. Vous pouvez utiliser les blocs pour faire ce que vous désirez, des plaids aux sacs ; consultez les pages 114 à 119 pour quatre projets inspirants qui vous aideront à développer vos idées.
À la fin du livre, vous trouverez des informations sur les matériaux et les techniques de crochet.

LES BLOCS PAGES 6 À 113

Au cœur de ce livre se trouvent les modèles de blocs. Grâce aux instructions, aux diagrammes et aux photographies vous guidant pour chaque motif, vous voudrez commencer à crocheter tout de suite.

Les dimensions sont la taille d'un seul bloc une fois terminé.

« Il vous faut » est une liste de matériaux et fournitures pour chaque bloc. Les couleurs de fil et les quantités nécessaires sont indiquées pour réaliser un seul bloc.
La taille du crochet dont vous aurez besoin est également indiquée ici.

FILS

Tous les fils utilisés dans ce livre sont de la Laine DK/8 ply – pelote de 100 gr/200 m, et les coloris sont donnés à titre indicatif.

Les techniques et points utilisés pour chaque modèle sont répertoriés ici, avec une référence à la page dans la partie technique si vous n'êtes pas sûr de vous.

Le niveau donne une indication approximative de la difficulté : facile, intermédiaire, avancé.

Des instructions écrites vous guident par tour ou par rang.

L'alternance des couleurs dans les diagrammes indique les changements de couleur (les diagrammes sont toujours réalisés en bleu, rouge et gris).

Les instructions pour tous les points spéciaux utilisés dans chaque modèle sont indiquées dans un encadré bien visible.

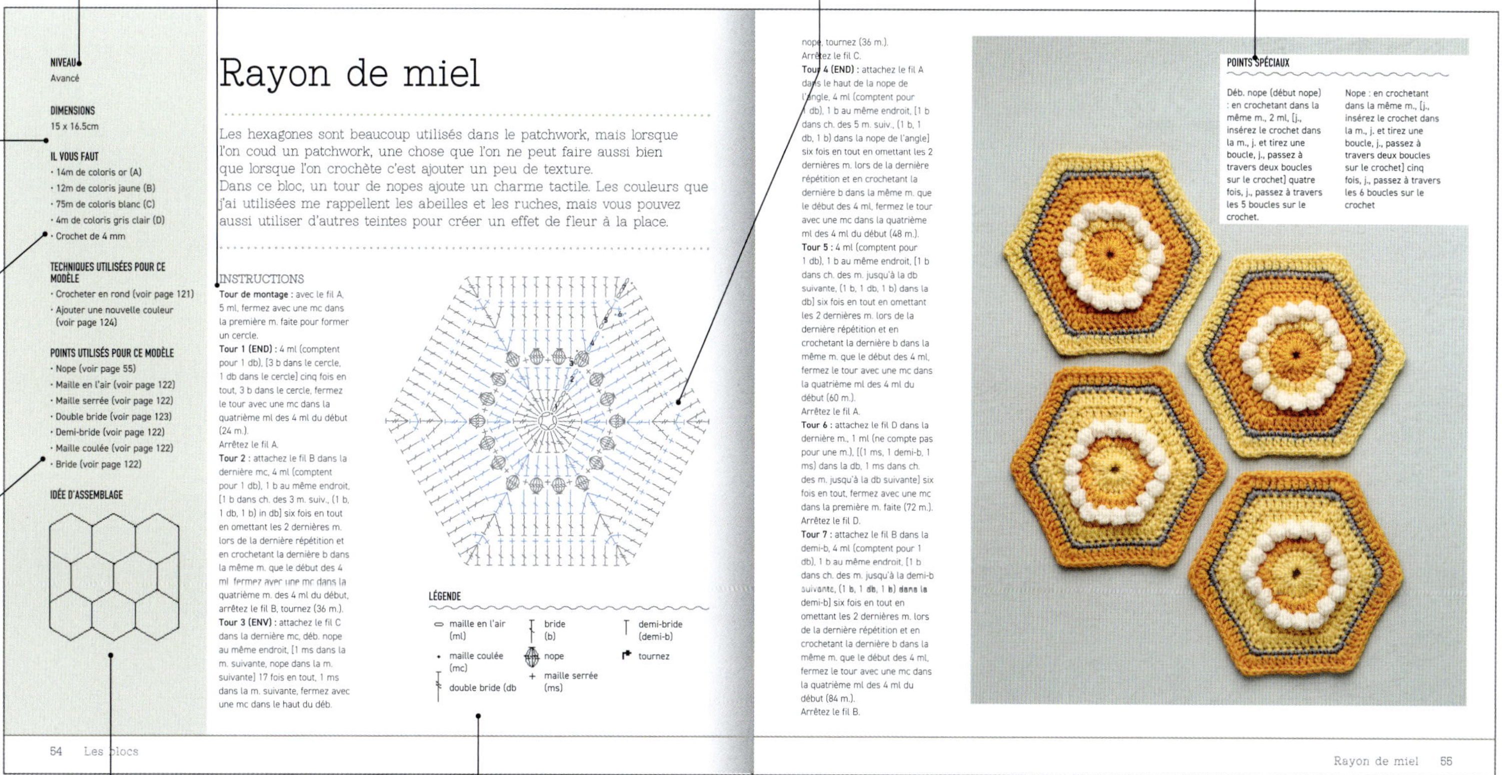

NIVEAU
Avancé

DIMENSIONS
15 x 16.5cm

IL VOUS FAUT
- 14m de coloris or (A)
- 12m de coloris jaune (B)
- 75m de coloris blanc (C)
- 4m de coloris gris clair (D)
- Crochet de 4 mm

TECHNIQUES UTILISÉES POUR CE MODÈLE
- Crocheter en rond (voir page 121)
- Ajouter une nouvelle couleur (voir page 124)

POINTS UTILISÉS POUR CE MODÈLE
- Nope (voir page 55)
- Maille en l'air (voir page 122)
- Maille serrée (voir page 122)
- Double bride (voir page 123)
- Demi-bride (voir page 122)
- Maille coulée (voir page 122)
- Bride (voir page 122)

IDÉE D'ASSEMBLAGE

Rayon de miel

Les hexagones sont beaucoup utilisés dans le patchwork, mais lorsque l'on coud un patchwork, une chose que l'on ne peut faire aussi bien que lorsque l'on crochète c'est ajouter un peu de texture.
Dans ce bloc, un tour de nopes ajoute un charme tactile. Les couleurs que j'ai utilisées me rappellent les abeilles et les ruches, mais vous pouvez aussi utiliser d'autres teintes pour créer un effet de fleur à la place.

INSTRUCTIONS

Tour de montage : avec le fil A, 5 ml, fermez avec une mc dans la première m. faite pour former un cercle.

Tour 1 (END) : 4 ml (comptent pour 1 db), [3 b dans le cercle, 1 db dans le cercle] cinq fois en tout, 3 b dans le cercle, fermez le tour avec une mc dans la quatrième ml des 4 ml du début (24 m.).
Arrêtez le fil A.

Tour 2 : attachez le fil B dans la dernière mc, 4 ml (comptent pour 1 db), 1 b au même endroit, [1 b dans ch. des 3 m. suiv., (1 b, 1 db, 1 b) in db] six fois en tout en omettant les 2 dernières m. lors de la dernière répétition et en crochetant la dernière b dans la même m. que le début des 4 ml, fermez avec une mc dans la quatrième m. des 4 ml du début, arrêtez le fil B, tournez (36 m.).

Tour 3 (ENV) : attachez le fil C dans la dernière mc, déb. nope au même endroit, [1 ms dans la m. suivante, nope dans la m. suivante] 17 fois en tout, 1 ms dans la m. suivante, fermez avec une mc dans le haut du déb. nope, tournez (36 m.).
Arrêtez le fil C.

Tour 4 (END) : attachez le fil A dans le haut de la nope de l'angle, 4 ml (comptent pour 1 db), 1 b au même endroit, [1 b dans ch. des 5 m. suiv., (1 b, 1 db, 1 b) dans la nope de l'angle] six fois en tout en omettant les 2 dernières m. lors de la dernière répétition et en crochetant la dernière b dans la même m. que le début des 4 ml, fermez le tour avec une mc dans la quatrième ml des 4 ml du début (48 m.).

Tour 5 : 4 ml (comptent pour 1 db), 1 b au même endroit, [1 b dans ch. des m. jusqu'à la db suivante, (1 b, 1 db, 1 b) dans la db] six fois en tout en omettant les 2 dernières m. lors de la dernière répétition et en crochetant la dernière b dans la même m. que le début des 4 ml, fermez le tour avec une mc dans la quatrième ml des 4 ml du début (60 m.).
Arrêtez le fil A.

Tour 6 : attachez le fil D dans la dernière m., 1 ml (ne compte pas pour une m.), [(1 ms, 1 demi-b, 1 ms) dans la db, 1 ms dans ch. des m. jusqu'à la db suivante] six fois en tout, fermez avec une mc dans la première m. faite (72 m.).
Arrêtez le fil D.

Tour 7 : attachez le fil B dans la demi-b, 4 ml (comptent pour 1 db), 1 b au même endroit, [1 b dans ch. des m. jusqu'à la demi-b suivante, (1 b, 1 db, 1 b) dans la demi-b] six fois en tout en omettant les 2 dernières m. lors de la dernière répétition et en crochetant la dernière b dans la même m. que le début des 4 ml, fermez le tour avec une mc dans la quatrième ml des 4 ml du début (84 m.).
Arrêtez le fil B.

LÉGENDE
- maille en l'air (ml)
- bride (b)
- demi-bride (demi-b)
- maille coulée (mc)
- nope
- tournez
- maille serrée (ms)
- double bride (db

POINTS SPÉCIAUX

Déb. nope (début nope) : en crochetant dans la même m., 2 ml, [j., insérez le crochet dans la m., j. et tirez une boucle, j., passez à travers deux boucles sur le crochet] quatre fois, j., passez à travers les 5 boucles sur le crochet.

Nope : en crochetant dans la même m., [j., insérez le crochet dans la m., j. et tirez une boucle, j., passez à travers deux boucles sur le crochet] cinq fois, j., passez à travers les 6 boucles sur le crochet

54 Les blocs

Rayon de miel 55

En prime, il y a des idées d'assemblage pour la disposition de nombreux blocs pour inspirer votre créativité.

Une légende des symboles utilisés dans les diagrammes est donnée pour chaque bloc.

Bloc simple

Ce bloc simple est vraiment facile et il s'associe parfaitement avec le bloc Triangle demi-carré page 20.

NIVEAU

Facile

DIMENSIONS

15 x 15cm

Autres tailles

À partir de ce modèle, vous pouvez faire des blocs de 5 cm, 7,5 cm et 10 cm en terminant respectivement aux tours 2, 3 et 4.

Vous pouvez aussi réaliser un bloc plus grand en faisant plus de tours que ce qui est indiqué dans les instructions, et en augmentant de 4 m. sur chaque côté à chaque tour.

IL VOUS FAUT

- 40 m du coloris violet (A)
- Crochet de 4 mm

COULEURS ALTERNATIVES

Carrés de 10 cm :

- Coloris denim
- Coloris menthe

Carrés de 7,5 cm :

- Coloris denim
- Coloris rose bonbon
- Coloris jaune

Carrés 5cm :

- Coloris jaune
- Coloris rose bonbon
- Coloris denim
- Coloris menthe

TECHNIQUE UTILISÉE POUR CE MODÈLE

- Crocheter en rond (voir page 121)

POINTS UTILISÉS POUR CE MODÈLE

- Maille en l'air (voir page 122)
- Double bride (voir page 123)
- Maille coulée (voir page 122)
- Bride (voir page 122)

INSTRUCTIONS

Tour de montage : avec le fil de couleur A, crochetez 4 ml, fermez le tour avec une mc dans la première ml que vous avez faite.

Tour 1 : 4 ml (comptent pour 1 db), [2 b dans l'anneau, 2 db dans l'anneau] quatre fois en tout en ne faisant pas la dernière m. lors de la dernière répétition, fermez le tour avec une mc dans la quatrième ml des 4 ml du début (16 m.).

Tour 2 : 4 ml (comptent pour 1 db), 2 b au même endroit, [1 b dans chacune des 2 m. suiv., (2 b, 1 db) dans la m. suivante, (1 db, 2 b) dans la m. suivante] quatre fois en tout en ne faisant pas les 3 dernières m. lors de la dernière répétition, fermez le tour avec une mc dans la quatrième ml des 4 ml du début (32 m.).

Tour 3 : 4 ml (comptent pour 1 db), 2 b au même endroit, [1 b dans chacune des 6 m. suiv., (2 b, 1 db) dans la m. suivante, (1 db, 2 b) dans la m. suivante] quatre fois en tout en ne faisant pas les 3 dernières m. lors de la dernière répétition, fermez le tour avec une mc dans la quatrième ml des 4 ml

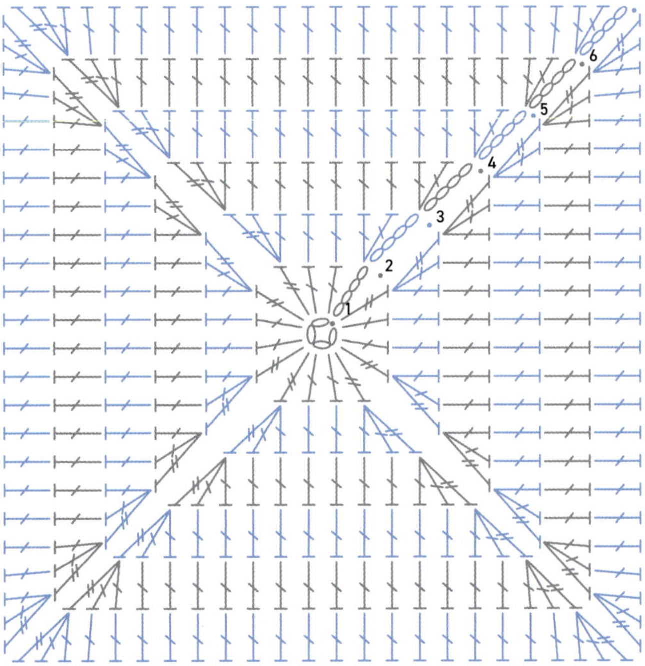

LÉGENDE

- maille en l'air (ml)
- maille coulée (mc)
- double bride (db)
- bride (b)

du début (48 m.).
Tour 4 : 4 ml (comptent pour 1 db), 2 b au même endroit, [1 b dans chacune des 10 m. suiv., (2 b, 1 db) dans la m. suivante, (1 db, 2 b) dans la m. suivante] quatre fois en tout en ne faisant pas les 3 dernières m. lors de la dernière répétition, fermez le tour avec une mc dans la quatrième ml des 4 ml du début (64 m.).
Tour 5 : 4 ml (comptent pour 1 db), 2 b au même endroit, [1 b dans chacune des 14 m. suiv., (2 b, 1 db) dans la m. suivante, (1 db, 2 b) dans la m. suivante] quatre fois en tout en ne faisant pas les 3 dernières m. lors de la dernière répétition, fermez le tour avec une mc dans la quatrième ml des 4 ml du début (80 m.).
Tour 6 : 4 ml (comptent pour 1 db), 2 b au même endroit, [1 b dans chacune des 18 m. suiv., (2 b, 1 db) dans la m. suivante, (1 db, 2 b) dans la m. suivante] quatre fois en tout en ne faisant pas les 3 dernières m. lors de la dernière répétition, fermez le tour avec une mc dans la quatrième ml des 4 ml du début (96 m.).
Arrêter le travail.

Cercle et quartiers

NIVEAU
Intermédiaire

DIMENSIONS
15 x 15cm

IL VOUS FAUT
- 14m de coloris or (A)
- 12m de coloris gris clair (B)
- 12m de coloris blanc (C)
- Crochet de 4mm

COULEURS ALTERNATIVES
- Coloris bleu océan
- Coloris citron vert
- Coloris chrysanthème

TECHNIQUE UTILISÉE POUR CE MODÈLE
- Crocheter en rond (voir page 121)
- Crochet jacquard (voir page 124)

POINTS UTILISÉS POUR CE MODÈLE
- Maille en l'air (voir page 122)
- Maille serrée (voir page 122)
- Double bride (voir page 123)
- Demi-bride (voir page 122)
- Maille coulée (voir page 122)
- Bride (voir page 122)

IDÉE D'ASSEMBLAGE

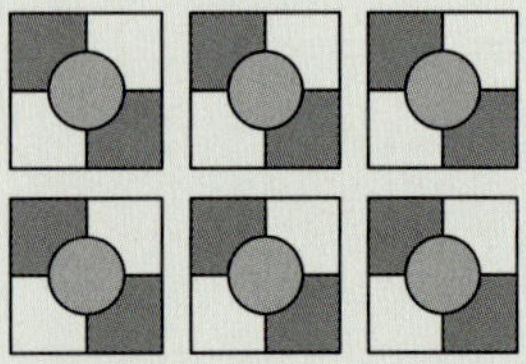

Ce bloc moderne et géométrique est très beau lorsqu'il est assemblé. L'alternance des couleurs utilisées dans les coins du carré ajoute un petit plus à un bloc par ailleurs simple. Si vous faites correspondre les couleurs dans les angles lors de l'assemblage, cela créé un carré plus grand – ou, si c'est dépareillé, cela donne un bel effet de damier.

LÉGENDE

- ⬭ maille en l'air (ml)
- bride (b)
- demi-bride (demi-b)
- double bride (db)
- • maille coulée (mc)
- + maille serrée (ms)

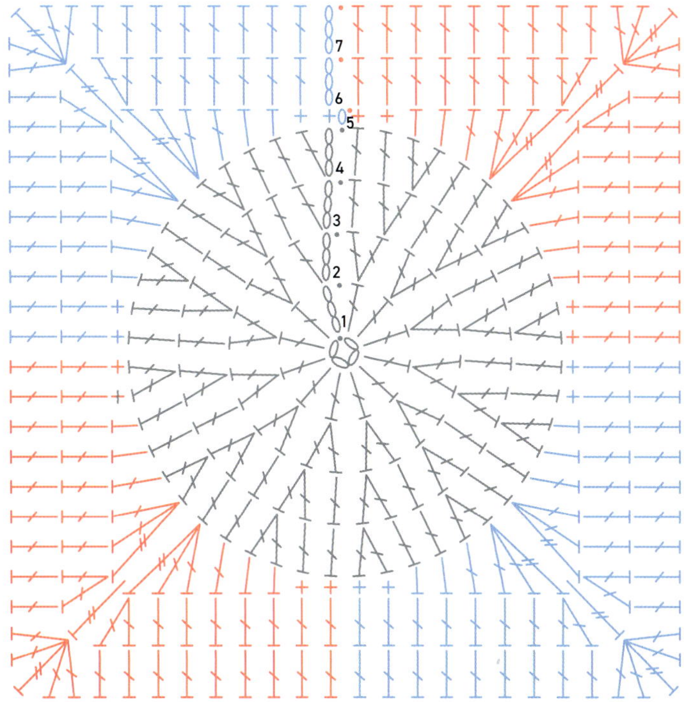

INSTRUCTIONS

Tour de montage : avec le fil de couleur A, crochetez 4 ml, fermez avec une mc dans la première m. que vous avez faite pour former un anneau.

Tour 1 : 3 ml (comptent pour 1 b), 11 b dans l'anneau, fermez avec une mc dans la troisième ml des 3 ml du début (12 m.).

Tour 2 : 3 ml (comptent pour 1 b), 1 b au même endroit, [2 b dans la m. suivante] 11 fois, fermez avec une mc dans la troisième ml des 3 ml du début (24 m.).

Tour 3 : 3 ml (comptent pour 1 b), 1 b au même endroit, [1 b dans la m. suivante, 2 b dans la m. suivante] 11 fois, 1 b dans la dernière m., fermez avec une mc dans la troisième ml des 3 ml du début (36 m.).

Tour 4 : 3 ml (comptent pour 1 b), 1 dans la m. suivante, [2 b dans la m. suivante, 1 b dans chacune des 2 m. suiv.] 11 fois, 2 b dans la dernière m., fermez avec une mc dans la troisième ml des 3 ml du début (48 m.). Arrêtez le fil A.

Tour 5 : attachez le fil B, 1 ml (ne compte pas pour 1 m.), *1 ms dans chacune des 2 m. suiv., 1 demi-b dans chacune des 2 m. suiv., 1 b dans la m. suivante, (2 b, 1 db) dans la m. suivante, (1 db, 2 b) dans la m. suivante, 1 b dans la m. suivante, 1 demi-b dans chacune des 2 m. suiv., 1 ms dans la m. suivante, 1 ms dans la m. suivante en changeant pour le fil C, maintenant crochetez avec le fil C, 1 ms dans chacune des 2 m. suiv., 1 demi-b dans chacune des 2 m. suiv., 1 b dans la m. suivante, (2 b, 1 db) dans la m. suivante, (1 db, 2 b) dans la m. suivante, 1 b dans la m. suivante, 1 demi-b dans chacune des 2 m. suiv., 1 ms dans la m. suivante, 1 ms dans la m. suivante en changeant pour le fil B** ; répétez depuis * jusqu'à ** une fois de plus, fermez avec une mc dans la première m. que vous avez faite (64 m.).

Tour 6 : 3 ml (comptent pour 1 b), 1 b dans chacune des 6 m. suiv., *2 b dans la m. suivante, 1 db dans l'espace entre les deux db de l'angle, 2 b dans la m. suivante, 1 b dans chacune des 7 m. suiv. en changeant pour le fil C lorsque vous faites la dernière m., maintenant crochetez avec le fil C, 1 b dans chacune des 7 m. suiv., 2 b dans la m. suivante, 1 db dans l'espace entre les deux db de l'angle, 2 b dans la m. suivante, 1 b dans chacune des 7 m. suiv. en changeant pour le fil B lorsque vous faites la dernière m.**, maintenant crochetez avec le fil B, 1 b dans chacune des 7 m. suiv. ; répétez depuis * jusqu'à ** une fois de plus, fermez avec une mc dans la troisième ml des 3 ml du début (76 m.).

Tour 7 : 3 ml (comptent pour 1 b), *1 b dans chacune des m. jusqu'à la db de l'angle, (2 b, 1 db, 2 b) dans la db de l'angle, 1 b dans chacune des 9 m. suiv. en changeant pour le fil C lorsque vous faites la dernière m., maintenant crochetez avec le fil C, 1 b dans chacune des 9 m. suiv., (2 b, 1 db, 2 b) dans la m. suivante, 1 b dans chacune des 9 m. suiv. en changeant pour le fil B lorsque vous faites la dernière m.** ; maintenant crochetez avec le fil B, répétez depuis * jusqu'à ** une fois de plus, fermez avec une mc dans la troisième ml des 3 ml du début (92 m.). Arrêtez les fils C et B.

Diamant délicat

Ces jolis petits diamants ont fière allure quand ils sont réalisés dans de multiples couleurs et, lorsqu'ils sont réunis pour former un plaid, ils laissent un bord dentelé amusant. Utilisez le Demi-diamant délicat de la page 12 pour avoir des bords droits.

NIVEAU

Facile

DIMENSIONS

Hauteur x largeur : 15 x 10cm

IL VOUS FAUT

- 13m de coloris rose (A)
- Crochet de 4mm

COULEURS ALTERNATIVES

- Coloris jaune
- Coloris lime
- Coloris menthe

TECHNIQUE UTILISÉE POUR CE MODÈLE

- Crocheter en rang (voir page 121)
- Crocheter les bords (voir page 127)

POINTS UTILISÉS POUR CE MODÈLE

- Maille en l'air (voir page 122)
- Maille serrée (voir page 122)
- Maille coulée (voir page 122)
- Bride (voir page 122)
- 2 brides écoulées ensemble (voir page 11)

IDÉE D'ASSEMBLAGE

INSTRUCTIONS

Rang 1 (END): avec le fil de couleur A, crochetez 4 ml, 2 b dans la quatrième ml depuis le crochet, tournez (3 m.).

Rang 2 (ENV) : 3 ml (comptent pour 1 b), 1 b au même endroit, 1 b dans la m. suivante, 2 b dans la dernière m., tournez (5 m.).

Rang 3 : 3 ml (comptent pour 1 b), 1 b au même endroit, 1 b dans chacune des 3 m. suiv., 2 b dans la dernière m., tournez (7 m.).

Rang 4 : 3 ml (comptent pour 1 b), 1 b au même endroit, 1 b dans chacune des 5 m. suiv., 2 b dans la dernière m., tournez (9 m.).

Rang 5 : 3 ml (comptent pour 1 b), 1 b au même endroit, 1 b dans chacune des 7 m. suiv., 2 b dans la dernière m., tournez (11 m.).

Rang 6 : 3 ml (comptent pour 1 b), 1 b au même endroit, 1 b dans chacune des 9 m. suiv., 2 b dans la dernière m., tournez (13 m.).

Rang 7 : 2 ml, 1 b dans la m. suivante (compte pour 2 b ens.), 1 b dans chacune des 9 m. suiv., 2 b ens. sur les 2 dernières m., tournez (11 m.).

Rang 8 : 2 ml, 1 b dans la m. suivante (comptent pour 2 b ens.), 1 b dans chacune des 7 m. suiv., 2 b ens. sur les 2 dernières m., tournez (9 m.).

Rang 9 : 2 ml, 1 b dans la m. suivante (comptent pour 2 b ens.), 1 b dans chacune des 5 m. suiv., 2 b ens. sur les 2 dernières m., tournez (7 m.).

Rang 10 : 2 ml, 1 b dans la m. suivante (comptent pour 2 b ens.), 1 b dans chacune des 3 m. suiv., 2 b ens. sur les 2 dernières m., tournez (5 m.).

Rang 11 : 2 ml, 1 b dans la m. suivante (comptent pour 2 b ens.), 1 tr dans la m. suivante, 2 b ens. sur les 2 dernières m., tournez (3 m.).

Rang 12 : 2 ml, 2 b ens. sur les 2 dernières m. (comptent pour 3 b ens.) (1 m.).

BORDURE

Tour 1 : avec l'END face à vous, attachez le fil de couleur A dans la ml de base en bas du diamant, 1 ml (ne compte pas pour 1 m.), 3 ms au même endroit, *[1 ms autour de la tige de la m. suivante, 1 ms dans le haut de la même m.] cinq fois, 1 ms autour de la tige de la m. suivante, 3 ms dans le haut de la même m., [1 ms autour de la tige de la m. suivante, 1 ms dans le haut de la même m.] cinq fois, 1 ms autour de la tige de la m. suivante, 3 ms dans le haut de la même m., [1 ms autour de la tige de la m. suivante, 1 ms à la base de la même m.] cinq fois, 1 ms autour de la tige de la m. suivante, 3 ms dans la base de la même m., [1 ms autour de la tige de la m. suivante, 1 ms à la base de la même m.] cinq fois, 1 ms autour de la tige de la m. suivante, fermez avec une mc dans la première m. faite (56 m.).
Arrêtez l'ouvrage.

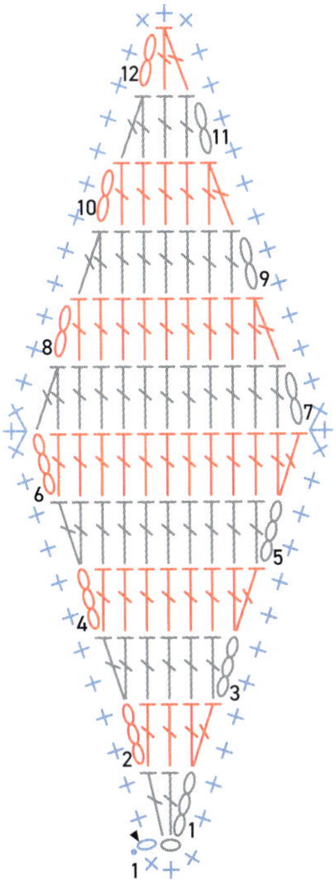

LÉGENDE

- ▸ début de la bordure
- ⬭ maille en l'air (ml)
- bride (b)
- 2 brides écoulées ensemble (2 b ens.)
- + maille serrée (ms)
- • maille coulée (mc)

POINTS SPÉCIAUX

2 b ens. (2 brides écoulées ensemble) j., insérez le crochet dans la première m. Indiquée, j. et tirez une boucle, j., tirez à travers deux boucles sur le crochet, j., insérez le crochet dans la seconde m. indiquée, j. et tirez une boucle, [j., tirez à travers deux boucles sur le crochet] deux fois.

NIVEAU
Facile

DIMENSIONS
Hauteur x largeur : 15 x 5cm

IL VOUS FAUT
- 10m de coloris lime (A)
- Crochet 4mm

COULEURS ALTERNATIVES
Coloris menthe

TECHNIQUE UTILISÉE POUR CE MODÈLE
- Crocheter en rang (voir page 121)
- Crocheter les bords (voir page 127)

POINTS UTILISÉS POUR CE MODÈLE
- Maille en l'air (voir page 122)
- Maille serrée (voir page 122)
- Maille coulée (voir page 122)
- Bride (voir page 122)
- 2 brides écoulées ensemble (voir page 13)

Demi-diamant délicat

Ce demi-motif peut être utilisé avec les Diamants délicats (voir page 10), afin que les bords soient droits une fois assemblés. Ils sont crochetés en rangs, en augmentant puis en diminuant pour donner une forme de triangle allongé.

INSTRUCTIONS

Rang 1 (END): avec le fil de couleur A, 4 ml, 1 b dans la quatrième ml depuis le crochet, tournez (2 m.).
Rang 2 (ENV) : 3 ml (comptent pour 1 b), 1 b au même endroit, 1 b dans la m. suivante, tournez (3 m.).
Rang 3 : 3 ml (comptent pour 1 b), 1 b dans la m. suivante, 2 b dans la dernière m., tournez (4 m.).
Rang 4 : 3 ml (comptent pour 1 b), 1 b au même endroit, 1 b dans chacune des 3 m. suiv., tournez (5 m.).
Rang 5 : 3 ml (comptent pour 1 b), 1 b dans chacune des 3 m. suiv., 2 b dans la dernière m., tournez (6 m.).
Rang 6 : 3 ml (comptent pour 1 b), 1 b au même endroit, 1 b dans chacune des 5 m. suiv., tournez (7 m.).
Rang 7 : 3 ml (comptent pour 1 b), 1 b dans chacune des 4 m. suiv., 2 b ens. sur les 2 dernières m., tournez (6 m.).
Rang 8 : 2 ml, 1 b dans la m. suivante (compte pour 2 b ens.), 1 b dans chacune des 4 m. suiv., tournez (5 m.).
Rang 9 : 3 ml (comptent pour 1 b), 1 b dans chacune des 2 m. suiv., 2 b ens. sur les 2 dernières m., tournez (4 m.).
Rang 10 : 2 ml, 1 b dans la m. suivante (compte pour 2 b ens.), 1 b dans chacune des 2 m. suiv., tournez (3 m.).
Rang 11 : 3 ml (comptent pour 1 b), 2 b ens. sur les 2 dernières m., tournez (2 m.).
Rang 12 : 2 ml, 1 b dans la m. suivante (compte pour 2 b ens.) (1 m.).
Arrêtez l'ouvrage.

BORDURE

Tour 1 : avec l'endroit face à vous, attachez le fil de couleur A dans la ml de base en bas du diamant, 1 ml (ne compte pas pour 1 m.), 3 ms au même endroit, *[1 ms autour de la tige de la m. suivante, 1 ms dans le haut de la même m.] 11 fois, 1 ms autour de la tige de la m. suivante, 3 ms dans le haut de la même m., [1 ms autour de la tige de la m. suivante, 1 ms à la base de la même m.] cinq fois, 1 ms autour de la tige de la m. suivante, 3 ms dans la base de la même m., [1 ms autour de la tige de la m. suivante, 1 ms à la base de la même m.] cinq fois, 1 ms autour de la tige de la m. suivante, fermez avec une mc dans la première m. faite (54 m.).
Arrêtez l'ouvrage

POINTS SPÉCIAUX

2 b ens. (2 brides écoulées ensemble) j., insérez le crochet dans la première m. Indiquée, j. et tirez une boucle, j., tirez à travers deux boucles sur le crochet, j., insérez le crochet dans la seconde m. indiquée, j. et tirez une boucle, [j., tirez à travers deux boucles sur le crochet] deux fois.

LÉGENDE

- ▸ début de la bordure
- ○ maille en l'air (ml)
- bride (b)
- 2 brides écoulées ensemble (2 b ens.)
- \+ maille serrée (ms)
- • maille coulée (mc)

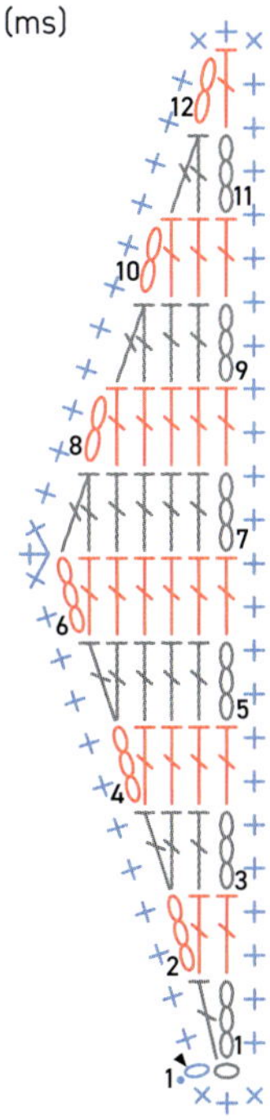

Diamant carré

Ce bloc simple commence par un carré basic crocheté en rond. Les coins sont ensuite crochetés en rangs, en alternant entre l'uni et les rayures. En faisant correspondre les rayures des coins lors de l'assemblage des carrés, vous créez une autre forme de diamant rayé.

NIVEAU

Facile

DIMENSIONS

15 x 15cm (6 x 6in)

IL VOUS FAUT

- 22m de coloris gris bleu (A)
- 28m de coloris 871 (B)
- Crochet de 4mm

COULEURS ALTERNATIVES

Coloris violet

TECHNIQUE UTILISÉE POUR CE MODÈLE

- Crocheter en rond (voir page 121)
- Crocheter en rang (voir page 121)
- Ajouter une nouvelle couleur (voir page 124)

POINTS UTILISÉS POUR CE MODÈLE

- Maille en l'air (voir page 122)
- Maille serrée (voir page 122)
- 2 mailles serrées écoulées ensemble (voir page 15)
- Double bride (voir page 123)
- Maille coulée (voir page 122)
- Bride (voir page 122)

IDÉE D'ASSEMBLAGE

INSTRUCTIONS

Tour de montage : avec le fil de couleur A, 4 ml, fermez avec une mc dans la première m. faite pour former un cercle. Tour 1 : 4 ml (comptent pour 1 db), [2 b dans le cercle, 1 db dans le cercle] trois fois, 2 b dans le cercle, fermez le tour avec une mc dans la quatrième ml des 4 ml du début (12 m.).

Tour 2 : 4 ml (comptent pour 1 db), 2 b au même endroit, [1 b dans chacune des 2 m. suiv., (2 b, 1 db, 2 b) dans la m. suivante] trois fois, 1 b dans chacune des 2 m. suiv., 2 b au même endroit que le début des 4 ml, fermez le tour avec une mc dans la quatrième ml des 4 ml du début (28 m.).

Tour 3 : 4 ml (comptent pour 1 db), 2 b au même endroit, [1 b dans chacune des 6 m. suiv., (2 b, 1 db, 2 b) dans la m. suivante] trois fois, 1 b dans chacune des 6 m. suiv., 2 b au même endroit que le début des 4 ml, fermez le tour avec une mc dans la quatrième ml des 4 ml du début (44 m.).

Tour 4 : 4 ml (comptent pour 1 db), 2 b au même endroit, [1 b dans chacune des 10 m. suiv., (2 b, 1 db, 2 b) dans la m. suivante] trois fois, 1 b dans chacune des 10 m. suiv., 2 b au même endroit que le début des 4 ml, fermez le tour avec une mc dans la quatrième ml des 4 ml du début (60 m.).

Tour 5 : 1 ml (ne comptent pas pour une m.), 1 ms au même endroit, [1 ms dans chacune des 14 m. suiv., 3 dc dans la m. suivante] quatre fois en omettant la dernière m. lors de la répétition finale, fermez avec une mc dans la première m. faite (68 m.). Arrêtez le fil A.

COIN 1

Rang 1 (ENV) : tournez le carré de sorte que l'ENV soit face à vous, attachez le fil B à la ms du milieu de n'importe quel angle, 1 ml (ne compte pas pour une m. ici et à chaque fois), 2 ms ens. sur cette m. et la suivante, 1 ms dans chacune des 14 m. suiv., 2 ms ens. sur les 2 m. suiv., tournez (16 m.).

Rang 2 (END): 1 ml, 2 ms ens. sur cette m. et la suivante, 1 ms dans chacune des 12 m. suiv., 2 ms ens. sur les 2 dernières m., tournez (14 m.).

Rang 3: 1 ml, 2 ms ens. sur cette m. et la suivante, 1 ms dans chacune des 10 m. suiv., 2 ms ens. sur les 2 dernières m., tournez (12 m.).

Rang 4: 1 ml, 2 ms ens. sur cette m. et la suivante, 1 ms dans chacune des 8 m. suiv., 2 ms ens. sur les 2 dernières m., tournez (10 m.).

Rang 5: 1 ml, 2 ms ens. sur cette m. et la suivante, 1 ms dans chacune des 6 m. suiv., 2 ms ens. sur les 2 dernières m., tournez (8 m.).

Rang 6: 1 ml, 2 ms ens. sur cette m. et la suivante, 1 ms dans chacune des 4 m. suiv., 2 ms ens. sur les 2 dernières m., tournez (6 m.).

COIN 2

Répétez les instructions pour le coin 1 sur le bord suivant du carré. Crochetez les rangs 1 et 2 en B, les rangs 3 et 4 en A, les rangs 5 et 6 en B, les rangs 7, 8 et 9 en A.

CORNER 3

Crochetez comme le coin 1 sur le bord suivant du carré.

CORNER 4

Crochetez comme le coin 2 sur le dernier bord du carré.

POINTS SPÉCIAUX

2 ms ens. (2 mailles serrées écoulées ensemble) : insérez le crochet dans la première m. indiquée, j. et tirez une boucle, insérez le crochet dans la deuxième m. Indiquée, j. et tirez une boucle (3 boucles sur le crochet), j. et tirez à travers toutes les boucles sur le crochet.

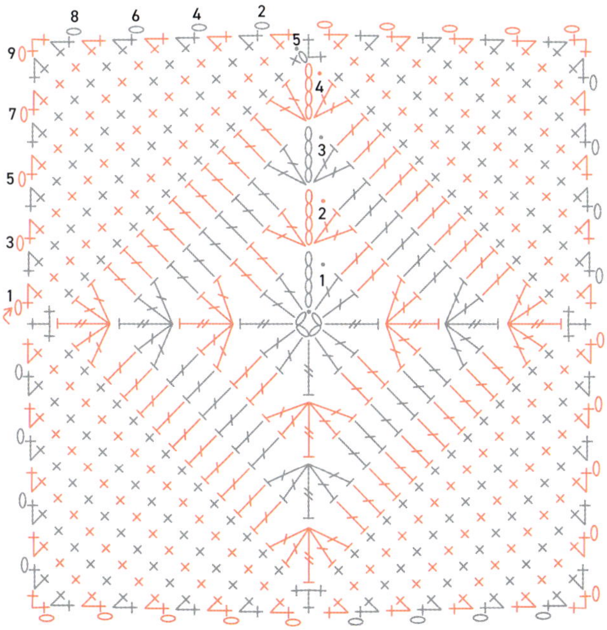

LÉGENDE

- maille en l'air (ml)
- maille coulée (mc)
- double bride (db)
- bride (b)
- maille serrée (ms)
- 2 mailles serrées écoulées ensemble (2 ms ens.)
- tournez pour faire l'angle

NIVEAU
Facile

DIMENSIONS
Hauteur x largeur : 12.5 x 15cm

IL VOUS FAUT
- 24m de coloris myrtille (A)
- Crochet de 4mm

COULEURS ALTERNATIVES
- Coloris gris bleu
- Coloris flamant rose

TECHNIQUE UTILISÉE POUR CE MODÈLE
- Crocheter en rond (voir page 121)

POINTS UTILISÉS POUR CE MODÈLE
- Maille en l'air (voir page 122)
- Maille serrée (voir page 122)
- Double bride (voir page 123)
- Demi-bride (voir page 122)
- Maille coulée (voir page 122)
- Bride (voir page 122)

IDÉE D'ASSEMBLAGE

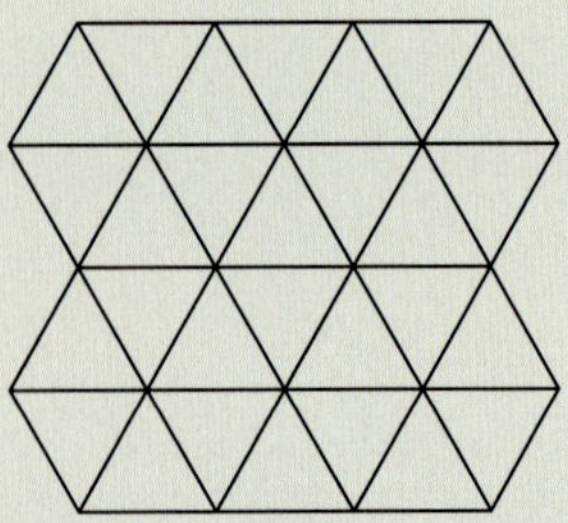

Triangle équilatéral

Le Triangle équilatéral est une autre forme importante pour le patchwork. Ce bloc est simple à faire et il est parfait pour créer un plaid avec des restes de laine. Vous pouvez crocheter le triangle d'une seule couleur ou changer de couleurs tous les quelques tours pour apporter un intérêt supplémentaire.

INSTRUCTIONS

Tour de montage : avec le fil A, 4 ml, fermez avec une mc dans la première m. faite pour former un cercle.

Tour 1 : 4 ml (comptent pour 1 db), (1 b, 1 demi-b, 1 b, 1 db, 1 b, 1 demi-b, 1 b, 1 db, 1 b, 1 demi-b, 1 b) dans le cercle, fermez le tour avec une mc dans la quatrième ml des 4 ml du début (12 m.).

Tour 2 : 4 ml (comptent pour 1 db), (1 b, 1 demi-b) au même endroit, [1 ms dans chacune des 3 m. suiv., (1 demi-b, 1 b, 1 db, 1 b, 1 demi-b) dans la m. suivante] trois fois en omettant les 3 dernières m. lors de la répétition finale, (1 demi-b, 1 b) au même endroit que le début des 4 ml, fermez le tour avec une mc dans la quatrième ml des 4 ml du début (24 m.).

Tour 3 : 4 ml (comptent pour 1 db), (1 b, 1 demi-b) au même endroit, [1 ms dans chacune des 7 m. suiv., (1 demi-b, 1 b, 1 db, 1 b, 1 demi-b) dans la m. suivante] trois fois en omettant les 3 dernières m. lors de la répétition finale, (1 demi-b, 1 tr) au même endroit que le début des 4 ml, fermez avec une mc dans la quatrième ml des 4 ml du début (36 m.).

Tour 4 : 4 ml (comptent pour 1 db), (1 b, 1 demi-b) au même endroit, [1 ms dans chacune des 11 m. suiv., (1 demi-b, 1 b, 1 db, 1 b, 1 demi-b) dans la m. suivante] trois fois en omettant les 3 dernières m. lors de la répétition finale, (1 demi-b, 1 b) au même endroit que le début des 4 ml, fermez le tour avec une mc dans la quatrième ml des 4 ml du début (48 m.).

Tour 5 : 4 ml (comptent pour 1 db), (1 b, 1 demi-b) au même

LÉGENDE

- ○ maille en l'air (ml)
- • maille coulée (mc)
- double bride (db)
- bride (b)
- demi-bride (demi-b)
- \+ maille serrée (ms)

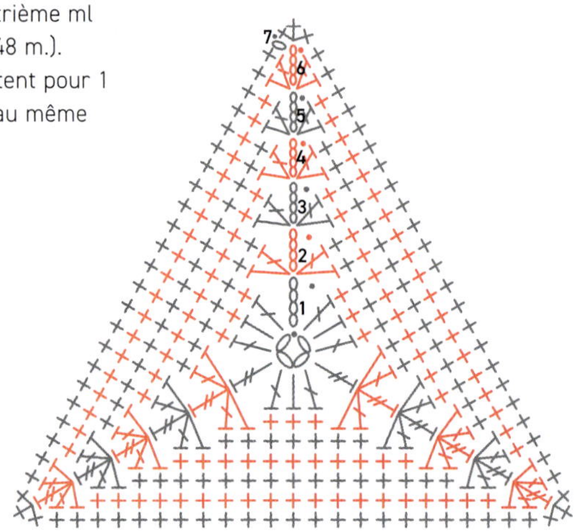

endroit, [1 ms dans chacune des 15 m. suiv., (1 demi-b, 1 b, 1 db, 1 b, 1 demi-b) dans la m. suivante] trois fois en omettant les 3 dernières m. lors de la répétition finale, (1 demi-b, 1 b) au même endroit que le début des 4 ml, fermez le tour avec une mc dans la quatrième ml des 4 ml du début (60 m.).

Tour 6 : 4 ml (comptent pour 1 db), (1 b, 1 demi-b) au même endroit, [1 ms dans chacune des 19 m. suiv., (1 demi-b, 1 b, 1 db, 1 b, 1 demi-b) dans la m. suivante] trois fois en omettant les 3 dernières m. lors de la répétition finale, (1 demi-b, 1 b) au même endroit que le début des 4 ml, fermez le tour avec une mc dans la quatrième ml des 4 ml du début (72 m.).

Tour 7 : 1 ml, [1 ms dans chacune des m. jusqu'à la db d'angle suivante, 3 ms dans la db de l'angle] trois fois, fermez avec une mc (78 m.).
Arrêtez l'ouvrage.

NIVEAU
Intermédiaire

DIMENSIONS
15 x 15cm

IL VOUS FAUT
- 33m de coloris vert olive (A)
- 33m de coloris chocolat (B)
- Crochet de 4mm

TECHNIQUE UTILISÉE POUR CE MODÈLE
- Crocheter en rang (voir page 121)
- Crochet jacquard (voir page 124)

POINTS UTILISÉS POUR CE MODÈLE
- Chain (voir page 122)
- Maille serrée (voir page 122)

IDÉE D'ASSEMBLAGE

Vol d'oies sauvages

Cette version du célèbre bloc de patchwork Vol d'oies sauvages a l'apparence d'un tissu tissé ou tricoté. Ceci est réalisé en insérant votre crochet sous le fil passé à l'arrière lors de chaque maille serrée. Le bloc est également réversible.

INSTRUCTIONS

Rang de base : avec le fil A, 27 ml.

Rang 1 (ENV) : 1 ml (ne compte pas pour une maille ici et à chaque fois), 1 ms dans la deuxième ml depuis le crochet, 1 ms dans chacune des 11 ml suiv. , 1 ms dans la ml suiv. en changeant pour B, puis continuez avec le fil B, 1 ms dans chacune des 12 ml suiv. , 1 ms dans la dernière mml en changeant pour A, tournez (26 m.).

Rang 2 (END): 1 ml, 1 ms avec le fil A en changeant pour B, puis continuez avec le fil B, 1 ms dans chacune des 10 m. suiv. , 1 ms dans la m. suiv. en changeant pour A, 1 ms dans la m. suiv. en changeant pour B, 1 ms dans la m. suiv. en changeant pour A, 1 ms dans chacune des 10 m. suiv. , 1 ms dans la m. suiv. en changeant pour B, 1 ms dans la m. suiv., tournez.

Rang 3 : 1 ml, 1 ms dans la m. suiv., 1 ms dans la m. suiv. en changeant pour A, 1 ms dans chacune des 8 m. suiv. , 1 ms dans la m. suiv. en changeant pour B, 1 ms dans la m. suiv., 1 ms dans la m. suiv. en changeant pour A, 1 ms dans la m. suiv., 1 ms dans la m. suiv. en changeant pour B, 1 ms dans chacune des 8 m. suiv. , 1 ms dans la m. suiv. en changeant pour A, 1 ms dans chacune des 2 m. suiv. , tournez.

Rang 4 : 1 ml, 1 ms dans chacune des 2 m. suiv. , 1 ms dans la m. suiv. en changeant pour B, 1 ms dans chacune des 6 m. suiv. , 1 ms dans la m. suiv. en changeant pour A, 1 ms dans chacune des 2 m. suiv. , 1 ms dans la m. suiv. en changeant pour B, 1 ms dans chacune des 2 m. suiv. , 1 ms dans la m. suiv. en changeant pour A, 1 ms dans chacune des 6 m. suiv. , 1 ms dans la m. suiv. en changeant pour B, 1 ms dans chacune des 3 m. suiv. , tournez.

Rang 5 : 1 ml, 1 ms dans chacune des 3 m. suiv. , 1 ms dans la m. suiv. en changeant pour A, 1 ms dans chacune des 4 m. suiv. , 1 ms dans la m. suiv. en changeant pour B, 1 ms dans chacune des 3 m. suiv. , 1 ms dans la m. suiv. en changeant pour A, 1 ms dans chacune des 3 m. suiv. , 1 ms dans la m. suiv. en changeant pour B, 1 ms dans chacune des 4 m. suiv. , 1 ms dans la m. suiv. en changeant pour

LÉGENDE

- ⬭ maille en l'air (ml)
- \+ maille serrée (ms)

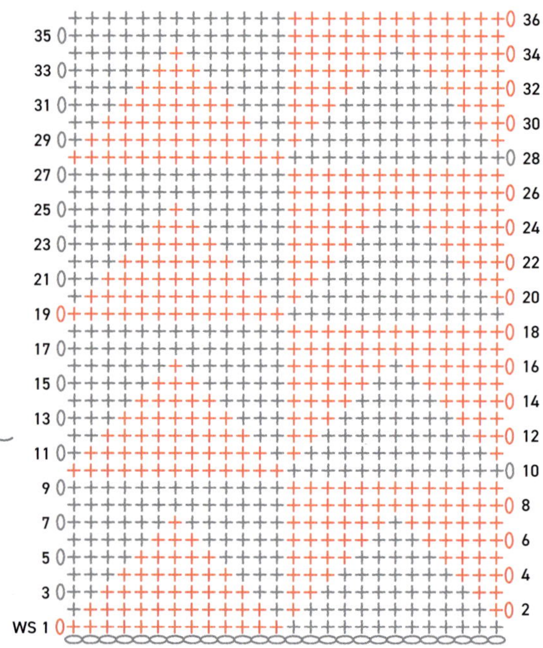

A, 1 ms dans chacune des 4 m. suiv. , tournez.
Rang 6 : 1 ml, 1 ms dans chacune des 4 m. suiv. , 1 ms dans la m. suiv. en changeant pour B, 1 ms dans chacune des 2 m. suiv. , 1 ms dans la m. suiv. en changeant pour A, 1 ms dans chacune des 4 m. suiv. , 1 ms dans la m. suiv. en changeant pour B, 1 ms dans chacune des 4 m. suiv. , 1 ms dans la m. suiv. en changeant pour A, 1 ms dans chacune des 2 m. suiv. , 1 ms dans la m. suiv. en changeant pour B, 1 ms dans chacune des 5 m. suiv. , tournez.
Rang 7 : 1 ml, 1 ms dans chacune des 5 m. suiv. , 1 ms dans la m. suiv. en changeant pour A, 1 ms dans la m. suiv. en changeant pour B, 1 ms dans chacune des 5 m. suiv. , 1 ms dans la m. suiv. en changeant pour A, 1 ms dans chacune des 5 m. suiv. , 1 ms dans la m. suiv. en changeant pour B, 1 ms dans la m. suiv. en changeant pour A, 1 ms dans chacune des 6 m. suiv. , tournez.
Rang 8 : 1 ml, 1 ms dans chacune des 12 m. suiv. , 1 ms dans la m. suiv. en changeant pour B, 1 ms dans chacune des 13 m. suiv. , tournez.
Rang 9 : 1 ml, 1 ms dans chacune des 12 m. suiv. , 1 ms dans la m. suiv. en changeant pour A, 1 ms dans chacune des 12 m. suiv. , 1 ms dans la dernière m. en changeant pour B, tournez.
Rang 10 : 1 ml, 1 ms dans chacune des 12 m. suiv. , 1 ms dans la m. suiv. en changeant pour A, 1 ms dans chacune des 12 m. suiv. , 1 ms dans la dernière m. en changeant pour B, tournez.
Rang 11 : 1 ml, 1 ms avec le fil B en changeant pour A, puis continuez avec le fil A, 1 ms dans chacune des 10 m. suiv. , 1 ms dans la m. suiv. en changeant pour B, 1 ms dans la m. suiv. en changeant pour A, 1 ms dans la m. suiv. en changeant pour B, 1 ms dans chacune des 10 m. suiv. , 1 ms dans la m. suiv. en changeant pour A, 1 ms dans la m. suivante, tournez.
Rang 12 : 1 ml, 1 ms dans la m. suivante, 1 ms dans la m. suiv. en changeant pour B, 1 ms dans chacune des 8 m. suiv. , 1 ms dans la m. suiv. en changeant pour A, 1 ms dans la m. suivante, 1 ms dans la m. suiv. en changeant pour B, 1 ms dans la m. suivante, 1 ms dans la m. suiv. en changeant pour A, 1 ms dans chacune des 8 m. suiv. , 1 ms dans la m. suiv. en changeant pour B, 1 ms dans chacune des 2 m. suiv. , tournez.
Rang 13 : 1 ml, 1 ms dans chacune des 2 m. suiv. , 1 ms dans la m. suiv. en changeant pour A, 1 ms dans chacune des 6 m. suiv. , 1 ms dans la m. suiv. en changeant pour B, 1 ms dans chacune des 2 m. suiv. , 1 ms dans la m. suiv. en changeant pour A, 1 ms dans chacune des 2 m. suiv. , 1 ms dans la m. suiv. en changeant pour B, 1 ms dans chacune des 6 m. suiv. , 1 ms dans la m. suiv. en changeant pour A, 1 ms dans chacune des 3 m. suiv. , tournez.
Rang 14 : 1 ml, 1 ms dans chacune des 3 m. suiv. , 1 ms dans la m. suiv. en changeant pour B, 1 ms dans chacune des 4 m. suiv. , 1 ms dans la m. suiv. en changeant pour A, 1 ms dans chacune des 3 m. suiv. , 1 ms dans la m. suiv. en changeant pour B, 1 ms dans chacune des 3 m. suiv. , 1 ms dans la m. suiv. en changeant pour A, 1 ms dans chacune des 4 m. suiv. , 1 ms dans la m. suiv. en changeant pour B, 1 ms dans chacune des 4 m. suiv. , tournez.
Rang 15 : 1 ml, 1 ms dans chacune des 4 m. suiv. , 1 ms dans la m. suiv. en changeant pour A, 1 ms dans chacune des 2 m. suiv. , 1 ms dans la m. suiv. en changeant pour B, 1 ms dans chacune des 4 m. suiv. , 1 ms dans la m. suiv. en changeant pour A, 1 ms dans chacune des 4 m. suiv. , 1 ms dans la m. suiv. en changeant pour B, 1 ms dans chacune des 2 m. suiv. , 1 ms dans la m. suiv. en changeant pour A, 1 ms dans chacune des 5 m. suiv. , tournez.

Rang 16 : 1 ml, 1 ms dans chacune des 5 m. suiv. , 1 ms dans la m. suiv. en changeant pour B, 1 ms dans la m. suiv. en changeant pour A, 1 ms dans chacune des 5 m. suiv. , 1 ms dans la m. suiv. en changeant pour B, 1 ms dans chacune des 5 m. suiv. , 1 ms dans la m. suiv. en changeant pour A, 1 ms dans la m. suiv. en changeant pour B, 1 ms dans chacune des 6 m. suiv. , tournez.
Rang 17 : 1 ml, 1 ms dans chacune des 12 m. suiv. , 1 ms dans la m. suiv. en changeant pour A, 1 ms dans chacune des 13 m. suiv. , tournez.
Rang 18 : 1 ml, 1 ms dans chacune des 12 m. suiv. , 1 ms dans la m. suiv. en changeant pour B, 1 ms dans chacune des 12 m. suiv. , 1 ms dans la dernière m. en changeant pour A, tournez.
Rang 19 : 1 ml, 1 ms dans chacune des 12 m. suiv. , 1 ms dans la m. suiv. en changeant pour B, 1 ms dans chacune des 12 m. suiv. , 1 ms dans la dernière m. en changeant pour A, tournez.
Rangs 20-36 : répétez les rangs 2 à 18 encore une fois.
Arrêtez les fils A et B.

NOTE

Vous pouvez crocheter en suivant le diagramme ou les instructions écrites.

Triangle demi-carré

Le Triangle demi-carré est l'un des blocs les plus simples en patchwork, et il peut être utilisé pour créer des motifs complexes et époustouflants. Ce motif se crochète en rond en utilisant deux couleurs et c'est un carré facile à réaliser. Crochetez-en beaucoup dans une multitude de couleurs et vous serez sur la bonne voie pour avoir un plaid magnifique. Allez voir la page 70 pour une version en rangs de ce bloc.

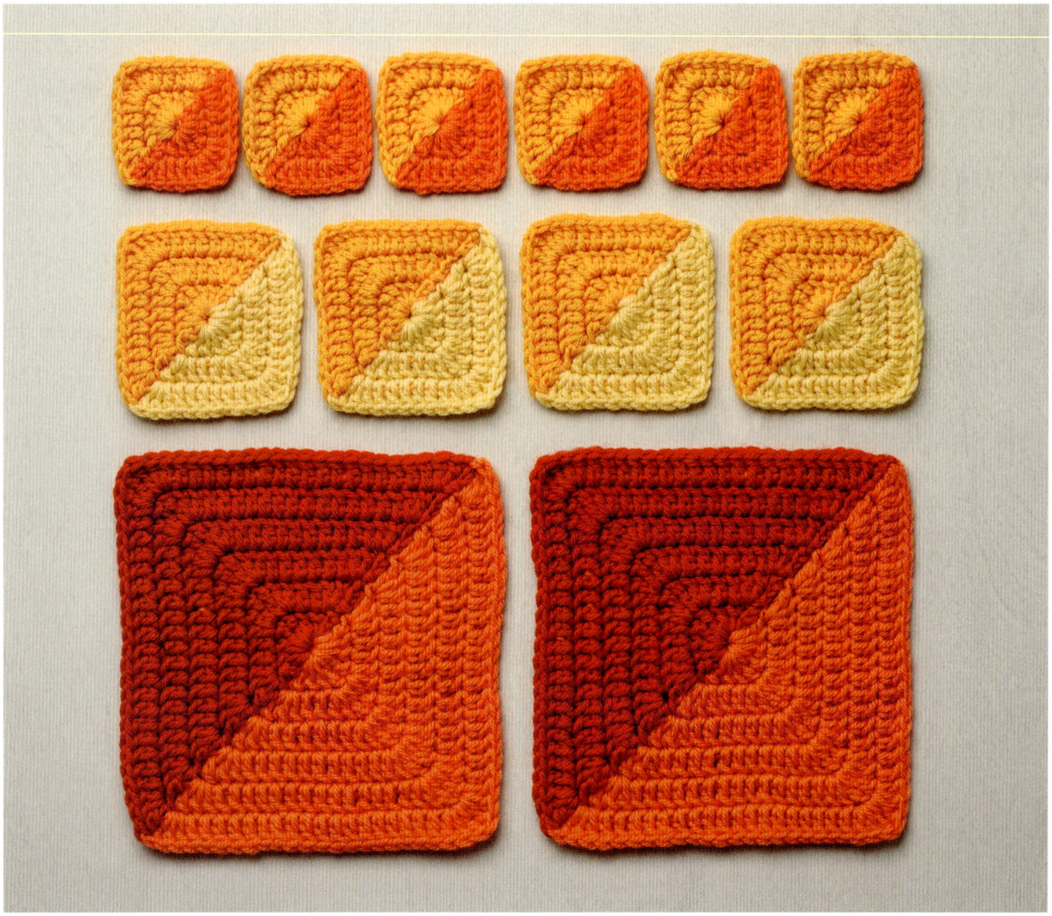

NIVEAU

Facile

DIMENSIONS

15 x 15cm

Autres tailles

Vous pouvez faire des blocs de 5 cm, 7,5 cm et 10 cm à partir de ce modèle en terminant respectivement avec les tours 2, 3 et 4. Vous pouvez aussi faire un bloc plus grand en faisant plus de tours que ce qui est indiqué dans les instructions et en augmentant de 4 m. sur chaque bord par tour.

IL VOUS FAUT

- 20m de coloris rouge orangé (A)
- 20m de coloris orange (B)
- Crochet de 4mm

COULEURS ALTERNATIVES

Carrés de 7.5cm :

- Coloris or rouge
- Coloris jaune citron

Carrés de 5cm :

- Coloris or rouge
- Coloris orange

TECHNIQUE UTILISÉE POUR CE MODÈLE

- Crocheter en rond (voir page 121)
- Crochet jacquard (voir page 124)

POINTS UTILISÉS POUR CE MODÈLE

- Maille en l'air (voir page 122)
- Double bride (voir page 123)
- Maille coulée (voir page 122)
- Bride (voir page 122)

INSTRUCTIONS

Tour de montage : avec le fil A, 4 ml, fermez avec une mc dans la première m. faite pour former un cercle.

Tour 1 : 4 ml (comptent pour 1 db), 2 b dans le cercle, 2 db dans le cercle, 2 b dans le cercle, 1 db dans le cercle en changeant pour B, puis continuez avec le fil B et en crochetant par-dessus le brin inutilisé du fil A, 1 db dans le cercle, 2 b dans le cercle, 2 db dans le cercle, 2 b dans le cercle, 1 db dans le cercle en changeant pour A, fermez le tour avec une mc dans la quatrième ml des 4 ml du début (16 m.).

Tour 2 : puis continuez avec le fil A et en crochetant par-dessus le brin inutilisé du fil B, 4 ml (comptent pour 1 db), 2 b au même endroit, [1 b dans chacune des 2 m. suiv., (2 b, db) dans la m. suivante, (1 db, 2 b) dans la m. suivante, 1 b dans chacun des m. suiv., (2 b, 1 db) dans la m. suiv. en changeant pour B lorsque vous faites la dernière m., puis continuez avec le fil B et en crochetant par-dessus le brin inutilisé du fil A, (1 db, 2 b) dans la m. suivante, 1 b dans chacune des 2 m. suiv., (2 b, 1 db) dans la m. suivante, (1 db, 2 b) dans la m. suivante, 1 b dans chacune des 2 m. suiv., (2 b, 1 db) dans la m. suiv. en changeant pour A lorsque vous faites la dernière m., fermez avec une mc dans la quatrième ml des 4 ml du début (32 m.).

Tour 3 : puis continuez avec le fil A et en crochetant par-dessus le brin inutilisé du fil B, 4 ml (comptent pour 1 db), 2 b au même endroit, [1 b dans chacune des 6 m. suiv., (2 b, 1 db) dans la m. suivante, (1 db, 2 b) dans la m. suivante, 1 b dans chacune des 6 m. suiv., (2 b, 1 db) dans la m. suiv. en changeant pour B quand vous crochetez dans la m. suivante, (1 db, 2 b) dans la m. suivante, 1 b dans chacune des 6 m. suiv., (2 b, 1 db) dans la m. suiv. en changeant pour A lorsque vous faites la dernière m., fermez le tour avec une mc dans la quatrième ml des 4 ml du début (48 m.).

Tour 4 : puis continuez avec le fil A et en crochetant par-dessus le brin inutilisé du fil B, 4 ml (comptent pour 1 db), 2 b au même endroit, [1 b dans chacune des 10 m. suiv., (2 b, 1 db) dans la m. suivante, (1 db, 2 b) dans la m. suivante, 1 b dans chacune des 10 m. suiv., (2 b, 1 db) dans la m. suiv. en changeant pour B lorsque vous faites la dernière m., puis continuez avec le fil B et en crochetant par-dessus le brin inutilisé du fil A, (1 db, 2 b) dans la m. suivante, 1 b dans chacune des 10 m. suiv., (2 b, 1 db) dans la m. suivante, (1 db, 2 b) dans la m. suivante, 1 b dans chacune des 10 m. suiv., (2 b, 1 db) dans la m. suiv. en changeant pour A lorsque vous faites la dernière m., fermez avec une mc dans la quatrième ml des 4 ml du début (64 m.).

Tour 5 : puis continuez avec le fil A et en crochetant par-dessus le brin inutilisé du fil B, 4 ml (comptent pour 1 db), 2 b au même endroit, [1 b dans chacune des 14 m. suiv., (2 b, 1 db) dans la m. suivante, (1 db, 2 b) dans la m. suivante, 1 b dans chacune des 14 m. suiv., (2 b, 1 db) dans la m. suiv. en changeant pour B lorsque vous faites la dernière m., puis continuez avec le fil B et en crochetant par-dessus le brin inutilisé du fil A, (1 db, 2 b) dans la m. suivante, 1 b dans chacune des 14 m. suiv., (2 b, 1 db) dans la m. suivante, (1 db, 2 b) dans la m. suivante, 1 b dans chacune des 14 m. suiv., (2 b, 1 db) dans la m. suiv. en changeant pour A lorsque vous faites la dernière m., fermez avec une mc dans la quatrième ml des 4 ml du début (80 m.).

Tour 6 : puis continuez avec le fil A et en crochetant par-dessus le brin inutilisé du fil B, 4 ml (comptent pour 1 db), 2 b au même endroit, [1 b dans chacune des 18 m. suiv., (2 b, 1 db) dans la m. suivante, (1 db, 2 b) dans la m. suivante, 1 b dans chacune des 18 m. suiv., (2 b, 1 db) dans la m. suiv. en changeant pour B lorsque vous faites la dernière m., puis continuez avec le fil B et en crochetant par-dessus le brin inutilisé du fil A, (1 db, 2 b) dans la m. suivante, 1 b dans chacune des 18 m. suiv., (2 b, 1 db) dans la m. suivante, (1 db, 2 b) dans la m. suivante, 1 b dans chacune des 18 m. suiv., (2 b, 1 db) dans la m. suiv. en changeant pour A lorsque vous faites la dernière m., fermez avec une mc dans la quatrième ml des 4 ml du début (96 m.). Arrêtez les fils A et B.

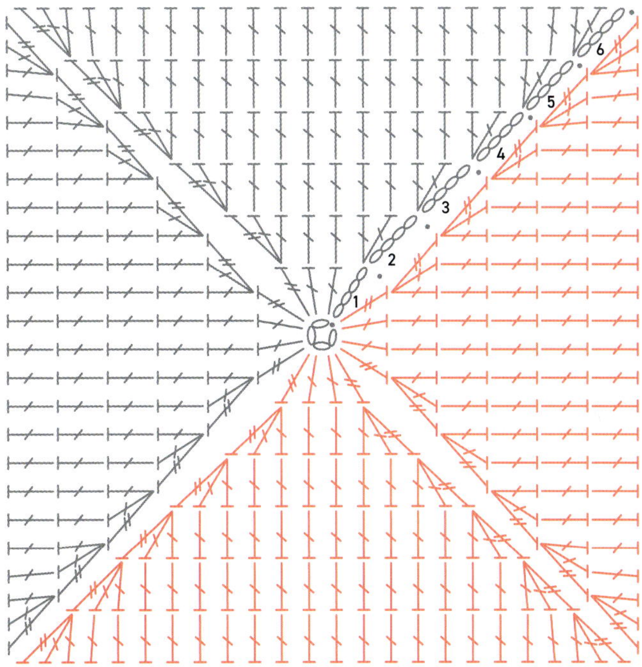

LÉGENDE

- maille en l'air (ml)
- maille coulée (mc)
- double bride (db)
- bride (b)

NIVEAU
Intermédiaire

DIMENSIONS
15 x 15cm

IL VOUS FAUT
- 21m de coloris blanc (A)
- 21m de coloris or (B)
- Crochet de 4mm

COULEURS ALTERNATIVES
- Coloris vert pommme
- Coloris potiron
- Coloris bleu marine

TECHNIQUE UTILISÉE POUR CE MODÈLE
- Crocheter en rond (voir page 121)
- Crochet jacquard (voir page 124)

POINTS UTILISÉS POUR CE MODÈLE
- Maille en l'air (voir page 122)
- Double bride (voir page 123)
- Maille coulée (voir page 122)
- Bride (voir page 122)

IDÉE D'ASSEMBLAGE

Sablier

Modèle très reconnaissable dans le monde du patchwork, ce bloc alterne entre deux couleurs pour créer une forme de sablier.
C'est un excellent bloc à crocheter, si vous débutez, pour apprendre à changer de couleur au milieu d'un tour.

INSTRUCTIONS

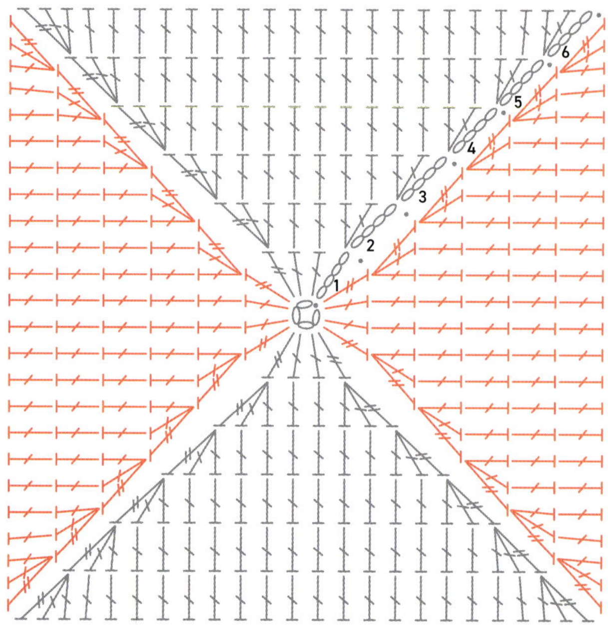

Tour de montage : avec le fil A, 4 ml, fermez avec une mc dans la première m. faite pour former un cercle.

Tour 1 : 4 ml (comptent pour 1 db), 2 b dans le cercle, 1 db dans le cercle en changeant pour le fil B, en crochetant par-dessus le brin inutilisé du fil A, 1 db dans le cercle, 2 b dans le cercle, 1 db dans le cercle en changeant pour le fil A, en crochetant par-dessus le brin inutilisé du fil B, 1 db dans le cercle, 2 b dans le cercle, 1 db dans le cercle en changeant pour le fil B, en crochetant par-dessus le brin inutilisé du fil A, 1 db dans le cercle, 2 b dans le cercle, 1 db dans le cercle en changeant pour le fil A, fermez le tour avec une mc dans la quatrième ml des 4 ml du début (16 m.).

Tour 2 : enroulez le fil pour amener la couleur inutilisée à la bonne hauteur, en crochetant avec le fil A et par-dessus le brin inutilisé du fil B, 4 ml (comptent pour 1 db), 2 b au même endroit, 1 b dans chaque b suiv. jusqu'à la prochaine db, 2 b dans la db, 1 db dans la même db en changeant pour le fil B, puis continuez avec le fil B et par-dessus le brin inutilisé du fil A, (1 db, 2 b) dans la db suiv., 1 b dans chaque b suiv. jusqu'à la prochaine db, 2 b dans la db, 1 db dans la même db en changeant pour le fil A, puis continuez avec le fil A et par-dessus le brin inutilisé du fil B, (1 db, 2 b) dans la db suiv., 1 b dans chaque b suiv. jusqu'à la prochaine db, 2 b dans la db, 1 db dans la même db en changeant pour le fil B, puis continuez avec le fil B et par-dessus le brin inutilisé du fil A, (1 db, 2 b) dans la db suiv., 1 b dans chaque b suiv. jusqu'à la prochaine db, 2 b dans la db, 1 db dans la même db en changeant pour le fil A, fermez le tour avec une mc dans la quatrième ml des 4 ml du début (32 m.).

Tours 3 à 6 : répétez le tour 2 (96 m.). Arrêtez les fils A et B.

LÉGENDE

- maille en l'air (ml)
- maille coulée (mc)
- bride (b)
- double bride (db)

NIVEAU

Facile

DIMENSIONS

Hauteur x largeur : 28 x 15cm

IL VOUS FAUT

- 40m de coloris chrysanthème (A)
- Crochet de 4mm

COULEURS ALTERNATIVES

- Coloris gris clair
- Coloris corail
- Coloris pêche blanche
- Coloris anthracite

TECHNIQUE UTILISÉE POUR CE MODÈLE

- Crocheter en rang (voir page 121)
- Crocheter les bords (voir page 127)

POINTS UTILISÉS POUR CE MODÈLE

- Maille en l'air (voir page 122)
- Maille serrée (voir page 122)
- Maille coulée (voir page 122)
- Bride (voir page 122)

Triangles isocèles

Vous pouvez faire une bande de ces grands triangles pour border le bas d'un simple plaid au crochet pour un look moderne et géométrique. Ou faites un plaid entier en utilisant ce motif crocheté dans une multitude de couleurs. Utilisez le Demi-triangle isocèle de la page 26 pour avoir des bords droits.

INSTRUCTIONS

Rang de base : avec le fil A, 27 ml.

Rang 1 (END): 1 b dans la quatrième ml depuis le crochet (compte pour 2 b ens. composées de 2 ml et 1 b), 1 b dans chaque ml jusqu'à la fin, tournez (24 m.).

Rang 2 (ENV) : 2 ml, 1 b dans la m. suivante (compte pour 2 b ens.), 1 b dans chaque m jusqu'à la fin, tournez (23 m.).

Rangs 3 à 23 : répétez le rang 2 (vous diminuerez d'une maille par rang).

Rang 24 : 2 ml, 1 b dans la m. suivante (compte pour 2 b ens.) (1 m.).

BORDURE

Tour 1 : avec l'endroit face à vous attachez le fil A dans la première ml du rang de base, 1 ml (ne compte pas pour une m.), 1 ms dans chacune des 23 ml de la chaînette de base, 3 ms dans la ml de base suivante, tournez et crochetez le long du bord suivant, 1 ms dans les 2 ml suiv. du rang de base, 1 ms dans le haut de la première b du rang 1, [1 ms autour de la tige de la fin du rang suivant, 1 ms dans le haut de la même m.] 22 fois, 1 ms autour de la tige de la fin du rang suivant, 3 ms dans le haut de la même m., tournez et crochetez le long du bord suivant, [1 ms autour de la tige de la fin du rang suivant, 1 ms dans la base de la même m.] 23 fois, 1 ms autour de la tige de la fin du rang suivant, 3 ms à l'endroit où vous avez attaché le fil, fermez avec une mc dans la première m. faite (126 m.). Arrêtez l'ouvrage

LÉGENDE

- ► début de la bordure
- ⊖ maille en l'air (ml)
- bride (b)
- \+ maille serrée (ms)
- • maille coulée (mc)

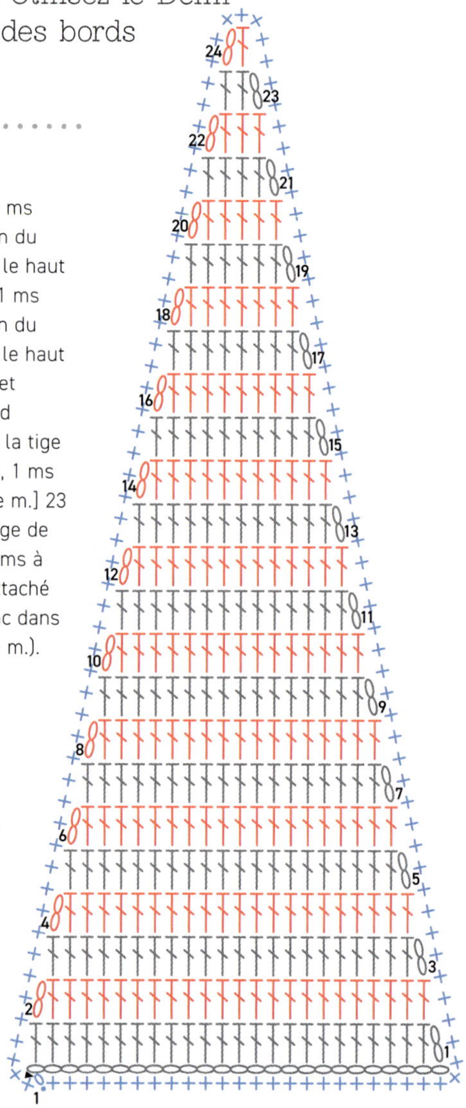

POINTS SPÉCIAUX

2 b ens. (2 brides écoulées ensemble) j., insérez le crochet dans la première m. Indiquée, j. et tirez une boucle, j., tirez à travers deux boucles sur le crochet, j., insérez le crochet dans la seconde m. indiquée, j. et tirez une boucle, [j., tirez à travers deux boucles sur le crochet] deux fois.

NIVEAU
Facile

DIMENSIONS
Hauteur x largeur : 28 x 7.5cm

IL VOUS FAUT
- 22m de coloris gris clair (A)
- Crochet de 4mm

COULEURS ALTERNATIVES
Coloris chrysanthème

TECHNIQUE UTILISÉE POUR CE MODÈLE
- Crocheter en rang (voir page 121)
- Crocheter les bords (voir page 127)

POINTS UTILISÉS POUR CE MODÈLE
- Maille en l'air (voir page 122)
- Maille serrée (voir page 122)
- Maille coulée (voir page 122)
- Bride (voir page 122)

Demi-triangles isocèles

Ce modèle est fait pour être utilisé avec les Triangles isocèles de la page 24 si vous souhaitez avoir des bords droits.

INSTRUCTIONS

Rang de base : avec le fil A, 15 ml.
Rang 1 (END): 1 b dans la quatrième ml depuis le crochet (compte pour 2 b ens. composées de 2 ml et 1 b), 1 b dans chaque ml jusqu'à la fin, tournez (12 m.).
Rang 2 (ENV) : 3 ml (comptent pour 1 b), 1 b dans chaque m. jusqu'à la fin, tournez (12 m.).
Rang 3 : 2 ml, 1 b dans la m. suivante (compte pour 2 b ens.), 1 b dans chaque m. jusqu'à la fin, tournez (11 m.).
Rangs 4 à 21 : répétez les rangs 2 et 3 neuf fois (vous diminuerez d'une maille à chaque rang).
Rang 22 : 3 ml (comptent pour 1 b), 1 b dans la m. suivante, tournez (2 m.).
Rang 23 : 2 ml, 1 b dans la m. suivante (compte pour 2 b ens.) (1 m.).
Arrêtez l'ouvrage.

LÉGENDE

- ▸ début
- ⬭ maille en l'air (ml)
- bride (b)
- • maille coulée (mc)
- + maille serrée (ms)

BORDURE

Tour 1 : avec l'endroit face à vous, attachez le fil A à la première ml du rang de base, 1 ml (ne compte pas pour une m.), 1 ms dans chacune des 11 ml suiv. de la chaînette de base, 3 ms dans la ml de base suivante, tournez et crochetez le long du bord suivant, 1 ms autour des 2 ml suivante du rang de base, 1 ms dans le haut de la première b du rang 1, [1 ms autour de la tige de la fin du rang suivant, 1 ms dans le haut de la même m.] 21 fois, 1 ms autour de la tige de la fin du rang suivant, 3 ms dans le haut de la même m., tournez et crochetez le long du bord suivant, [1 ms autour de la tige de la fin du rang suivant, 1 ms dans la base de la même m.] 22 fois, 1 ms autour de la tige de la fin du rang suivant, 3 ms à l'endroit où vous avez attaché le fil, fermez avec une mc dans la première m. faite (110 m.).
Arrêtez l'ouvrage.

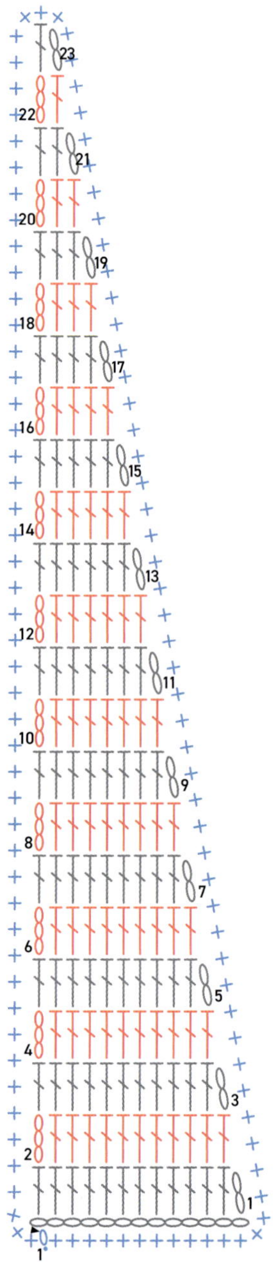

NIVEAU

Intermédiaire

DIMENSIONS

15 x 15cm

IL VOUS FAUT

- 2m de coloris gris clair (A)
- 2.5m de coloris pêche (B)
- 3m de coloris menthe (C)
- 4m de coloris corail (D)
- 4.5m de coloris écume de mer (E)
- 5.5m de coloris chrysanthème (F)
- 6m de coloris bleu océan (G)
- 7m de coloris rouge (H)
- 7.5m de coloris bleu de Côme (I)
- Crochet de 4mm

TECHNIQUE UTILISÉE POUR CE MODÈLE

- Crocheter en rang (voir page 121)
- Ajouter une nouvelle couleur (voir page 124)
- Crocheter les bords (voir page 127)

POINTS UTILISÉS POUR CE MODÈLE

- Maille en l'air (voir page 122)
- Maille serrée (voir page 122)

IDÉE D'ASSEMBLAGE

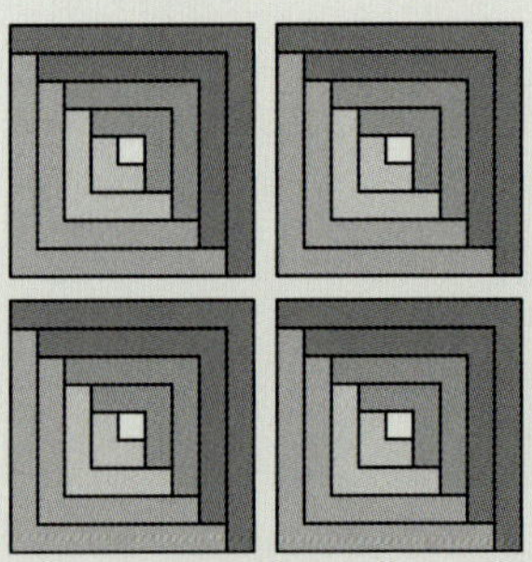

Log Cabin

Le bloc Log cabin n'a pas besoin d'être présenté ! Vous pouvez réaliser ce motif dans toutes sortes de coloris différents et disposer les blocs finis de multiples façons pour créer de jolis motifs.

INSTRUCTIONS

Rang de base : avec le fil A, 6 ml.

Rang 1 : 1 ms dans la deuxième ml depuis le crochet et dans chacune des 4 ml restantes, tournez (5 m.).

Rang 2 : 1 ml (ne compte pas pour une maille ici et à chaque fois), 1 ms dans chaque m. jusqu'à la fin, tournez.

Rangs 3-5 : répétez le rang 2, en changeant pour B quand vous faites la dernière m. du rang 5. Arrêtez le fil A.

Rang 6 : avec le fil B, 1 ml, tournez l'ouvrage de 90 degrés dans le sens des aiguilles d'une montre, 1 ms dans chacune des 4 fins de rangs suiv., sautez la dernière fin de rang, 3 ms dans la première ml de base, 1 ms dans chacune des 4 ml de base, tournez (11 m.).

Rang 7 : 1 ml, 1 ms dans chacune des 5 m. suiv., 3 ms dans la m. suiv., 1 ms dans chacune des 5 m. suiv., tournez (13 m.).

Rang 8 : 1 ml, 1 ms dans chacune des 6 m. suiv., 3 ms dans la m. suiv., 1 ms dans chacune des 6 m. suiv. en changeant pour le fil C quand vous faites la dernière m., arrêtez le fil B, ne tournez pas (15 m.).

Rang 9 : avec le fil C, 1 ml, tournez l'ouvrage de 90 degrés dans le sens des aiguilles d'une montre, 1 ms dans chacune des 7 fins de rangs suiv., sautez la dernière fin de rang, 3 ms dans la m. suiv., 1 ms dans chacune des 4 m. suiv., 1 ms dans chacune des 3 fins de rangs suiv., tournez (17 m.).

Rang 10 : 1 ml, 1 ms dans chacune des 8 m. suiv., 3 ms dans la m. suiv., 1 ms dans chacune des 8 m. suiv., tournez (19 m.).

LÉGENDE

⚬ maille en l'air (ml)   + maille serrée (ms)

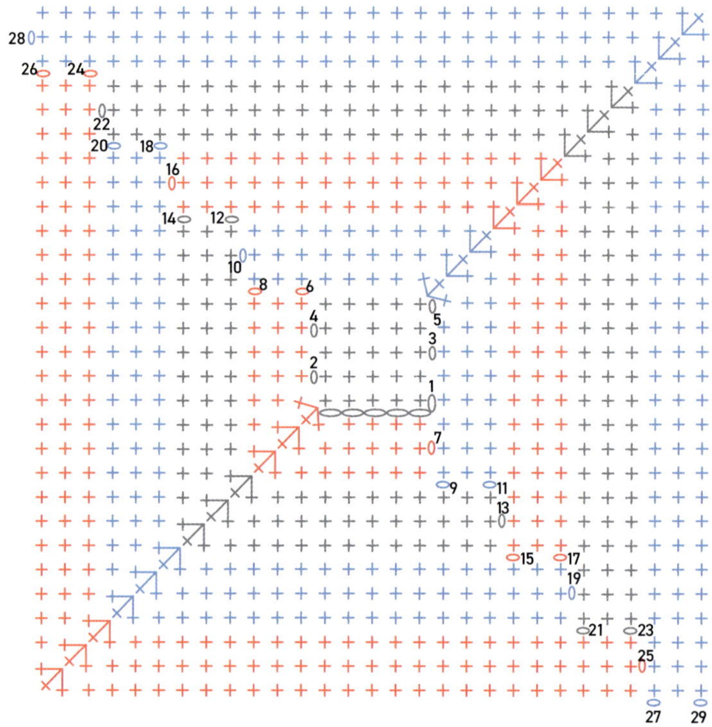

Rang 11 : 1 ml, 1 ms dans chacune des 9 m. suiv., 3 ms dans la m. suiv., 1 ms dans chacune des 9 m. suiv. en changeant pour le fil D quand vous faites la dernière m., arrêtez le fil C, ne tournez pas (21 m.).

Rang 12 : avec le fil D, 1 ml, tournez l'ouvrage de 90 degrés dans le sens des aiguilles d'une montre, 1 ms dans chacune des 3 fins de rangs suiv., 1 ms dans chacune des 7 m. suiv., 3 ms dans la m. suiv., 1 ms dans chacune des 7 m. suiv., 1 ms dans chacune des 3 fins de rangs suiv., tournez (23 m.).

Rang 13 : 1 ml, 1 ms dans chacune des 11 m. suiv., 3 ms dans la m. suiv., 1 ms dans chacune des 11 m. suiv., tournez (25 m.).

Rang 14 : 1 ml, 1 ms dans chacune des 12 m. suiv., 3 ms dans la m. suiv., 1 ms dans chacune des 12 m. suiv. en changeant pour le fil E quand vous faites la dernière m., arrêtez le fil D, ne tournez pas (27 m.).

Rang 15 : avec le fil E, 1 ml, tournez l'ouvrage de 90 degrés dans le sens des aiguilles d'une montre, 1 ms dans chacune des 3 fins de rangs suiv., 1 ms dans chacune des 10 m. suiv., 3 ms dans la m. suiv., 1 ms dans chacune des 10 m. suiv., 1 ms dans chacune des 3 fins de rangs suiv., tournez (29 m.).

Rang 16 : 1 ml, 1 ms dans chacune des 14 m. suiv., 3 ms dans la m. suiv., 1 ms dans chacune des 14 m. suiv., tournez (31 m.)

Rang 17 : 1 ml, 1 ms dans chacune des 15 m. suiv., 3 ms dans la m. suiv., 1 ms dans chacune des 15 m. suiv. en changeant pour le fil F quand vous faites la dernière m., arrêtez le fil E, ne tournez pas (33 m.).

Rang 18 : avec le fil F, 1 ml, tournez l'ouvrage de 90 degrés dans le sens des aiguilles d'une montre, 1 ms dans chacune des 3 fins de rangs suiv., 1 ms dans chacune des 13 m. suiv., 3 ms dans la m. suiv., 1 ms dans chacune des 13 m. suiv., 1 ms dans chacune des 3 fins de rangs suiv., tournez (35 m.).

Rang 19 : 1 ml, 1 ms dans chacune des 17 m. suiv., 3 ms dans la m. suiv., 1 ms dans chacune des 17 m. suiv., tournez (37 m.).

Rang 20 : 1 ml, 1 ms dans chacune des 18 m. suiv., 3 ms dans la m. suiv., 1 ms dans chacune des 18 m. suiv. en changeant pour le fil G quand vous faites la dernière m., arrêtez le fil F, ne tournez pas (39 m.).

Rang 21 : avec le fil G, 1 ml, tournez l'ouvrage de 90 degrés dans le sens des aiguilles d'une montre, 1 ms dans chacune des 3 fins de rangs suiv., 1 ms dans chacune des 16 m. suiv., 3 ms dans la m. suiv., 1 ms dans chacune des 16 m. suiv., 1 ms dans chacune des 3 fins de rangs suiv., tournez (41 m.).

Rang 22 : 1 ml, 1 ms dans chacune des 20 m. suiv., 3 ms dans la m. suiv., 1 ms dans chacune des 20 m. suiv., tournez (43 m.).

Rang 23 : 1 ml, 1 ms dans chacune des 21 m. suiv., 3 ms dans la m. suiv., 1 ms dans chacune des 21 m. suiv. en changeant pour le fil H quand vous faites la dernière m., arrêtez le fil G, ne tournez pas (45 m.).

Rang 24 : avec le fil H, 1 ml, tournez l'ouvrage de 90 degrés dans le sens des aiguilles d'une montre, 1 ms dans chacune des 3 fins de rangs suiv., 1 ms dans chacune des 19 m. suiv., 3 ms dans la m. suiv., 1 ms dans chacune des 19 m. suiv., 1 ms dans chacune des 3 fins de rangs suiv., tournez (47 m.).

Rang 25 : 1 ml, 1 ms dans chacune des 23 m. suiv., 3 ms dans la m. suiv., 1 ms dans chacune des 23 m. suiv., tournez (49 m.)

Rang 26 : 1 ml, 1 ms dans chacune des 24 m. suiv., 3 ms dans la m. suiv., 1 ms dans chacune des 24 m. suiv. en changeant pour le fil I quand vous faites la dernière m., arrêtez le fil H, ne tournez pas (51 m.).

Rang 27 : avec le fil I, 1 ml, tournez l'ouvrage de 90 degrés dans le sens des aiguilles d'une montre, 1 ms dans chacune des 3 fins de rangs suiv., 1 ms dans chacune des 22 m. suiv., 3 ms dans la m. suiv., 1 ms dans chacune des 22 m. suiv., 1 ms dans chacune des 3 fins de rangs suiv., tournez (53 m.).

Rang 28 : 1 ml, 1 ms dans chacune des 26 m. suiv., 3 ms dans la m. suiv., 1 ms dans chacune des 26 m. suiv., tournez (55 m.).

Rang 29 : 1 ml, 1 ms dans chacune des 27 m. suiv., 3 ms dans la m. suiv., 1 ms dans chacune des 27 m. suiv. (57 m.). Arrêtez le fil I.

NIVEAU

Intermédiaire

DIMENSIONS

Hauteur x largeur : 20 x 20 cm

Lorsque quatre motifs sont assemblés pour former un carré, le bloc mesure 21,5 x 21,5 cm.

IL VOUS FAUT

- 1m de coloris lime (A)
- 1.5m de coloris pêche (B)
- 2.5m de coloris rose (C)
- 3m de coloris rose fraise (D)
- 4m de coloris rose bonbon (E)
- 4.5m de coloris corail foncé (F)
- 5.5m de coloris flamant rose (G)
- Crochet de 4mm

TECHNIQUE UTILISÉE POUR CE MODÈLE

- Crocheter en rang (voir page 121)
- Ajouter une nouvelle couleur (voir page 124)
- Crocheter les bords (voir page 127)

POINTS UTILISÉS POUR CE MODÈLE

- Maille en l'air (voir page 122)
- Maille serrée (voir page 122)
- 2 Maille serrée écoulées ensemble (voir page 31)

IDÉE D'ASSEMBLAGE

TanneMaie

Ce motif triangulaire est une interprétation intéressante du traditionnel Log cabin, et il peut être assemblé de deux façons pour créer des styles très différents. Il y a énormément de possibilités pour jouer avec les couleurs dans ce motif ; pensez à l'apparence des triangles lorsqu'ils seront assemblés et à la façon dont les couleurs peuvent créer un dégradé ou contraster..

LÉGENDE

○ maille en l'air (ml)

\+ maille serrée (ms)

2 mailles serrées écoulées ensemble (2 ms ens.)

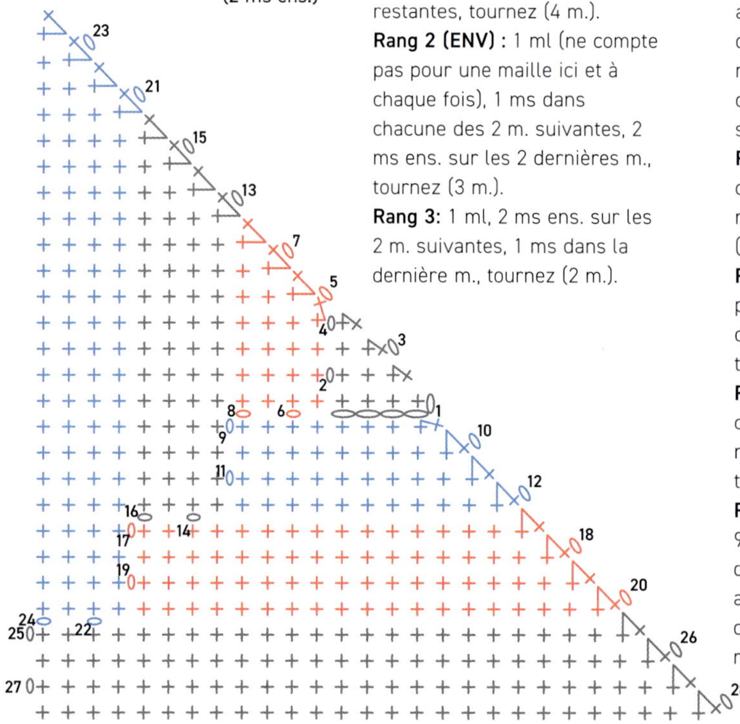

INSTRUCTIONS

Rang de base : avec le fil A, 5 ml.

Rang 1 (END): 1 ms dans la deuxième ml depuis le crochet et dans chacune des 3 ml restantes, tournez (4 m.).

Rang 2 (ENV) : 1 ml (ne compte pas pour une maille ici et à chaque fois), 1 ms dans chacune des 2 m. suivantes, 2 ms ens. sur les 2 dernières m., tournez (3 m.).

Rang 3: 1 ml, 2 ms ens. sur les 2 m. suivantes, 1 ms dans la dernière m., tournez (2 m.).

Rang 4: 1 ml, 2 ms ens. sur les 2 m. suivantes, ne tournez pas, arrêtez le fil A (1 m.).

Rang 5 : tournez l'ouvrage de 90 degrés dans le sens inverse des aiguilles d'une montre, attachez le fil B à la fin du dernier rang crocheté, 1 ml, 2 ms au même endroit, 1 ms dans chacune des 3 fins de rangs suivantes, tournez (5 m.).

Rang 6 : 1 ml, 1 ms dans chacune des 4 m. suivantes, 2 ms dans la dernière m., tournez (6 m.).

Rang 7 : 1 ml, 2 ms dans la première m., 1 ms dans chacune des 5 m. suivantes, tournez (7 m.).

Rang 8 : 1 ml, 1 ms dans chacune des 6 m. suivantes, 2 ms dans la dernière m., tournez, arrêtez le fil B (8 m.).

Rang 9 : tournez l'ouvrage de 90 degrés dans le sens inverse des aiguilles d'une montre, attachez le fil C à la fin du dernier rang crocheté, 1 ml, 1 ms dans chacune des 4 fins de rangs suivantes, 1 ms dans chacune des 3 ml de base, 2 ms dans la dernière ml de base, tournez (9 m.).

Rang 10 : 1 ml, 2 ms dans la m. suivante, 1 ms dans chacune des 8 m. suivantes, tournez (10 m.).

Rang 11 : 1 ml, 1 ms dans chaque m. jusqu'à ce qu'il reste une m., 2 ms dans la dernière m., tournez (11 m.).

Rang 12 : 1 ml, 2 ms dans la première m., 1 ms dans chaque m. jusqu'à la fin, tournez, arrêtez le fil C (12 m.).

Rang 13 : tournez l'ouvrage de 90 degrés dans le sens inverse des aiguilles d'une montre, attachez le fil D à la première m. du rang 8, 1 ml, 2 ms au même endroit, 1 ms dans chacune des 7 m. suivantes, 1 ms dans chacune des 4 fins de rangs suivantes, tournez (13 m.).

Rang 14 : 1 ml, 1 ms dans chaque m. jusqu'à ce qu'il reste une m., 2 ms dans la dernière m., tournez (14 m.).

Rang 15 : 1 ml, 2 ms au même endroit, 1 ms dans chaque m. jusqu'à la fin, tournez (15 m.)

Rang 16 : répétez le rang 14, tournez, arrêtez le fil D (16 m.).

Rang 17 : tournez l'ouvrage de 90 degrés dans le sens inverse des aiguilles d'une montre, attachez le fil E à la fin du dernier rang crocheté, 1 ml, 1 ms au même endroit, 1 ms dans chacune des 3 fins de rangs suivantes, 1 ms dans chaque m. jusqu'à ce qu'il reste une m., 2 ms dans la dernière m., tournez (17 m.).

Rang 18 : 1 ml, 2 ms au même endroit, 1 ms dans chaque m. jusqu'à la fin, tournez (18 m.).

Rang 19 : 1 ml, 1 ms dans chaque m. jusqu'à ce qu'il reste une m., 2 ms dans la dernière m., tournez (19 m.).

Rang 20 : répétez le rang 18, tournez, arrêtez le fil E (20 m.).

Rang 21 : tournez l'ouvrage de 90 degrés dans le sens inverse des aiguilles d'une montre, attachez le fil F à la première m. du rang 16, 1 ml, 2 ms au même endroit, 1 ms dans chacune des 15 m. suivantes, 1 ms dans chacune des 4 fins de rangs suivantes, tournez (21 m.).

Rang 22 : 1 ml, 1 ms dans chaque m. jusqu'à ce qu'il reste une m., 2 ms dans la dernière m., tournez (22 m.).

Rang 23 : 1 ml, 2 ms au même endroit, 1 ms dans chaque m. jusqu'à la fin, tournez (23 m.)

Rang 24 : répétez le rang 22, arrêtez le fil F (24 m.).

Rang 25 : tournez l'ouvrage de 90 degrés dans le sens inverse des aiguilles d'une montre, attachez le fil G à la fin du dernier rang crocheté, 1 ml, 1 ms au même endroit, 1 ms dans chacune des 3 fins de rangs suivantes, 1 ms dans chaque m. jusqu'à ce qu'il reste une m., 2 ms dans la dernière m., tournez (25 m.).

Rang 26 : 1 ml, 2 ms au même endroit, 1 ms dans chaque m. jusqu'à la fin, tournez (26 m.).

Rang 27 : 1 ml, 1 ms dans chaque m. jusqu'à ce qu'il reste une m., 2 ms dans la dernière m., tournez (27 m.).

Rang 28 : répétez le rang 26 (28 m.).

Arrêtez le fil G.

POINTS SPÉCIAUX

2 ms ens. (2 mailles serrées écoulées ensemble) : insérez le crochet dans la première m. indiquée, j. et tirez une boucle, insérez le crochet dans la deuxième m. Indiquée, j. et tirez une boucle (3 boucles sur le crochet), j. et tirez à travers toutes les boucles sur le crochet.

NIVEAU
Intermédiaire

DIMENSIONS
15 x 15cm

IL VOUS FAUT
- 3m de coloris potiron (A)
- 4m de coloris or rouge (B)
- 5m de coloris vert olive (C)
- 7m de coloris bleu océan (D)
- 10m de coloris bleu marine (E)
- Crochet de 4mm

TECHNIQUE UTILISÉE POUR CE MODÈLE
- Crocheter en rang (voir page 121)
- Ajouter une nouvelle couleur (voir page 124)
- Changement de couleur au milieu d'une maille (voir page 124)
- Crocheter les bords (voir page 127)

POINTS UTILISÉS POUR CE MODÈLE
- Maille en l'air (voir page 122)
- Maille serrée (voir page 122)
- Double bride (voir page 123)
- Maille coulée (voir page 122)
- Bride (voir page 122)

IDÉE D'ASSEMBLAGE

Mitred

Ce bloc Mitred est facile à réaliser. Lorsque vous crochetez la bordure, vous devez changer de couleur chaque fois que vous croisez une rangée dans une nouvelle couleur, afin de ne pas gâcher le style.

INSTRUCTIONS

Rang 1 (END): avec le fil A, 4 ml, (1 b, 1 db, 2 b) dans la quatrième ml depuis le crochet, tournez (5 m.).

Rang 2 (ENV) : 3 ml (comptent pour 1 b), 1 b dans la m. suivante, (2 b, 1 db, 2 b) dans la m. suivante, 1 b dans chacune des 2 m. suivantes, tournez (9 m.).

Rang 3 : 3 ml (comptent pour 1 b), 1 b dans chacune des 3 m. suivantes, (2 b, 1 db, 2 b) dans la m. suivante, 1 b dans chacune des 4 m. suivantes, arrêtez le fil A, tournez (13 m.).

Rang 4 : attachez le fil B, 3 ml (comptent pour 1 b), 1 b dans chacune des m. jusqu'à la db de l'angle, (2 b, 1 db, 2 b) dans la db de l'angle, 1 b dans chacune des m. jusqu'à la fin, tournez (17 m.).

Rang 5 : 3 ml (comptent pour 1 b), 1 b dans chacune des m. jusqu'à la db de l'angle, (2 b, 1 db, 2 b) dans la db de l'angle, 1 b dans chacune des m. jusqu'à la fin, arrêtez le fil B, tournez (21 m.).

Rangs 6 et 7 : répétez les rangs 4 et 5 avec le fil C (29 m.).

LÉGENDE

- ▸ début
- o maille en l'air (ml)
- bride (b)
- double bride (db)
- \+ double crochet (ms)
- • maille coulée (mc)

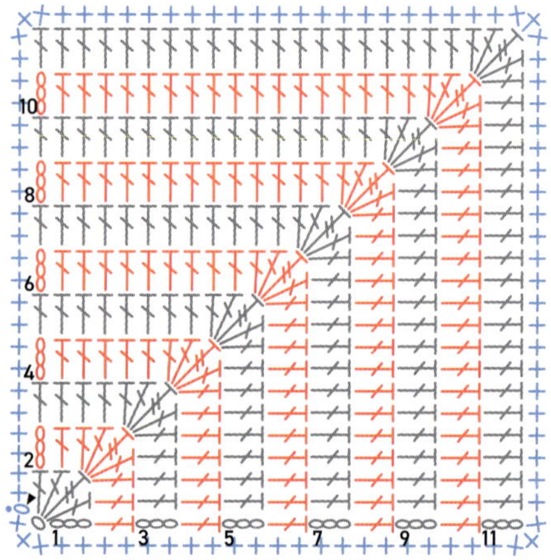

Rangs 8 et 9 : répétez les rangs 4 et 5 avec le fil D (37 m.).

Rangs 10 et 11 : répétez les rangs 4 et 5 avec le fil E (45 m.).

BORDURE

Tour 1: avec l'endroit face à vous attachez le fil A dans la ml du bas du premier rang, 1 ml (ne compte pas pour une m.), 3 ms au même endroit, [1 ms autour de la tige de la b suivante, 1 ms en haut de la même b] deux fois, 1 ms autour de la tige de la b suivante en changeant pour B et arrêtez le fil A, 1 ms en haut de la b, 1 ms autour de la tige de la b suivante, 1 ms en haut de la même b, 1 ms autour de la tige de la b suivante en changeant pour C et arrêtez le fil B, 1 ms en haut de la même b, 1 ms autour de la tige de la b suivante, 1 ms en haut de la même b, 1 ms autour de la tige de la b suivante en changeant pour D et arrêtez le fil C, 1 ms en haut de la même b, 1 ms autour de la tige de la b suivante, 1 ms en haut de la même b, 1 ms autour de la tige de la b suivante en changeant pour E et arrêtez le fil D, 1 ms en haut de la même b, 1 ms autour de la tige de la b suivante, 1 ms en haut de la même b, 1 ms autour de la tige de la b suivante, 3 ms en haut de la même b, 1 ms dans chacune des 21 m. suivantes, 3 ms dans la m. suivante, 1 ms au tour de la tige de la même b, 1ms en haut de la b suivante, 1 ms autour de la tige de la même b en changeant pour D et arrêtez le fil E, [1 ms en haut de la b suivante, 1 ms autour de la tige de la même b] deux fois en changeant pour C quand vous faites la dernière m. et arrêtez le fil D, [1 ms en haut de la b suivante, 1 ms autour de la tige de la même b] deux fois en changeant pour B quand vous faites la dernière m. et arrêtez le fil C, [1 ms en haut de la b suivante, 1 ms autour de la tige de la même b] deux fois en changeant pour A quand vous faites la dernière m. et arrêtez le fil B, [1 ms en haut de la b suivante, 1 ms autour de la tige de la même b] trois fois, fermez avec une mc dans la première m. faite (96 m.). Arrêtez le fil A.

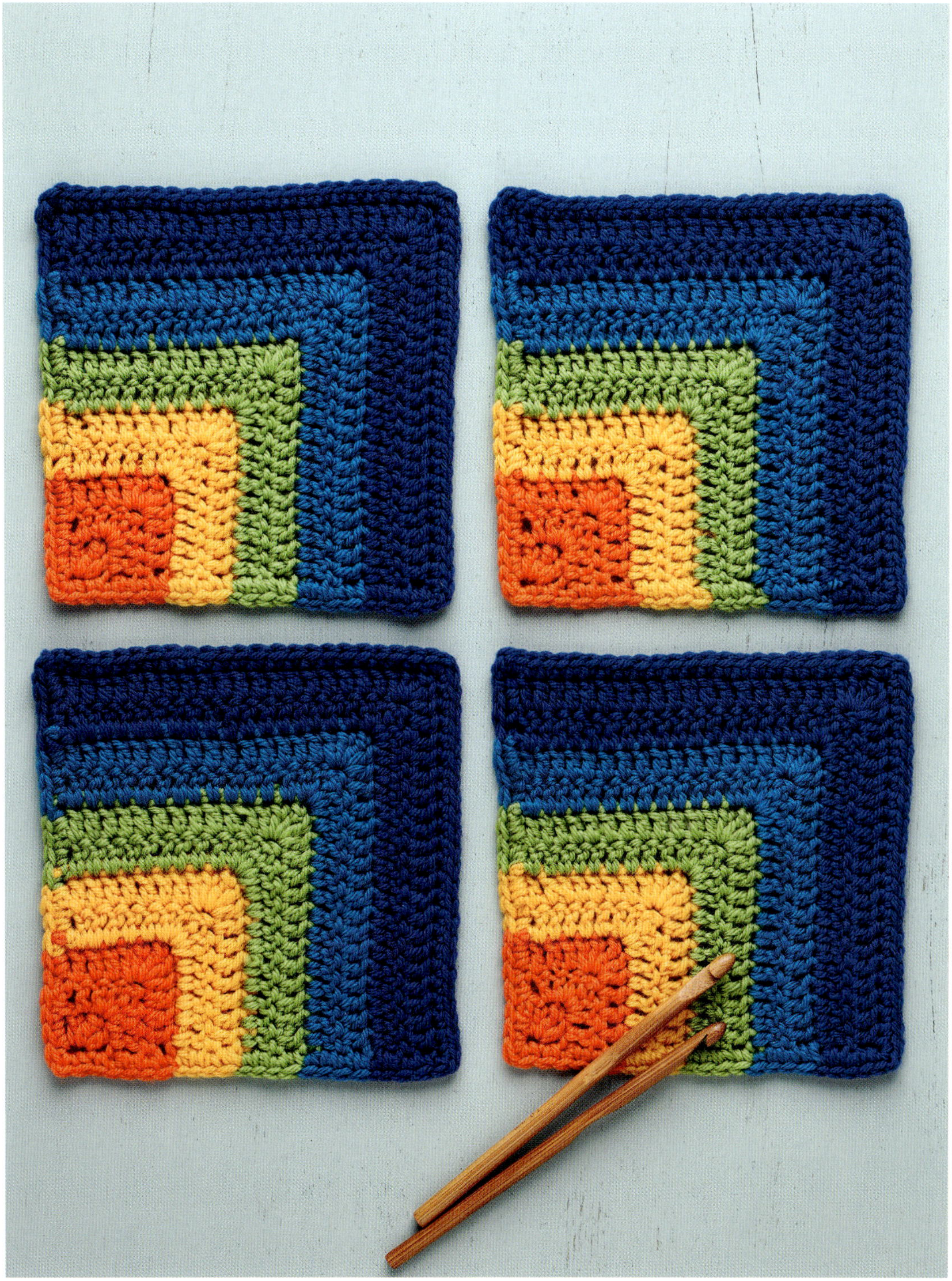

NIVEAU
Intermédiaire

DIMENSIONS
Hauteur x largeur : 12.5 x 11.5cm

IL VOUS FAUT
- 6m de coloris gris (A)
- 6m de coloris or rouge (B)
- 6m de coloris anthracite (C)
- Crochet de 4mm

COULEURS ALTERNATIVES
- Coloris rose bonbon
- Coloris écume de mer
- Coloris orange

TECHNIQUE UTILISÉE POUR CE MODÈLE
- Crocheter en rond (voir page 121)
- Crochet jacquard (voir page 124)

POINTS UTILISÉS POUR CE MODÈLE
- Maille en l'air (voir page 122)
- Double bride (voir page 123)
- Maille coulée (voir page 122)
- Bride (voir page 122)

Tumbling Blocks

Les Tumbling blocks sont un des modèles préférés pour le patchwork et vous pouvez voir pourquoi ; réaliser chaque partie dans des tons clairs, moyens et foncés leur donne un effet 3D une fois terminés. Vous pouvez également essayer de crocheter ces blocs en trois nuances d'une même couleur pour un style plus harmonieux.

INSTRUCTIONS

Tour de montage : avec le fil A, 5 ml, fermez avec une mc dans la première m. faite pour former un cercle.

Tour 1 : 3 ml (comptent pour 1 b) 2 b dans le cercle, 1 db dans le cercle, 3 b dans le cercle, 1 db dans le cercle en changeant pour B, puis continuez avec le fil B et par-dessus le brin inutilisé du fil A, 3 b dans le cercle, 1 db dans le cercle, 3 b dans le cercle, 1 db dans le cercle en changeant pour le fil C, puis continuez avec le fil C et par-dessus les brins inutilisés des fils A et B, 3 b dans le cercle, 1 db dans le cercle, 3 b dans le cercle, 1 db dans le cercle en changeant pour A, fermez avec une mc dans la troisième ml des 3 ml du début (24 m.).

Tour 2 : 3 ml (comptent pour 1 b), 1 b dans chacune des 2 m. suivantes, (1 b, 1 db, 1 b) dans la m. suivante, 1 b dans chacune des 3 m. suivantes, (1 b, 1 db en changeant pour B, 1 b avec le fil B) dans la m. suivante, continuez avec le fil B, 1 b dans chacune des 3 m. suivantes, (1 b, 1 db, 1 b) dans la m. suivante, 1 b dans chacune des 3 m. suivantes, (1 b, 1 db en changeant pour C, 1 b avec le fil C) dans la m. suivante, continuez avec le fil C, 1 b dans chacune des 3 m. suivantes, (1 b, 1 db, 1 b) dans la m. suivante, 1 b dans chacune des 3 m. suivantes, (1 b, 1 db en changeant pour A, 1 b avec le fil A) dans la m. suivante, fermez avec une mc dans la troisième ml des 3 ml du début (36 m.).

Tour 3 : 3 ml (comptent pour 1 b), 1 b dans chacune des 3 m. suivantes, (1 b, 1 db, 1 b) dans la m. suivante, 1 b dans chacune des 5 m. suivantes, (1 b, 1 db en changeant pour B, 1 b avec le fil B) dans la m. suivante, continuez avec le fil B,

LÉGENDE

- ○ maille en l'air (ml)
- • maille coulée (mc)
- bride (b)
- double bride (db)

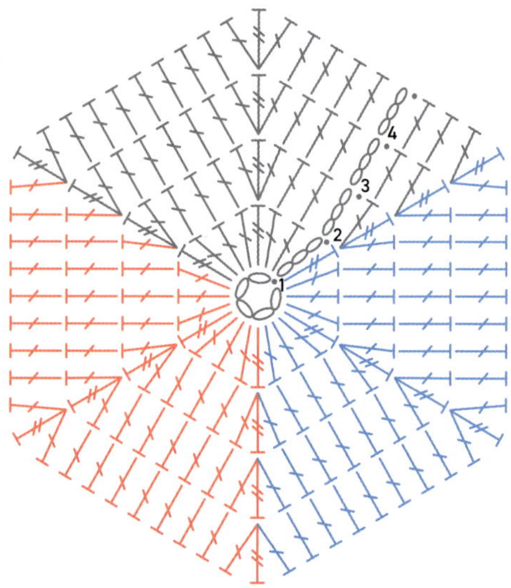

1 b dans chacune des 5 m. suivantes, (1 b, 1 db, 1 b) dans la m. suivante, 1 b dans chacune des 5 m. suivantes, (1 b, 1 db en changeant pour C, 1 b avec le fil C) dans la m. suivante, continuez avec le fil C, 1 b dans chacune des 5 m. suivantes, (1 b, 1 db, 1 b) dans la m. suivante, 1 b dans chacune des 5 m. suivantes, (1 b, 1 db en changeant pour A, 1 b avec le fil A) dans la m. suivante, 1 tr dans la m. suivante, fermez avec une mc dans la troisième ml des 3 ml du début (48 m.).

Round 4: 3 ml (comptent pour 1 b), 1 b dans chacune des 4 m. suivantes, (1 b, 1 db, 1 b) dans la m. suivante, 1 b dans chacune des 7 m. suivantes, (1 b, 1 db en changeant pour B, 1 b avec le fil B) dans la m. suivante, continuez avec le fil B, 1 b dans chacune des 7 m. suivantes, (1 b, 1 db, 1 b) dans la m. suivante, 1 b dans chacune des 7 m. suivantes, (1 b, 1 db en changeant pour C, 1 b avec le fil C) dans la m. suivante, continuez avec le fil C, 1 b dans chacune des 7 m. suivantes, (1 b, 1 db, 1 b) dans la m. suivante, 1 b dans chacune des 7 m. suivantes, (1 b, 1 db en changeant pour A, 1 b avec le fil A) dans la m. suivante, 1 b dans chacune des 2 m. suivantes, fermez avec une mc dans la troisième ml des 3 ml du début (60 m.). Arrêtez les fils A, B et C.

NIVEAU
Facile

DIMENSIONS
15 x 15cm

IL VOUS FAUT
- 2m de coloris jaune (A)
- 11.5m de coloris blanc (B)
- 2m de coloris lime (C)
- 2.5m de coloris menthe (D)
- 3m de coloris écume de mer (E)
- 3.5m de coloris violet (F)
- 4m de coloris glycine (G)
- 4.5m de coloris rose bonbon (H)
- 5m de coloris rose (I)
- Crochet de 4mm

TECHNIQUE UTILISÉE POUR CE MODÈLE
- Crocheter en rang (voir page 121)
- Ajouter une nouvelle couleur (voir page 124)

POINTS UTILISÉS POUR CE MODÈLE
- Maille en l'air (voir page 122)
- Maille serrée (voir page 122)
- Double bride (voir page 123)
- Bride (voir page 122)

Rainbow Mitre

Il s'agit d'un excellent bloc pour utiliser les restes de laine et il est très facile à réaliser. En plaçant les carrés dans différentes directions lors de l'assemblage, vous pouvez créer toute une variété de styles différents.

INSTRUCTIONS

Rang 1 (END): avec le fil A, 4 ml, (1 b, 1 db, 2 b) dans la quatrième ml depuis le crochet, tournez (5 m.).

Rang 2 (ENV) : 3 ml (comptent pour 1 b), 1 b dans la m. suivante, (2 b, 1 db, 2 b) dans la m. suivante, 1 b dans chacune des 2 m. suivantes, tournez (9 m.).
Arrêtez le fil A.
Ne tournez pas pour tous les rangs restants, en gardant l'END face à vous.

Rang 3 (END): avec l'endroit face à vous attachez le fil B en haut de la première m. à votre droite, 1 ml (ne compte pas pour une m.), 1 ms au même endroit, 1 ms dans chaque m. jusqu'à la db de l'angle, 3 ms dans la db de l'angle, 1 ms dans chaque m. jusqu'à la fin (11 m.).
Arrêtez le fil B.

Rang 4 : attachez le fil C à la première m. du dernier rang, 3 ml (comptent pour 1 b), 1 b dans chacune des 4 m. suivantes, (2 b, 1 db, 2 b) dans la m. suivante, 1 b dans chacune des 5 m. suivantes (15 m.).
Arrêtez le fil C.

Rang 5 : attachez le fil B à la première m. du dernier rang, 1 ml (ne compte pas pour une m.), 1 ms dans chaque m. jusqu'à la db de l'angle, 3 ms dans la db de l'angle, 1 ms dans chaque m. jusqu'à la fin (17 m.). Arrêtez le fil B.

Rang 6 : attachez le fil D à la première m. du dernier rang, 3 ml (comptent pour 1 b), 1 b dans chacune des 7 m. suivantes, (2 b, 1 db, 2 b) dans la m. suivante, 1 b dans chacune des 8 m. suivantes (21 m.). Arrêtez le fil D.

Rang 7 : répétez le rang 5 (23 m.).

Rang 8 : attachez le fil E à la première m. du dernier rang, 3

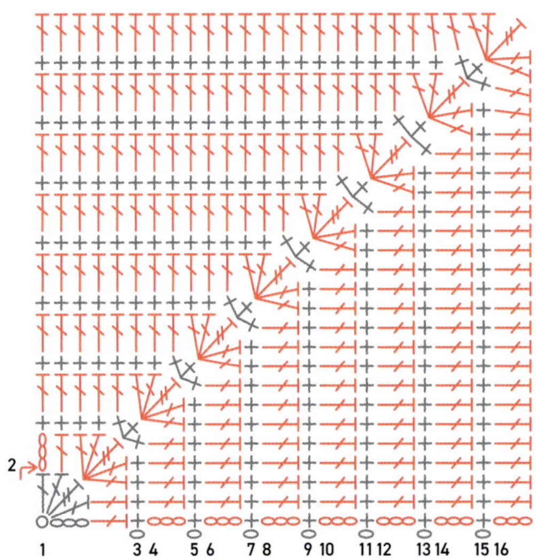

LÉGENDE

- maille en l'air (ml)
- bride (b)
- double bride (db)
- + maille serrée (ms)
- tournez

ml (comptent pour 1 b), 1 b dans chacune des 10 m. suivantes, (2 b, 1 db, 2 b) dans la m. suivante, 1 b dans chacune des 11 m. suivantes (27 m.). Arrêtez le fil E.

Rang 9 : répétez le rang 5 (29 m.).

Rang 10 : attachez le fil F à la première m. du dernier rang, 3 ml (comptent pour 1 b), 1 b dans chacune des 13 m. suivantes, (2 b, 1 db, 2 b) dans la m. suivante, 1 b dans chacune des 14 m. suivantes (33 m.). Arrêtez le fil F.

Rang 11 : répétez le rang 5 (35 m.).

Rang 12 : attachez le fil G à la première m. du dernier rang, 3 ml (comptent pour 1 b), 1 b dans chacune des 16 m. suivantes, (2 b, 1 db, 2 b) dans la m. suivante, 1 b dans chacune des 17 m. suivantes (39 m.). Arrêtez le fil G.

Rang 13 : répétez le rang 5 (41 m.).

Rang 14 : attachez le fil H à la première m. du dernier rang, 3 ml (comptent pour 1 b), 1 b dans chacune des 19 m. suivantes, (2 b, 1 db, 2 b) dans la m. suivante, 1 b dans chacune des 20 m. suivantes (45 m.). Arrêtez le fil H.

Rang 15 : répétez le rang 5 (47 m.).

Rang 16 : attachez le fil I à la première m. du dernier rang, 3 ml (comptent pour 1 b), 1 b dans chacune des 22 m. suivantes, (2 b, 1 db, 2 b) dans la m. suivante, 1 b dans chacune des 23 m. suivantes (51 m.). Arrêtez le fil I.

NIVEAU

Intermédiaire

DIMENSIONS

30 x 30cm

IL VOUS FAUT

- 116m de coloris vert pomme (A)
- 52m de coloris blanc (B)
- Crochet de 4 mm

TECHNIQUES UTILISÉES POUR CE MODÈLE

- Crochet en rangs (voir page 121)
- Crochet jacquard (voir page 124)
- Crocheter les bords (voir page 127)

POINTS UTILISÉS POUR CE MODÈLE

- Maille en l'air (voir page 122)
- Maille serrée (voir page 122)
- Demi-bride (voir page 122)
- Maille coulée (voir page 122)

Big Star

Ce grand motif d'étoile est une simple interprétation des traditionnels blocs de patchwork en étoile. L'étoile est généralement travaillée dans différentes nuances, mais j'ai choisi de la réaliser en une seule couleur pour un design saisissant. Passer le fil inutilisé le long de l'ouvrage ajoute une légère teinte à l'étoile ; vous pouvez également préférer travailler avec plusieurs pelotes pour avoir une forme d'étoile plus nette.

INSTRUCTIONS

Rang de base : avec le fil A, 49 ml.

Rang 1 (ENV) : 1 ms dans la deuxième ml depuis le crochet, 1 ms dans ch. des 11 ml suiv. en changeant pour B quand vous faites la dernière m., 1 ms dans la ml suiv. en changeant pour A, 1 ms dans ch. des 22 ml suiv. en changeant pour B quand vous faites la dernière m., 1 ms dans la m. suiv. en changeant pour A, 1 ms dans ch. des 12 ml suiv., tournez (48 m.).

Rang 2 (END): 1 ml (ne compte pas pour une maille ici et à chaque fois), 1 ms dans ch. des 12 m. suiv. en changeant pour B quand vous faites la dernière m., 1 ms dans ch. des 2 m. suiv. en changeant pour A quand vous faites la dernière m., 1 ms dans ch. des 20 m. suiv. en changeant pour B quand vous faites la dernière m., 1 ms dans ch. des 2 m. suiv. en changeant pour A quand vous faites la dernière m., 1 ms dans ch. des 12 m. suiv., tournez.

Rang 3 : 1 ml, 1 ms dans ch. des 12 m. suiv. en changeant pour B quand vous faites la dernière m., 1 ms dans ch. des 3 m. suiv. en changeant pour A quand vous faites la dernière m., 1 ms dans ch. des 18 m. suiv. en changeant pour B quand vous faites la dernière m., 1 ms dans ch. des 3 m. suiv. en changeant pour A quand vous faites la dernière m., 1 ms dans ch. des 12 m. suiv., tournez.

Rang 4 : 1 ml, 1 ms dans ch. des 12 m. suiv. en changeant pour B quand vous faites la dernière m., 1 ms dans ch. des 4 m. suiv. en changeant pour A quand vous faites la dernière m., 1 ms dans ch. des 16 m. suiv. en changeant pour B quand vous faites la dernière m., 1 ms dans ch. des 4 m. suiv. en changeant pour A quand vous faites la dernière m., 1 ms dans ch. des 12 m. suiv., tournez.

Rang 5 : 1 ml, 1 ms dans ch. des 12 m. suiv. en changeant pour B quand vous faites la dernière m., 1 ms dans ch. des 5 m. suiv. en changeant pour A quand vous faites la dernière m., 1 ms dans ch. des 14 m. suiv. en changeant pour B quand vous faites la dernière m., 1 ms dans ch. des 5 m. suiv. en changeant pour A quand vous faites la dernière m., 1 ms dans ch. des 12 m. suiv., tournez.

Rang 6 : 1 ml, 1 ms dans ch. des 12 m. suiv. en changeant pour B quand vous faites la dernière m., 1 ms dans ch. des 6 m. suiv. en changeant pour A quand vous faites la dernière m., 1 ms dans ch. des 12 m. suiv. en changeant pour B quand vous faites la dernière m., 1 ms dans ch. des 6 m. suiv. en changeant pour A quand vous faites la dernière m., 1 ms dans ch. des 12 m. suiv., tournez.

Rang 7 : 1 ml, 1 ms dans ch. des 12 m. suiv. en changeant pour B quand vous faites la dernière m., 1 ms dans ch. des 7 m. suiv. en changeant pour A quand vous faites la dernière m., 1 ms dans ch. des 10 m. suiv. en changeant pour B quand vous faites la dernière m., 1 ms dans ch. des 7 m. suiv. en changeant pour A quand vous faites la dernière m., 1 ms dans ch. des 12 m. suiv., tournez.

Rang 8 : 1 ml, 1 ms dans ch. des 12 m. suiv. en changeant pour B quand vous faites la dernière m., 1 ms dans ch. des 8 m. suiv. en changeant pour A quand vous faites la dernière m., 1 ms dans ch.

LÉGENDE

- ⚬ maille en l'air (ml)
- + maille serrée (ms)
- T demi-bride (demi-b)
- • maille coulée (mc)

des 8 m. suiv. en changeant pour B quand vous faites la dernière m., 1 ms dans ch. des 8 m. suiv. en changeant pour A quand vous faites la dernière m., 1 ms dans ch. des 12 m. suiv., tournez.

Rang 9 : 1 ml, 1 ms dans ch. des 12 m. suiv. en changeant pour B quand vous faites la dernière m., 1 ms dans ch. des 9 m. suiv. en changeant pour A quand vous faites la dernière m., 1 ms dans ch. des 6 m. suiv. en changeant pour B quand vous faites la dernière m., 1 ms dans ch. des 9 m. suiv. en changeant pour A quand vous faites la dernière m., 1 ms dans ch. des 12 m. suiv., tournez.

Rang 10 : 1 ml, 1 ms dans ch. des 12 m. suiv. en changeant pour B quand vous faites la dernière m., 1 ms dans ch. des 10 m. suiv. en changeant pour A quand vous faites la dernière m., 1 ms dans ch. des 4 m. suiv. en changeant pour B quand vous faites la dernière m., 1 ms dans ch. des 10 m. suiv. en changeant pour A quand vous faites la dernière m., 1 ms dans ch. des 12 m. suiv., tournez.

Rang 11 : 1 ml, 1 ms dans ch. des 12 m. suiv. en changeant pour B quand vous faites la dernière m., 1 ms dans ch. des 11 m. suiv. en changeant pour A quand vous faites la dernière m., 1 ms dans ch. des 2 m. suiv. en changeant pour B quand vous faites la dernière m., 1 ms dans ch. des 11 m. suiv. en changeant pour A quand vous faites la dernière m., 1 ms dans ch. des 12 m. suiv., tournez.

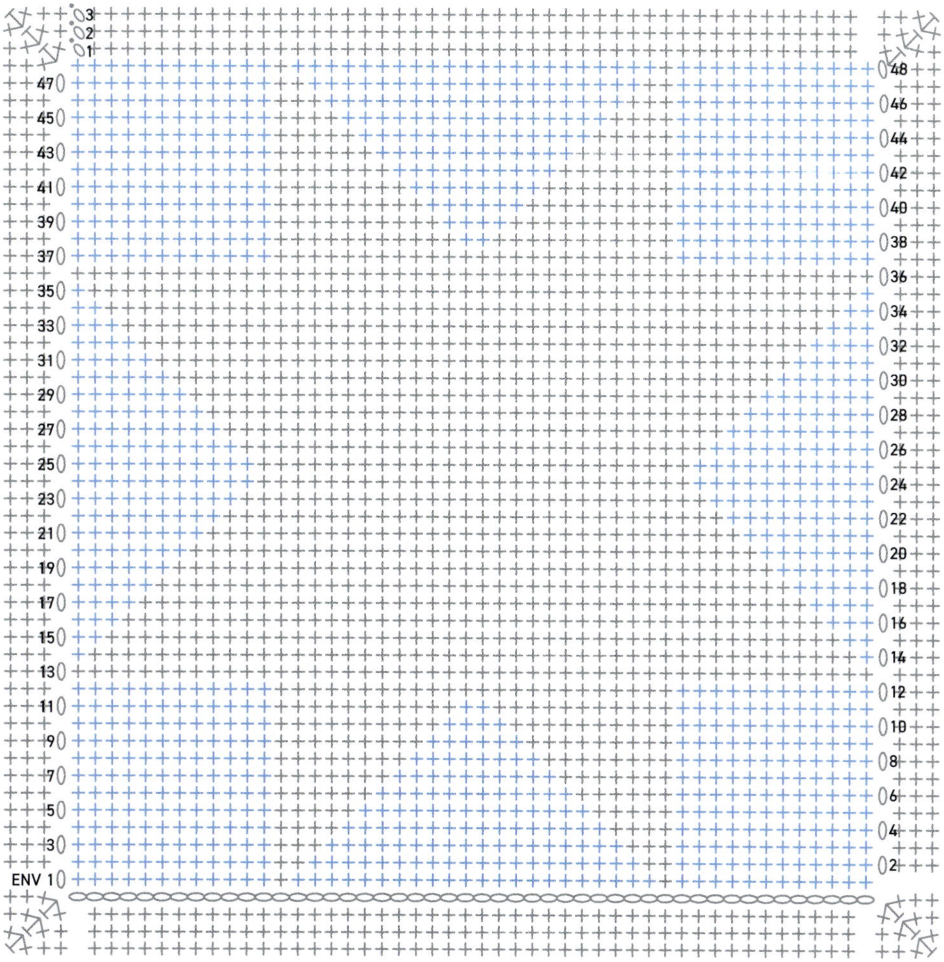

Rang 12 : 1 ml, 1 ms dans ch. des 12 m. suiv. en changeant pour B quand vous faites la dernière m., 1 ms dans ch. des 24 m. suiv. en changeant pour A quand vous faites la dernière m., 1 ms dans ch. des 12 m. suiv., tournez.

Arrêtez les fils A et B.

Rang 13 : attachez le fil B, 1 ml, 1 ms dans chaque m. jusqu'à la fin en changeant pour A quand vous faites la dernière m., tournez.

Rang 14 : 1 ml, 1 ms dans la m. suiv. en changeant pour B, 1 ms dans ch. des 46 m. suiv. en changeant pour A quand vous faites la dernière m., 1 ms dans la dernière m., tournez.

Rang 15 : 1 ml, 1 ms dans ch. des 2 m. suiv. en changeant pour B quand vous faites la dernière m., 1 ms dans ch. des 44 m. suiv. en changeant pour A quand vous faites la dernière m., 1 ms dans ch. des 2 m. suiv., tournez.

Rang 16 : 1 ml, 1 ms dans ch. des 3 m. suiv. en changeant pour B quand vous faites la dernière m., 1 ms dans ch. des 42 m. suiv. en changeant pour A quand vous faites la dernière m., 1 ms dans ch. des 3 m. suiv., tournez.

Rang 17 : 1 ml, 1 ms dans ch. des 4 m. suiv. en changeant pour B quand vous faites la dernière m., 1 ms dans ch. des 40 m. suiv. en changeant pour A quand vous faites la dernière m., 1 ms dans ch.

des 4 m. suiv., tournez.
Rang 18 : 1 ml, 1 ms dans ch. des 5 m. suiv. en changeant pour B quand vous faites la dernière m., 1 ms dans ch. des 38 m. suiv. en changeant pour A quand vous faites la dernière m., 1 ms dans ch. des 5 m. suiv., tournez.
Rang 19 : 1 ml, 1 ms dans ch. des 6 m. suiv. en changeant pour B quand vous faites la dernière m., 1 ms dans ch. des 36 m. suiv. en changeant pour A quand vous faites la dernière m., 1 ms dans ch. des 6 m. suiv., tournez.
Rang 20 : 1 ml, 1 ms dans ch. des 7 m. suiv. en changeant pour B quand vous faites la dernière m., 1 ms dans ch. des 34 m. suiv. en changeant pour A quand vous faites la dernière m., 1 ms dans ch. des 7 m. suiv., tournez.
Rang 21 : 1 ml, 1 ms dans ch. des 8 m. suiv. en changeant pour B quand vous faites la dernière m., 1 ms dans ch. des 32 m. suiv. en changeant pour A quand vous faites la dernière m., 1 ms dans ch. des 8 m. suiv., tournez.
Rang 22 : 1 ml, 1 ms dans ch. des 9 m. suiv. en changeant pour B quand vous faites la dernière m., 1 ms dans ch. des 30 m. suiv. en changeant pour A quand vous faites la dernière m., 1 ms dans ch. des 9 m. suiv., tournez.
Rang 23 : 1 ml, 1 ms dans ch. des 10 m. suiv. en changeant pour B quand vous faites la dernière m., 1 ms dans ch. des 28 m. suiv. en changeant pour A quand vous faites la dernière m., 1 ms dans ch. des 10 m. suiv., tournez.
Rang 24 : 1 ml, 1 ms dans ch. des 11 m. suiv. en changeant pour B quand vous faites la dernière m., 1 ms dans ch. des 26 m. suiv. en changeant pour A quand vous faites la dernière m., 1 ms dans ch. des 11 m. suiv., tournez.
Rang 25 : répétez le rang 24.
Rang 26 : 1 ml, 1 ms dans ch. des 10 m. suiv. en changeant pour B quand vous faites la dernière m., 1 ms dans ch. des 28 m. suiv. en changeant pour A quand vous faites la dernière m., 1 ms dans ch. des 10 m. suiv., tournez.
Rang 27 : 1 ml, 1 ms dans ch. des 9 m. suiv. en changeant pour B quand vous faites la dernière m., 1 ms dans ch. des 30 m. suiv. en changeant pour A quand vous faites la dernière m., 1 ms dans ch. des 9 m. suiv., tournez.
Rang 28 : 1 ml, 1 ms dans ch. des 8 m. suiv. en changeant pour B quand vous faites la dernière m., 1 ms dans ch. des 32 m. suiv. en changeant pour A quand vous faites la dernière m., 1 ms dans ch. des 8 m. suiv., tournez.
Rang 29 : 1 ml, 1 ms dans ch. des 7 m. suiv. en changeant pour B quand vous faites la dernière m., 1 ms dans ch. des 34 m. suiv. en changeant pour A quand vous faites la dernière m., 1 ms dans ch. des 7 m. suiv., tournez.
Rang 30 : 1 ml, 1 ms dans ch. des 6 m. suiv. en changeant pour B quand vous faites la dernière m., 1 ms dans ch. des 36 m. suiv. en changeant pour A quand vous faites la dernière m., 1 ms dans ch. des 6 m. suiv., tournez.
Rang 31 : 1 ml, 1 ms dans ch. des 5 m. suiv. en changeant pour B quand vous faites la dernière m., 1 ms dans ch. des 38 m. suiv. en changeant pour A quand vous faites la dernière m., 1 ms dans ch. des 5 m. suiv., tournez.
Rang 32 : 1 ml, 1 ms dans ch. des 4 m. suiv. en changeant pour B quand vous faites la dernière m., 1 ms dans ch. des 40 m. suiv. en changeant pour A quand vous faites la dernière m., 1 ms dans ch. des 4 m. suiv., tournez.
Rang 33 : 1 ch, 1 ms dans ch. des 3 m. suiv. en changeant pour B quand vous faites la dernière m., 1 ms dans ch. des 42 m. suiv. en changeant pour A quand vous faites la dernière m., 1 ms dans ch. des 3 m. suiv., tournez.
Rang 34 : 1 ml, 1 ms dans ch. des 2 m. suiv. en changeant pour B quand vous faites la dernière m., 1 ms dans ch. des 44 m. suiv. en changeant pour A quand vous faites la dernière m., 1 ms dans ch. des 2 m. suiv., tournez.
Rang 35 : 1 ml, 1 ms dans la m. suiv. en changeant pour B, 1 ms dans ch. des 46 m. suiv. en changeant pour A quand vous faites la dernière m., 1 ms dans la dernière m., tournez.
Arrêtez les fils A et B.
Rang 36 : attachez le fil B, 1 ml, 1 ms dans chaque m. jusqu'à la fin en changeant pour A quand vous faites la dernière m., tournez.
Rang 37 : 1 ml, 1 ms dans ch. des 12 m. suiv. en changeant pour B quand vous faites la dernière m., 1 ms dans ch. des 24 m. suiv. en changeant pour A quand vous faites la dernière m., 1 ms dans ch. des 12 m. suiv., tournez.
Rang 38 : 1 ml, 1 ms dans ch. des 12 m. suiv. en changeant pour B quand vous faites la dernière m., 1 ms dans ch. des 11 m. suiv. en changeant pour A quand vous faites la dernière m., 1 ms dans ch. des 2 m. suiv. en changeant pour B quand vous faites la dernière m., 1 ms dans ch. des 11 m. suiv. en

changeant pour A quand vous faites la dernière m., 1 ms dans ch. des 12 m. suiv., tournez.

Rang 39 : 1 ml, 1 ms dans ch. des 12 m. suiv. en changeant pour B quand vous faites la dernière m., 1 ms dans ch. des 10 m. suiv. en changeant pour A quand vous faites la dernière m., 1 ms dans ch. des 4 m. suiv. en changeant pour B quand vous faites la dernière m., 1 ms dans ch. des 10 m. suiv. en changeant pour A quand vous faites la dernière m., 1 ms dans ch. des 12 m. suiv., tournez.

Rang 40 : 1 ml, 1 ms dans ch. des 12 m. suiv. en changeant pour B quand vous faites la dernière m., 1 ms dans ch. des 9 m. suiv. en changeant pour A quand vous faites la dernière m., 1 ms dans ch. des 6 m. suiv. en changeant pour B quand vous faites la dernière m., 1 ms dans ch. des 9 m. suiv. en changeant pour A quand vous faites la dernière m., 1 ms dans ch. des 12 m. suiv., tournez.

Rang 41 : 1 ml, 1 ms dans ch. des 12 m. suiv. en changeant pour B quand vous faites la dernière m., 1 ms dans ch. des 8 m. suiv. en changeant pour A quand vous faites la dernière m., 1 ms dans ch. des 8 m. suiv. en changeant pour B quand vous faites la dernière m., 1 ms dans ch. des 8 m. suiv. en changeant pour A quand vous faites la dernière m., 1 ms dans ch. des 12 m. suiv., tournez.

Rang 42 : 1 ml, 1 ms dans ch. des 12 m. suiv. en changeant pour B quand vous faites la dernière m., 1 ms dans ch. des 7 m. suiv. en changeant pour A quand vous faites la dernière m., 1 ms dans ch. des 10 m. suiv. en changeant pour B quand vous faites la dernière m., 1 ms dans ch. des 7 m. suiv. en changeant pour A quand vous faites la dernière m., 1 ms dans ch. des 12 m. suiv., tournez.

Rang 43 : 1 ml, 1 ms dans ch. des 12 m. suiv. en changeant pour B quand vous faites la dernière m., 1 ms dans ch. des 6 m. suiv. en changeant pour A quand vous faites la dernière m., 1 ms dans ch. des 12 m. suiv. en changeant pour B quand vous faites la dernière m., 1 ms dans ch. des 6 m. suiv. en changeant pour A quand vous faites la dernière m., 1 ms dans ch. des 12 m. suiv., tournez.

Rang 44 : 1 ml, 1 ms dans ch. des 12 m. suiv. en changeant pour B quand vous faites la dernière m., 1 ms dans ch. des 5 m. suiv. en changeant pour A quand vous faites la dernière m., 1 ms dans ch. des 14 m. suiv. en changeant pour B quand vous faites la dernière m., 1 ms dans ch. des 5 m. suiv. en changeant pour A quand vous faites la dernière m., 1 ms dans ch. des 12 m. suiv., tournez.

Rang 45 : 1 ml, 1 ms dans ch. des 12 m. suiv. en changeant pour B quand vous faites la dernière m., 1 ms dans ch. des 4 m. suiv. en changeant pour A quand vous faites la dernière m., 1 ms dans ch. des 16 m. suiv. en changeant pour B quand vous faites la dernière m., 1 ms dans ch. des 4 m. suiv. en changeant pour A quand vous faites la dernière m., 1 ms dans ch. des 12 m. suiv., tournez.

Rang 46 : 1 ml, 1 ms dans ch. des 12 m. suiv. en changeant pour B quand vous faites la dernière m., 1 ms dans ch. des 3 m. suiv. en changeant pour A quand vous faites la dernière m., 1 ms dans ch. des 18 m. suiv. en changeant pour B quand vous faites la dernière m., 1 ms dans ch. des 3 m. suiv. en changeant pour A quand vous faites la dernière m., 1 ms dans ch. des 12 m. suiv., tournez.

Rang 47 : 1 ml, 1 ms dans ch. des 12 m. suiv. en changeant pour B quand vous faites la dernière m., 1 ms dans ch. des 2 m. suiv. en changeant pour A quand vous faites la dernière m., 1 ms dans ch. des 20 m. suiv. en changeant pour B quand vous faites la dernière m., 1 ms dans ch. des 2 m. suiv. en changeant pour A quand vous faites la dernière m., 1 ms dans ch. des 12 m. suiv., tournez.

Rang 48 : 1 ml, 1 ms dans ch. des 12 m. suiv. en changeant pour B quand vous faites la dernière m., 1 ms dans la m. suiv. en changeant pour A, 1 ms dans ch. des 22 m. suiv. en changeant pour B quand vous faites la dernière m., 1 ms dans la m. suiv. en changeant pour A, 1 ms dans ch. des 12 m. suiv., tournez.

Arrêtez les fils A et B, rentrez les fils.

Le bloc mesure 28 x 28 cm avant de faire la bordure.

BORDURE

Tour 1 : avec l'end. face à vous attachez le fil B dans la dernière m. du dernier rang, 1 ml, (1 ms, 1 demi-b, 1 ms) au même end., 1 ms dans chacun des bords des 46 rangs suivants, (1 ms, 1 demi-b, 1 ms) dans le bord du dernier rang/la première ml de base, 1 ms dans ch. des 46 ml de base suiv., (1 ms, 1 demi-b, 1 ms) dans la dernière ml de base/le bord du premier rang, 1 ms dans chacun des bords des 46 rangs suivants, (1 ms, 1 demi-b, 1 ms) dans le bord du dernier rang/la première m., 1 ms dans ch. des 46 m. suiv., fermez avec une mc dans la première m. faite (196 m.).

Tour 2 : 1 ml, [1 ms dans chaque maille jusqu'à la demi-b de l'angle, (1 ms, 1 demi-b, 1 ms) dans la demi-b] quatre fois en tout, 1 ms dans chaque m. jusqu'au début du tour, fermez avec une mc dans la première m. faite (204 m.).

Tour 3 : répétez le tour 2 (212 m.).

Arrêtez le fil B.

REMARQUE

Vous pouvez crocheter en suivant le diagramme ou les instructions écrites.

Faites attention à bloquer l'ouvrage à la taille indiquée avant de réaliser la bordure.

Astuce

Lorsque vous crochetez par-dessus la couleur inutilisée, essayez de garder le fil soigneusement à l'intérieur des mailles pendant que vous travaillez. Vous pourrez voir une légère nuance de la couleur passée en dessous des mailles une fois terminé, ce qui donnera à l'ouvrage une teinte mouchetée.

NIVEAU
Avancé

DIMENSIONS
15 x 15cm

IL VOUS FAUT
- 9m de coloris pêche (A)
- 9m de coloris rose (B)
- 9m de coloris menthe (C)
- 9m de coloris jaune (D)
- Crochet de 4 mm

TECHNIQUES UTILISÉES POUR CE MODÈLE
- Crocheter en rond (voir page 121)
- Crochet intarsia (voir page 124)

POINTS UTILISÉS POUR CE MODÈLE
- Maille en l'air (voir page 122)
- Maille serrée (voir page 122)
- Double bride (voir page 123)
- Maille coulée (voir page 122)
- Bride (voir page 122)

Bloc de quatre

Voici une autre façon de crocheter un Four Square (voir page 68) en crochetant en rond et en tournant à la fin de chaque tour. Il est idéal pour utiliser de petites quantités de fil et il a un peu de texture en raison de l'envers des points tous les deux rangs. Assurez-vous de laisser les fils des couleurs inutilisées sur l'envers du carré tout du long.

INSTRUCTIONS

Tour de montage : avec le fil A, 4 ml, fermez avec une mc dans la première m. faite pour former un cercle.

Tour 1 (END) : 3 ml (comptent pour 1 b), 1 b dans le cercle, 1 db dans le cercle, 2 b dans le cercle en changeant pour B quand vous faites la dernière m., 2 b dans le cercle, 1 db dans le cercle, 2 b dans le cercle en changeant pour le fil C quand vous faites la dernière m., 2 b dans le cercle, 1 db dans le cercle, 2 b dans le cercle en changeant pour le fil D quand vous faites la dernière m., 2 b dans le cercle, 1 db dans le cercle, 2 b dans le cercle, fermez avec une mc dans la troisième ml des 3 ml du début, tournez (20 m.).

Tour 2 (ENV) : (1 ms, 2 ml) au même endroit (comptent pour 1 b), 1 b dans la m. suivante, (2 b, 1 db, 2 b) dans la db, 1 b dans ch. des 2 m. suiv. en changeant pour le fil C quand vous faites la dernière m., 1 b dans ch. des m. suiv., (2 b, 1 db, 2 b) dans la db, 1 b dans ch. des 2 m. suiv. en changeant pour B quand vous faites la dernière m., 1 b dans ch. des 2 m. suiv., (2 b, 1 db, 2 b) dans la db, 1 b dans ch. des 2 m. suiv. en changeant pour le fil A quand vous faites la dernière m., 1 b dans ch. des 2 m. suiv., (2 b, 1 db, 2 b) dans la db, 1 b dans ch. des 2 m. suiv., fermez avec une mc dans la troisième ml des 3 ml du début, tournez (36 m.).

Tour 3 : (1 ms, 2 ml) au même endroit (comptent pour 1 b), 1 b dans ch. des 3 m. suiv., (2 b, 1 db, 2 b) dans la db, 1 b dans ch. des 4 m. suiv. en changeant pour B quand vous faites la dernière m., 1 b dans ch. des 4 m. suiv., (2 b, 1 db, 2 b) dans la db, 1 b dans ch. des 4 m. suiv. en changeant pour le fil C quand vous faites la dernière m., 1 b dans ch. des 4 m. suiv., (2 b, 1 db, 2 b) dans la db, 1 b dans ch. des 4 m. suiv. en changeant pour le fil D quand vous faites la dernière m., 1 b dans ch. des 4 m. suiv., (2 b, 1 db, 2 b) dans la db, 1 b dans ch. des 4 m. suiv., fermez avec une mc dans la troisième ml des 3 ml du début, tournez (52 m.).

Tour 4 : (1 ms, 2 ml) au même endroit (comptent pour 1 b), 1 b dans ch. des 5 m. suiv., (2 b, 1 db, 2 b) dans la db, 1 b dans ch. des 6 m. suiv. en changeant pour le fil C quand vous faites la dernière m., 1 b dans ch. des 6 m. suiv., (2 b, 1 db, 2 b) dans la db, 1 b dans ch. des 6 m. suiv. en changeant pour B quand vous faites la dernière m., 1 b dans ch. des 6 m. suiv., (2 b, 1 db, 2 b) dans la db, 1 b dans ch. des 6 m. suiv. en changeant pour A quand vous faites la dernière m., 1 b dans ch. des 6 m. suiv., (2 b, 1 db, 2 b) dans la db, 1 b dans ch. des 6 m. suiv., fermez avec une mc dans la troisième ml des 3 ml du début, tournez (68 m.).

Tour 5 : (1 ms, 2 ml) au même endroit (comptent pour 1 b), 1 b dans ch. des 7 m. suiv., (2 b, 1 db, 2 b) dans la db, 1 b dans ch. des 8 m. suiv. en changeant pour B quand vous faites la dernière m., 1 b dans ch. des 8 m. suiv., (2 b, 1 db, 2 b) dans la db, 1 b dans ch. des 8 m.

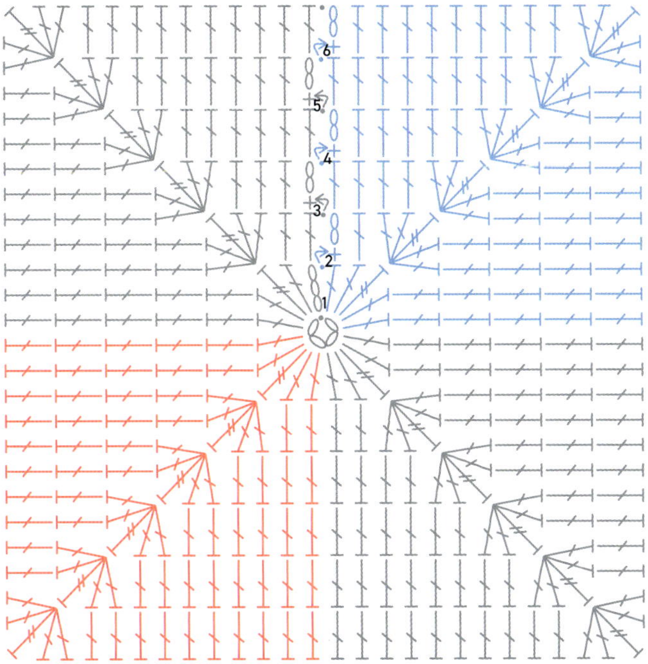

LÉGENDE

- maille en l'air (ml)
- maille coulée (mc)
- bride (b)
- double bride (db)
- maille serrée (ms)
- tournez

suiv. en changeant pour le fil C quand vous faites la dernière m., 1 b dans ch. des 8 m. suiv., (2 b, 1 db, 2 b) dans la db, 1 b dans ch. des 8 m. suiv. en changeant pour le fil D quand vous faites la dernière m., 1 b dans ch. des 8 m. suiv., (2 b, 1 db, 2 b) dans la db, 1 b dans ch. des 8 m. suiv., fermez avec une mc dans la troisième ml des 3 ml du début, tournez (84 m.).

Tour 6 : (1 ms, 2 ml) au même endroit (comptent pour 1 b), 1 b dans ch. des 9 m. suiv., (2 b, 1 db, 2 b) dans la db, 1 b dans ch. des 10 m. suiv. en changeant pour le fil C quand vous faites la dernière m., 1 b dans ch. des 10 m. suiv., (2 b, 1 db, 2 b) dans la db, 1 b dans ch. des 10 m. suiv. en changeant pour B quand vous faites la dernière m., 1 b dans ch. des 10 m. suiv., (2 b, 1 db, 2 b) dans la db, 1 b dans ch. des 10 m. suiv. en changeant pour A quand vous faites la dernière m., 1 b dans ch. des 10 m. suiv., (2 b, 1 db, 2 b) dans la db, 1 b dans ch. des 10 m. suiv., fermez avec une mc dans la troisième ml des 3 ml du début (100 m.).
Arrêtez l'ouvrage.

NIVEAU
Intermédiaire

DIMENSIONS
30 x 30cm

IL VOUS FAUT
- 42m de coloris menthe (A)
- 59m de coloris blanc (B)
- 28m de coloris gris bleu (C)
- Crochet de 4 mm

TECHNIQUES UTILISÉES POUR CE MODÈLE
- Crocheter en rangs (voir page 121)
- Crochet jacquard (voir page 124)
- Crocheter les bords (voir page 127)

POINTS UTILISÉS POUR CE MODÈLE
- Maille en l'air (voir page 122)
- Maille serrée (voir page 122)
- Demi-bride (voir page 122)
- Maille coulée (voir page 122)

IDÉE D'ASSEMBLAGE

Corner Star

Ce bloc est parfait pour les plaids. Quand vous assemblez quatre Corner Star, vous pouvez former une grande étoile (voir le modèle page 115).

INSTRUCTIONS

Rang de base : avec le fil A, 49 ml.
Rang 1 (ENV) : 1 ms dans la deuxième ml depuis le crochet, 1 ms dans ch. des 14 ml suiv. en changeant pour B quand vous faites la dernière m., 1 ms dans ch. des 16 ml suiv. en changeant pour le fil C quand vous faites la dernière m., 1 ms dans ch. des 17 ml suiv., tournez (48 m.).
Rang 2 (END): 1 ml (ne compte pas pour une maille ici et à chaque fois), 1 ms dans ch. des 18 m. suiv. en changeant pour B quand vous faites la dernière m., 1 ms dans ch. des 16 m. suiv. en changeant pour A quand vous faites la dernière m., 1 ms dans ch. des 14 m. suiv., tournez.
Rang 3 : 1 ml, 1 ms dans ch. des 13 m. suiv. en changeant pour B quand vous faites la dernière m., 1 ms dans ch. des 16 m. suiv. en changeant pour le fil C quand vous faites la dernière m., 1 ms dans ch. des 19 m. suiv., tournez.
Rang 4 : 1 ml, 1 ms dans ch. des 20 m. suiv. en changeant pour B quand vous faites la dernière m., 1 ms dans ch. des 16 m. suiv. en changeant pour A quand vous faites la dernière m., 1 ms dans ch. des 12 m. suiv., tournez.
Rang 5 : 1 ml, 1 ms dans ch. des 11 m. suiv. en changeant pour B quand vous faites la dernière m., 1 ms dans ch. des 16 m. suiv. en changeant pour le fil C quand vous faites la dernière m., 1 ms dans ch. des 21 m. suiv., tournez.
Rang 6 : 1 ml, 1 ms dans ch. des 22 m. suiv. en changeant pour B quand vous faites la dernière m., 1 ms dans ch. des 16 m. suiv. en changeant pour A quand vous faites la dernière m., 1 ms dans ch. des 10 m. suiv., tournez.
Rang 7 : 1 ml, 1 ms dans ch. des 9 m. suiv. en changeant pour B quand vous faites la dernière m., 1 ms dans ch. des 16 m. suiv. en changeant pour le fil C quand vous faites la dernière m., 1 ms dans ch. des 23 m. suiv., tournez.
Rang 8 : 1 ml, 1 ms dans ch. des 24 m. suiv. en changeant pour B quand vous faites la dernière m., 1 ms dans ch. des 16 m. suiv. en changeant pour A quand vous faites la dernière m., 1 ms dans ch. des 8 m. suiv., tournez.
Rang 9 : 1 ml, 1 ms dans ch. des 7 m. suiv. en changeant pour B quand vous faites la dernière m., 1 ms dans ch. des 16 m. suiv. en changeant pour le fil C quand vous faites la dernière m., 1 ms dans ch. des 25 m. suiv., tournez.
Rang 10 : 1 ml, 1 ms dans ch. des 26 m. suiv. en changeant pour B quand vous faites la dernière m., 1 ms dans ch. des 16 m. suiv. en changeant pour A quand vous faites la dernière m., 1 ms dans ch. des 6 m. suiv., tournez.
Rang 11 : 1 ml, 1 ms dans ch. des 5 m. suiv. en changeant pour B quand vous faites la dernière m., 1 ms dans ch. des 16 m. suiv. en changeant pour le fil C quand vous faites la dernière m., 1 ms dans ch. des 27 m. suiv., tournez.
Rang 12 : 1 ml, 1 ms dans ch. des 28 m. suiv. en changeant pour B quand vous faites la dernière m., 1 ms dans ch. des 16 m. suiv. en changeant pour A quand vous faites la dernière m., 1 ms dans ch. des 4 m. suiv., tournez.
Rang 13 : 1 ml, 1 ms dans ch. des 3 m. suiv. en changeant pour B quand vous faites la dernière m., 1 ms dans ch. des 16 m. suiv. en changeant pour le fil C quand vous faites la dernière m., 1 ms dans ch. des 29 m. suiv., tournez.
Rang 14 : 1 ml, 1 ms dans ch. des 30 m. suiv. en changeant pour B quand vous faites la dernière m., 1 ms dans ch. des 16 m. suiv. en changeant pour A quand vous faites la dernière m., 1 ms dans ch. des 2 m. suiv., tournez.
Rang 15 : 1 ml, 1 ms dans la m. suiv. en changeant pour B, Arrêtez le fil A, 1 ms dans ch. des 16 m. suiv. en changeant pour le fil C quand vous faites la dernière m., 1 ms dans ch. des 31 m. suiv., tournez.
Rang 16 : 1 ml, 1 ms dans ch. des 32 m. suiv. en changeant pour B quand vous faites la dernière m., arrêtez le fil C, 1 ms dans ch. des

16 m. suiv. en changeant pour A quand vous faites la dernière m., arrêtez le fil B, tournez.

Rang 17 : 1 ml, 1 ms dans ch. des 15 m. suiv. en changeant pour B quand vous faites la dernière m., 1 ms dans ch. des 17 m. suiv. en changeant pour le fil C quand vous faites la dernière m., 1 ms dans ch. des 16 m. suiv. en prenant un nouveau fil B quand vous faites la dernière m., tournez.

Rang 18 : 1 ml, 1 ms dans la m. suiv. en changeant pour le fil C, 1 ms dans ch. des 15 m. suiv. en changeant pour B quand vous faites la dernière m., 1 ms dans ch. des 18 m. suiv. en changeant pour A quand vous faites la dernière m., 1 ms dans ch. des 14 m. suiv., tournez.

Rang 19 : 1 ml, 1 ms dans ch. des 13 m. suiv. en changeant pour B quand vous faites la dernière m., 1 ms dans ch. des 19 m. suiv. en changeant pour le fil C quand vous faites la dernière m., 1 ms dans ch. des 14 m. suiv. en changeant pour A quand vous faites la dernière m., 1 ms dans ch. des 2 m. suiv., tournez.

Rang 20 : 1 ml, 1 ms dans ch. des 3 m. suiv. en changeant pour le fil C quand vous faites la dernière m., 1 ms dans ch. des 13 m. suiv. en changeant pour B quand vous faites la dernière m., 1 ms dans ch. des 20 m. suiv. en changeant pour A quand vous faites la dernière m., 1 ms dans ch. des 12 m. suiv., tournez.

Rang 21 : 1 ml, 1 ms dans ch. des 11 m. suiv. en changeant pour B quand vous faites la dernière m., 1 ms dans ch. des 21 m. suiv. en changeant pour le fil C quand vous faites la dernière m., 1 ms dans ch. des 12 m. suiv. en changeant pour A quand vous faites la dernière m., 1 ms dans ch. des 4 m. suiv., tournez.

Rang 22 : 1 ml, 1 ms dans ch. des 5 m. suiv. en changeant pour le fil C quand vous faites la dernière m., 1 ms dans ch. des 11 m. suiv. en changeant pour B quand vous faites la dernière m., 1 ms dans ch. des 22 m. suiv. en changeant pour A quand vous faites la dernière m., 1 ms dans ch. des 10 m. suiv., tournez.

Rang 23 : 1 ml, 1 ms dans ch. des 9 m. suiv. en changeant pour B quand vous faites la dernière m., 1 ms dans ch. des 23 m. suiv. en changeant pour le fil C quand vous faites la dernière m., 1 ms dans ch. des 10 m. suiv. en changeant pour A quand vous faites la dernière m., 1 ms dans ch. des 6 m. suiv., tournez.

Rang 24 : 1 ml, 1 ms dans ch. des 7 m. suiv. en changeant pour le fil C quand vous faites la dernière m., 1 ms dans ch. des 9 m. suiv. en changeant pour B quand vous faites la dernière m., 1 ms dans ch. des 24 m. suiv. en changeant pour B quand vous faites la dernière m., 1 ms dans ch. des 8 m. suiv., tournez.

Rang 25 : 1 ml, 1 ms dans ch. des 7 m. suiv. en changeant pour B quand vous faites la dernière m., 1 ms dans ch. des 25 m. suiv. en changeant pour le fil C quand vous faites la dernière m., 1 ms dans ch. des 8 m. suiv. en changeant pour A quand vous faites la dernière m., 1 ms dans ch. des 8 m. suiv., tournez.

Rang 26 : 1 ml, 1 ms dans ch. des 9 m. suiv. en changeant pour le fil C quand vous faites la dernière m., 1 ms dans ch. des 7 m. suiv. en changeant pour B quand vous faites la dernière m., 1 ms dans ch. des 26 m. suiv. en changeant pour A quand vous faites la dernière m.,

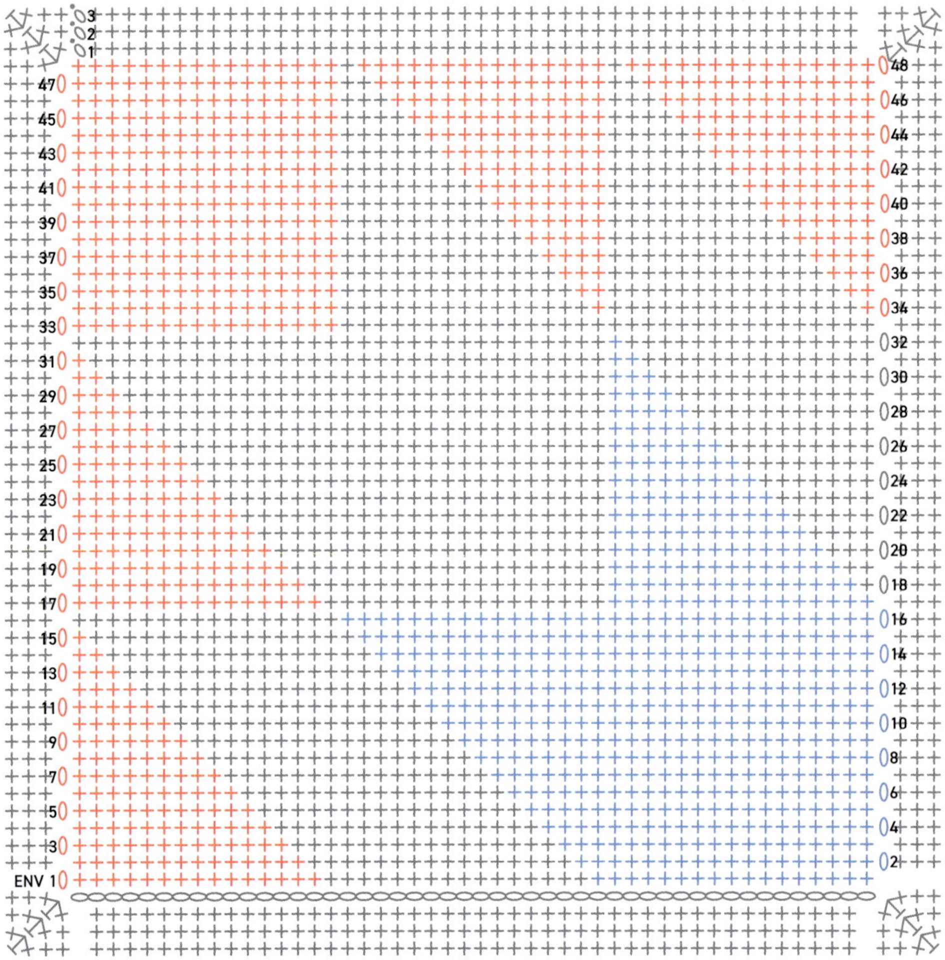

LÉGENDE

- ⬭ maille en l'air (ml)
- + maille serrée (ms)
- T demi-bride (demi-b)
- • maille coulée (mc)

1 ms dans ch. des 6 m. suiv., tournez.

Rang 27 : 1 ml, 1 ms dans ch. des 5 m. suiv. en changeant pour B quand vous faites la dernière m., 1 ms dans ch. des 27 m. suiv. en changeant pour le fil C quand vous faites la dernière m., 1 ms dans ch. des 6 m. suiv. en changeant pour A quand vous faites la dernière m., 1 ms dans ch. des 10 m. suiv., tournez.

Rang 28 : 1 ml, 1 ms dans ch. des 11 m. suiv. en changeant pour le fil C quand vous faites la dernière m., 1 ms dans ch. des 5 m. suiv. en changeant pour B quand vous faites la dernière m., 1 ms dans ch. des 28 m. suiv. en changeant pour A quand vous faites la dernière m., 1 ms dans ch. des 4 m. suiv., tournez.

Rang 29 : 1 ml, 1 ms dans ch. des 3 m. suiv. en changeant pour B quand vous faites la dernière m., 1 ms dans ch. des 29 m. suiv. en changeant pour le fil C quand vous faites la dernière m., 1 ms dans ch. des 4 m. suiv. en changeant pour A quand vous faites la dernière m., 1 ms dans ch. des 12 m. suiv., tournez.

Rang 30 : 1 ml, 1 ms dans ch. des 13 m. suiv. en changeant pour le fil C quand vous faites la dernière m., 1 ms dans ch. des 3 m. suiv. en changeant pour B quand vous faites la dernière m., 1 ms dans ch. des 30 m. suiv. en changeant pour A quand vous faites la dernière m., 1 ms dans ch. des 2 m. suiv., tournez.

Rang 31 : 1 ml, 1 ms dans la m. suiv. en changeant pour B, 1 ms dans ch. des 31 m. suiv. en changeant pour le fil C quand vous faites la dernière m., 1 ms dans ch. des 2 m. suiv. en changeant pour A quand vous faites la dernière m., 1 ms dans ch. des 14 m. suiv., tournez.

Rang 32 : 1 ml, 1 ms dans ch. des 15 m. suiv. en changeant pour le fil C quand vous faites la dernière m., Arrêtez le fil B, 1 ms dans la m. suiv. en changeant pour B, arrêtez le fil C, 1 ms dans ch. des 32 m. suiv. en changeant pour A quand vous faites la dernière m., arrêtez le fil B, tournez.

Rang 33 : 1 ml, 1 ms dans ch. des 16 m. suiv. en changeant pour B quand vous faites la dernière m., 1 ms dans ch. des 32 m. suiv. en prenant un nouveau fil A quand vous faites la dernière m., tournez.

Rang 34 : 1 ml, 1 ms dans la m. suiv. en changeant pour B, 1 ms dans ch. des 15 m. suiv. en prenant un nouveau fil A quand vous faites la dernière m., 1 ms dans la m. suiv. en prenant un nouveau fil B, 1 ms dans ch. des 15 m. suiv. en changeant pour A quand vous faites la dernière m., 1 ms dans ch. des 16 m. suiv., tournez.

Rang 35 : 1 ml, 1 ms dans ch. des 16 m. suiv. en changeant pour B quand vous faites la dernière m., 1 ms dans ch. des 14 m. suiv. en changeant pour A quand vous faites la dernière m., 1 ms dans ch. des 2 m. suiv. en changeant pour B quand

vous faites la dernière m., 1 ms dans ch. des 14 m. suiv. en changeant pour A quand vous faites la dernière m., 1 ms dans ch. des 2 m. suiv., tournez.
Rang 36 : 1 ml, [1 ms dans ch. des 3 m. suiv. en changeant pour B quand vous faites la dernière m., 1 ms dans ch. des 13 m. suiv. en changeant pour A quand vous faites la dernière m.] deux fois, 1 ms dans ch. des 16 m. suiv., tournez.
Rang 37 : 1 ml, 1 ms dans ch. des 16 m. suiv. en changeant pour B quand vous faites la dernière m., 1 ms dans ch. des 12 m. suiv. en changeant pour A quand vous faites la dernière m., 1 ms dans ch. des 4 m. suiv. en changeant pour B quand vous faites la dernière m., 1 ms dans ch. des 12 m. suiv. en changeant pour A quand vous faites la dernière m., 1 ms dans ch. des 4 m. suiv., tournez.
Rang 38 : 1 ml, [1 ms dans ch. des 5 m. suiv. en changeant pour B quand vous faites la dernière m., 1 ms dans ch. des 11 m. suiv. en changeant pour A quand vous faites la dernière m.] deux fois, 1 ms dans ch. des 16 m. suiv., tournez.
Rang 39 : 1 ml, 1 ms dans ch. des 16 m. suiv. en changeant pour B quand vous faites la dernière m., 1 ms dans ch. des 10 m. suiv. en changeant pour A quand vous faites la dernière m., 1 ms dans ch. des 6 m. suiv. en changeant pour B quand vous faites la dernière m., 1 ms dans ch. des 10 m. suiv. en changeant pour A quand vous faites la dernière m., 1 ms dans ch. des 6 m. suiv., tournez.
Rang 40 : 1 ml, [1 ms dans ch. des 7 m. suiv. en changeant pour B quand vous faites la dernière m., 1 ms dans ch. des 9 m. suiv. en changeant pour A quand vous faites la dernière m.] deux fois, 1 ms dans ch. des 16 m. suiv., tournez.
Rang 41 : 1 ml, 1 ms dans ch. des 16 m. suiv. en changeant pour B quand vous faites la dernière m., 1 ms dans ch. des 8 m. suiv. en changeant pour A quand vous faites la dernière m., 1 ms dans ch. des 8 m. suiv. en changeant pour B quand vous faites la dernière m., 1 ms dans ch. des 8 m. suiv. en changeant pour A quand vous faites la dernière m., 1 ms dans ch. des 8 m. suiv., tournez.
Rang 42 : 1 ml, [1 ms dans ch. des 9 m. suiv. en changeant pour B quand vous faites la dernière m., 1 ms dans ch. des 7 m. suiv. en changeant pour A quand vous faites la dernière m.] deux fois, 1 ms dans ch. des 16 m. suiv., tournez.
Rang 43 : 1 ml, 1 ms dans ch. des 16 m. suiv. en changeant pour B quand vous faites la dernière m., 1 ms dans ch. des 6 m. suiv. en changeant pour A quand vous faites la dernière m., 1 ms dans ch. des 10 m. suiv. en changeant pour B quand vous faites la dernière m., 1 ms dans ch. des 6 m. suiv. en changeant pour A quand vous faites la dernière m., 1 ms dans ch. des 10 m. suiv., tournez.
Rang 44 : 1 ml, [1 ms dans ch. des 11 m. suiv. en changeant pour B quand vous faites la dernière m., 1 ms dans ch. des 5 m. suiv. en changeant pour A quand vous faites la dernière m.] deux fois, 1 ms dans ch. des 16 m. suiv., tournez.
Rang 45 : 1 ml, 1 ms dans ch. des 16 m. suiv. en changeant pour B quand vous faites la dernière m., 1 ms dans ch. des 4 m. suiv. en changeant pour A quand vous faites la dernière m., 1 ms dans ch. des 12 m. suiv. en changeant pour B quand vous faites la dernière m., 1 ms dans ch. des 4 m. suiv. en changeant pour A quand vous faites la dernière m., 1 ms dans ch. des 12 m. suiv., tournez.
Rang 46 : 1 ml, [1 ms dans ch. des 13 m. suiv. en changeant pour B quand vous faites la dernière m., 1 ms dans ch. des 3 m. suiv. en changeant pour A quand vous faites la dernière m.] deux fois, 1 ms dans ch. des 16 m. suiv., tournez.
Rang 47 : 1 ml, 1 ms dans ch. des 16 m. suiv. en changeant pour B quand vous faites la dernière m., 1 ms dans ch. des 2 m. suiv. en changeant pour A quand vous faites la dernière m., 1 ms dans ch. des 14 m. suiv. en changeant pour B quand vous faites la dernière m., 1 ms dans ch. des 2 m. suiv. en changeant pour A quand vous faites la dernière m., 1 ms dans ch. des 14 m. suiv., tournez.
Rang 48 : 1 ml, [1 ms dans ch. des 15 m. suiv. en changeant pour B quand vous faites la dernière m., 1 ms dans la m. suiv. en changeant pour A, arrêtez le fil B] deux fois, 1 ms dans ch. des 16 m. suiv.. Arrêtez le fil A, rentrez les fils. Le bloc mesure 28 x 28 cm avant de faire la bordure.

BORDURE

Tour 1 : avec l'endroit face à vous attachez le fil B dans la dernière m. du dernier rang, 1 ml, (1 ms, 1 demi-b, 1 ms) au même endroit, 1 ms dans chacun des bords des 46 rangs suivants, (1 ms, 1 demi-b, 1 ms) dans le bord du dernier rang/la première ml de base, 1 ms dans ch. des 46 ml de base suiv., (1 ms, 1 demi-b, 1 ms) dans la dernière ml de base/la première extrémité de rang, 1 ms dans chacun des bords des 46 rangs suivants, (1 ms, 1 demi-b, 1 ms) dans la dernière extrémité de rang/la première m., 1 ms dans ch. des 46 m. suiv., fermez avec une mc dans la première m. faite (196 m.).
Tour 2 : 1 ml, [1 ms dans chaque m. jusqu'à la demi-b de l'angle, (1 ms, 1 demi-b, 1 ms) dans la demi-b] quatre fois en tout, 1 ms dans chaque m. jusqu'au début du tour, fermez avec une mc dans la première m. faite (204 m.).
Tour 3 : répétez le tour 2 (212 m.). Arrêtez l'ouvrage.

Astuce

Lorsque vous changez de couleur, mettez le fil que vous n'utilisez plus soit derrière votre ouvrage lorsque vous faites des rangs sur l'endroit, soit devant votre ouvrage lorsque vous faites des rangs sur l'envers. Cela vous assure que le fil sera au bon endroit lorsque vous ferez le rang suivant.

NIVEAU
Facile

DIMENSIONS
Hauteur x largeur: 15 x 15cm

IL VOUS FAUT
- 18m de coloris bleu mer du sud (A)
- 22m de coloris myrtille (B)
- Crochet de 4 mm

TECHNIQUES UTILISÉES POUR CE MODÈLE
- Crocheter en rangs (voir page 121)
- Crochet intarsia (voir page 124)

POINTS UTILISÉS POUR CE MODÈLE
- Maille en l'air (voir page 122)
- Maille serrée (voir page 122)

IDÉE D'ASSEMBLAGE

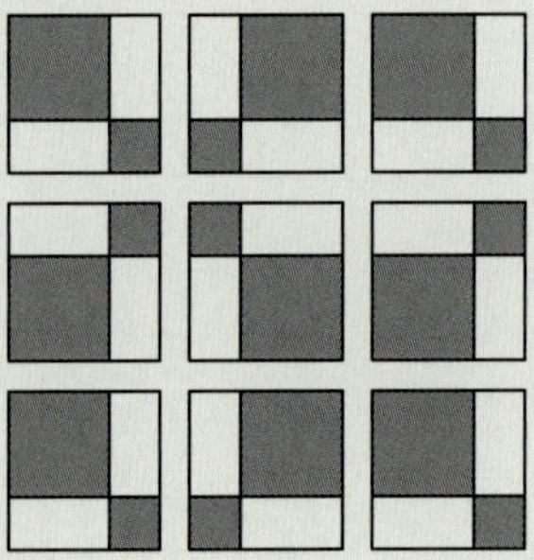

Nine Square invisible

Ce bloc est un des préférés au patchwork et il est très facile et rapide à faire. J'ai utilisé deux couleurs et les ai alternées pour les carrés présentés ici, mais vous pouvez également essayer de réaliser chaque partie avec une couleur au hasard pour un style plus amusant. Laissez le fil inutilisé derrière le bloc pour avoir une finition soignée

INSTRUCTIONS

Rang de base : avec le fil A, 25 ml.

Rang 1 (ENV) : en commençant dans la deuxième ml depuis le crochet, 1 ms dans ch. des 8 ml suiv. en changeant pour B quand vous faites la dernière m., 1 ms dans ch. des 16 ml suiv., tournez (24 m.).

Rang 2 (END): 1 ml (ne compte pas pour une maille ici et à chaque fois), 1 ms dans ch. des 16 m. suiv. en changeant pour A quand vous faites la dernière m., 1 ms dans ch. des 8 m. suiv., tournez.

Rang 3 : 1 ml, 1 ms dans ch. des 8 m. suiv. en changeant pour B quand vous faites la dernière m., 1 ms dans ch. des 16 m. suiv., tournez.

Rangs 4-18 : répétez les rangs 2 et 3 sept fois, puis répéter le rang 2 encore une fois. Arrêtez les fils A et B.

Rang 19 : attachez le fil B, 1 ml, 1 ms dans ch. des 8 m. suiv. en changeant pour A quand vous faites la dernière m., 1 ms dans ch. des 16 m. suiv., tournez.

Rang 20 : 1 ml, 1 ms dans ch. des 16 m. suiv. en changeant pour B quand vous faites la dernière m., 1 ms dans ch. des 8 m. suiv., tournez.

Rangs 21-28 : répétez les rangs 19 et 20 quatre fois. Arrêtez l'ouvrage.

NOTE

Vous pouvez crocheter en suivant le diagramme ou les instructions écrites.

LÉGENDE

- ⚬ maille en l'air (ml)
- \+ maille serrée (ms)

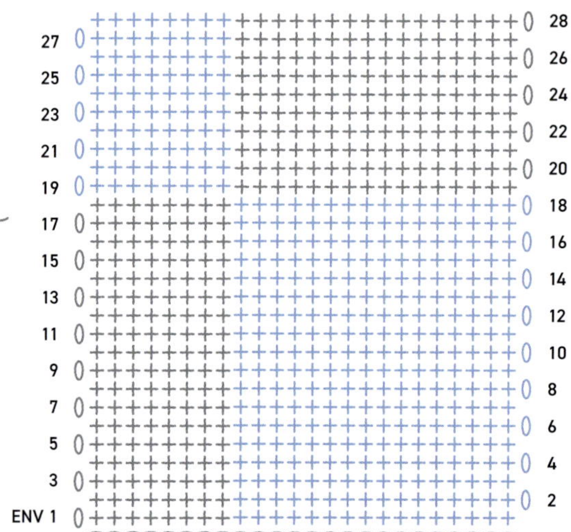

NIVEAU

Intermédiaire

DIMENSIONS

15 x 15cm

IL VOUS FAUT

- 12m de coloris gris (A)
- 7m de coloris or rouge (B)
- 10m de coloris anthracite (C)
- 7m de coloris jonquille (D)
- 7m de coloris jaune (E)
- Crochet de 4 mm

COULEURS ALTERNATIVES

- Coloris bleu de Côme, bleu océan, écume de mer
- Coloris potiron, orange, orange clair
- Coloris chrysanthème, corail, pêche

TECHNIQUES UTILISÉES POUR CE MODÈLE

- Crocheter en rangs (voir page 121)
- Crochet intarsia (voir page 124)
- Crocheter les bords (voir page 127)

POINTS UTILISÉS POUR CE MODÈLE

- Maille en l'air (voir page 122)
- Maille serrée (voir page 122)
- Demi-bride (voir page 122)
- Maille coulée (voir page 122)

IDÉE D'ASSEMBLAGE

Flèches en dégradé

Il s'agit d'un joli bloc géométrique réalisé en deux nuances de gris et trois nuances d'une autre couleur. Vous pouvez également faire les flèches dans une seule teinte ou crocheter l'arrière-plan avec une seule couleur au lieu de deux.

INSTRUCTIONS

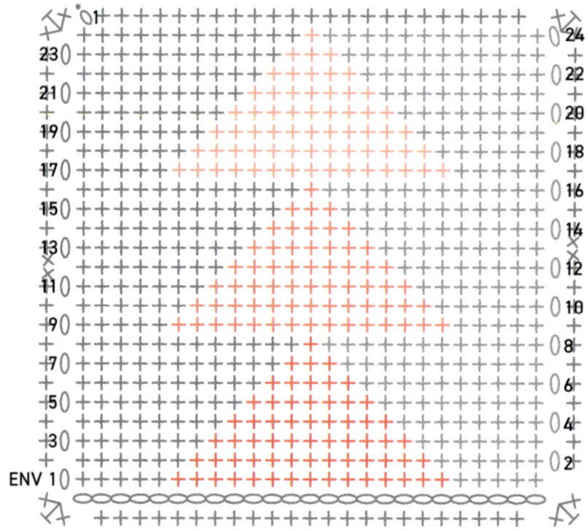

LÉGENDE

- o maille en l'air (ml)
- + maille serrée (ms)
- T demi-bride (demi-b)
- • maille coulée (mc)

Rang de base : avec le fil A, 26 ml.

Rang 1 (ENV) : 1 ms dans la deuxième ml depuis le crochet, 1 ms dans ch.des 4 ml suiv. en changeant pour le fil B quand vous faites la dernière m., 1 ms dans ch.des 15 ml suiv. en changeant pour le fil C quand vous faites la dernière m., 1 ms dans ch.des 5 ml suiv., tournez (25 m.).

Rang 2 (END): 1 ml (ne compte pas pour une maille ici et à chaque fois), 1 ms dans ch.des 6 m. suiv. en changeant pour le fil B quand vous faites la dernière m., 1 ms dans ch.des 13 m. suiv. en changeant pour A quand vous faites la dernière m., 1 ms dans ch.des 6 m. suiv., tournez.

Rang 3 : 1 ml, 1 ms dans ch.des 7 m. suiv. en changeant pour le fil B quand vous faites la dernière m., 1 ms dans ch.des 11 m. suiv. en changeant pour le fil C quand vous faites la dernière m., 1 ms dans ch.des 7 m. suiv., tournez.

Rang 4 : 1 ml, 1 ms dans ch.des 8 m. suiv. en changeant pour le fil B quand vous faites la dernière m., 1 ms dans ch.des 9 m. suiv. en changeant pour A quand vous faites la dernière m., 1 ms dans ch.des 8 m. suiv., tournez.

Rang 5 : 1 ml, 1 ms dans ch.des 9 m. suiv. en changeant pour le fil B quand vous faites la dernière m., 1 ms dans ch.des 7 m. suiv. en changeant pour le fil C quand vous faites la dernière m., 1 ms dans ch.des 9 m. suiv., tournez.

Rang 6 : 1 ml, 1 ms dans ch.des 10 m. suiv. en changeant pour le fil B quand vous faites la dernière m., 1 ms dans ch.des 5 m. suiv. en changeant pour A quand vous faites la dernière m., 1 ms dans ch.des 10 m. suiv., tournez.

Rang 7 : 1 ml, 1 ms dans ch.des 11 m. suiv. en changeant pour le fil B quand vous faites la dernière m., 1 ms dans ch.des 3 m. suiv. en changeant pour le fil C quand vous faites la dernière m., 1 ms dans ch.des 11 m. suiv., tournez.

Rang 8 : 1 ml, 1 ms dans ch.des 12 m. suiv. en changeant pour le fil B quand vous faites la dernière m., 1 ms dans la m. suiv. en changeant pour A, 1 ms dans ch.des 12 m. suiv., tournez. Arrêtez le fil B.

Rang 9 : 1 ml, 1 ms dans ch.des 5 m. suiv. en changeant pour le fil D quand vous faites la dernière m., 1 ms dans ch.des 15 m. suiv. en changeant pour le fil C quand vous faites la dernière m., 1 ms dans ch.des 5 m. suiv., tournez.
Rangs 10-16 : répétez les rangs 2 à 8 en utilisant le fil D au lieu du fil B.
Arrêtez le fil D.
Rangs 17-24 : répétez le rang 9 en utilisant le fil E au lieu du fil D puis répétez les rangs 10 à 16 en utilisant le fil E au lieu du fil D.
Arrêtez les fils de toutes les couleurs, rentrez les fils.

BORDURE

Tour 1 : avec l'endroit face à vous, attachez A dans le haut du coin supérieur gauche du carré, 1 ml, (1 ms, 1 demi-b, 1 ms) au même endroit, 1 ms dans le bord de chacun des 11 rangs suivants, 2 ms dans le bord du rang suivant, 1 ms dans le bord de chacun des 10 rangs suivants, (1 ms, 1 demi-b, 1 ms) dans le bord du rang suivant/la ml de base suivante, 1 ms dans ch.des 23 ml de base suiv., (1 ms, 1 demi-b, 1 ms) la ml de base suivante/le bord du rang suivant, 1 ms dans le bord de chacun des 11 rangs suivants, 2 ms dans le bord du rang suivant, 1 ms dans le bord de chacun des 10 rangs suivants, (1 ms, 1 demi-b, 1 ms) le bord du rang suivant/la m. suivante, 1 ms dans ch.des 23 m. suiv., fermez avec une mc dans la première m. faite (104 m.).

NOTE

Vous pouvez crocheter en suivant le diagramme ou les instructions écrites.

NIVEAU

Intermédiaire

DIMENSIONS

15 x 15cm

IL VOUS FAUT

- 23m de coloris fraise (A)
- 22m de coloris pêche blanche (B)
- Crochet de 4 mm

COULEURS ALTERNATIVES

Coloris charbon

TECHNIQUES UTILISÉES POUR CE MODÈLE

- Crocheter en rangs (voir page 121)
- Crochet jacquard (voir page 124)
- Crocheter les bords (voir page 127)

POINTS UTILISÉS POUR CE MODÈLE

- Maille en l'air (voir page 122)
- Maille serrée (voir page 122)
- Demi-bride (voir page 122)
- Maille coulée (voir page 122)

IDÉE D'ASSEMBLAGE

Oiseaux en vol

Oiseaux en vol est basé sur les habituels blocs de patchwork Vol d'oies sauvages et Canard et canetons, et il est incroyable réalisé en noir et blanc.
Si vous voulez faire quelque chose d'un peu plus compliqué, essayez de faire chacun des triangles sombres dans une couleur différente.

INSTRUCTIONS

Rang de base : avec le fil A, 25 ml.

Rang 1 (ENV) : en commençant à partir de la deuxième ml depuis le crochet, [1 ms dans ch. des 7 ml suiv. en changeant pour le fil B quand vous faites la dernière m., 1 ms dans la ml suiv. en changeant pour A] trois fois en tout omettre le dernier changement de couleur lors de la répétition finale, tournez (24 m.).

Rang 2 (END): 1 ml (ne compte pas pour une maille ici et à chaque fois), [1 ms dans ch. des 2 m. suiv. en changeant pour le fil A quand vous faites la dernière m., 1 ms dans ch. des 6 m. suiv. en changeant pour le fil B quand vous faites la dernière m.] trois fois en tout omettre le dernier changement de couleur lors de la répétition finale, tournez.

Rang 3 : 1 ml, [1 ms dans ch. des 5 m. suiv. en changeant pour le fil B quand vous faites la dernière m., 1 ms dans ch. des 3 m. suiv. en changeant pour le fil A quand vous faites la dernière m.] trois fois en tout omettre le dernier changement de couleur lors de la répétition finale, tournez.

Rang 4 : 1 ml, [1 ms dans ch. des 4 m. suiv. en changeant pour le fil B quand vous faites la dernière m., 1 ms dans ch. des 4 m. suiv. en changeant pour le fil A quand vous faites la dernière m.] trois fois en tout omettre le dernier changement de couleur lors de la répétition finale, tournez.

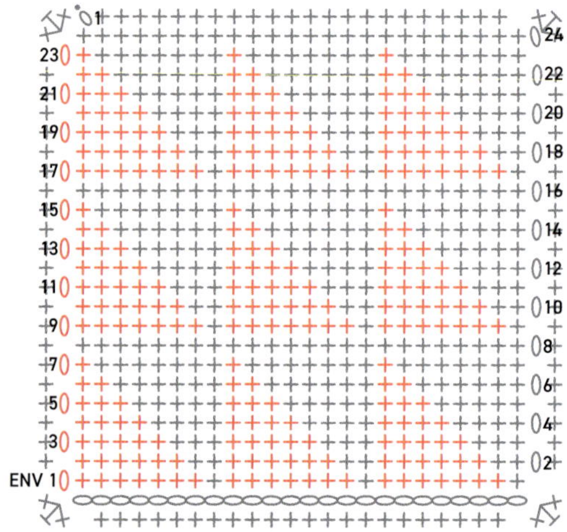

LÉGENDE

- ○ maille en l'air (ml)
- + maille serrée (ms)
- T demi-bride (demi-b)
- • maille coulée (mc)

Rang 5 : 1 ml, [1 ms dans ch. des 3 m. suiv. en changeant pour le fil B quand vous faites la dernière m., 1 ms dans ch. des 5 m. suiv. en changeant pour le fil A quand vous faites la dernière m.] trois fois en tout omettre le dernier changement de couleur lors de la répétition finale, tournez.

Rang 6 : 1 ml, [1 ms dans ch. des 6 m. suiv. en changeant pour le fil B quand vous faites la dernière m., 1 ms dans ch. des 2 m. suiv. en changeant pour le fil A quand vous faites la dernière m.] trois fois en tout omettre le dernier changement de couleur lors de la répétition finale, tournez.

Rang 7 : 1 ml, [1 ms dans la m. suiv. en changeant pour B, 1 ms dans ch. des 7 m. suiv. en changeant pour le fil A quand vous faites la dernière m.] trois fois en tout omettre le dernier changement de couleur lors de la répétition finale, tournez.

Rang 8 : 1 ml, 1 ms dans chaque m. jusqu'à la fin en changeant pour le fil A quand vous faites la dernière m., tournez.

Rang 9 : 1 ml, [1 ms dans ch. des 7 m. suiv. en changeant pour le fil B quand vous faites la dernière m., 1 ms dans la m. suiv. en changeant pour A] trois fois en tout omettre le dernier changement de couleur lors de la répétition finale, tournez.

Rangs 10–24 : répétez les rangs 2 à 9 encore une fois et les rangs 2 à 8 encore une fois. Arrêtez l'ouvrage, rentrez les fils.

BORDURE

Tour 1 : avec l'endroit face à vous, attachez le fil A dans le coin supérieur gauche du carré, 1 ml, (1 ms, 1 demi-b, 1 ms) au même endroit, 1 ms dans le bord de chacun des 22 rangs suivants, (1 ms, 1 demi-b, 1 ms) dans le bord du rang suivant/la ml de base suivante, 1 ms dans ch. des 22 ml de base suiv., (1 ms, 1 demi-b, 1 ms) dans la ml de base suivante/le bord du rang suivant, 1 ms dans le bord de chacun des 22 rangs suivants, (1 ms, 1 demi-b, 1 ms) dans le bord du rang suivant/la m. suivante, 1 ms dans ch. des 22 m. suiv., fermez avec une mc dans la première m. faite (100 m.). Arrêtez l'ouvrage.

NOTE

Vous pouvez crocheter en suivant le diagramme ou les instructions écrites.

Rayon de miel

Les hexagones sont beaucoup utilisés dans le patchwork, mais lorsque l'on coud un patchwork, une chose que l'on ne peut faire aussi bien que lorsque l'on crochète c'est ajouter un peu de texture.
Dans ce bloc, un tour de nopes ajoute un charme tactile. Les couleurs que j'ai utilisées me rappellent les abeilles et les ruches, mais vous pouvez aussi utiliser d'autres teintes pour créer un effet de fleur à la place.

NIVEAU
Avancé

DIMENSIONS
15 x 16.5cm

IL VOUS FAUT
- 14m de coloris or (A)
- 12m de coloris jaune (B)
- 75m de coloris blanc (C)
- 4m de coloris gris clair (D)
- Crochet de 4 mm

TECHNIQUES UTILISÉES POUR CE MODÈLE
- Crocheter en rond (voir page 121)
- Ajouter une nouvelle couleur (voir page 124)

POINTS UTILISÉS POUR CE MODÈLE
- Nope (voir page 55)
- Maille en l'air (voir page 122)
- Maille serrée (voir page 122)
- Double bride (voir page 123)
- Demi-bride (voir page 122)
- Maille coulée (voir page 122)
- Bride (voir page 122)

IDÉE D'ASSEMBLAGE

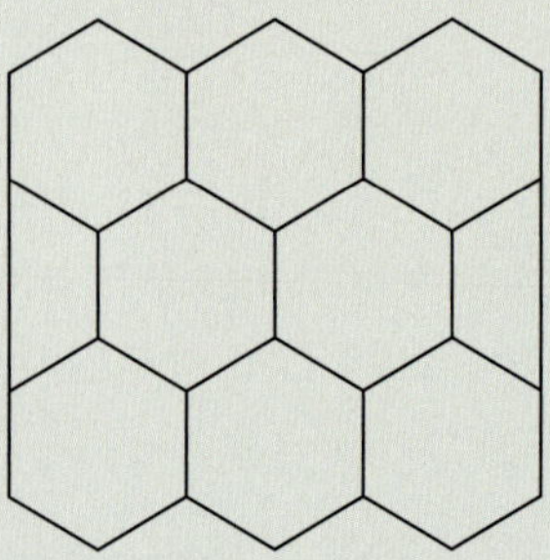

INSTRUCTIONS

Tour de montage : avec le fil A, 5 ml, fermez avec une mc dans la première m. faite pour former un cercle.

Tour 1 (END) : 4 ml (comptent pour 1 db), [3 b dans le cercle, 1 db dans le cercle] cinq fois en tout, 3 b dans le cercle, fermez le tour avec une mc dans la quatrième ml des 4 ml du début (24 m.).
Arrêtez le fil A.

Tour 2 : attachez le fil B dans la dernière mc, 4 ml (comptent pour 1 db), 1 b au même endroit, [1 b dans ch. des 3 m. suiv., (1 b, 1 db, 1 b) in db] six fois en tout en omettant les 2 dernières m. lors de la dernière répétition et en crochetant la dernière b dans la même m. que le début des 4 ml, fermez avec une mc dans la quatrième m. des 4 ml du début, arrêtez le fil B, tournez (36 m.).

Tour 3 (ENV) : attachez le fil C dans la dernière mc, déb. nope au même endroit, [1 ms dans la m. suivante, nope dans la m. suivante] 17 fois en tout, 1 ms dans la m. suivante, fermez avec une mc dans le haut du déb.

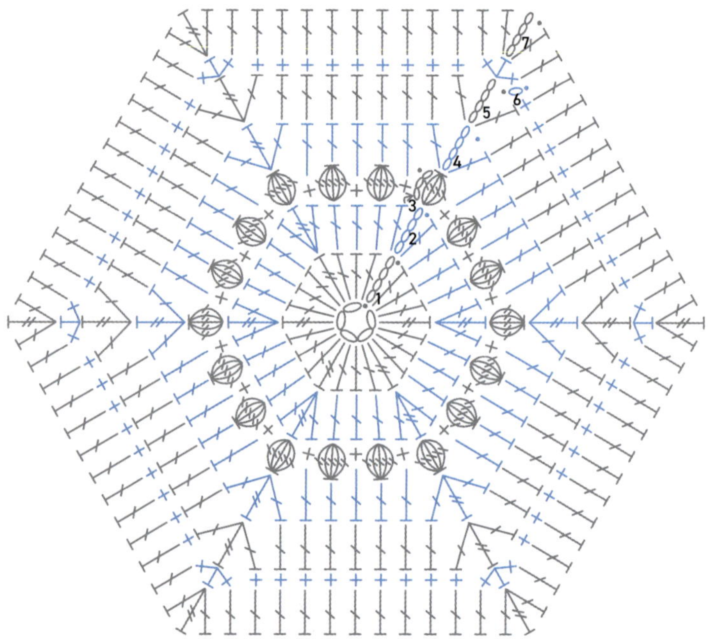

LÉGENDE

- maille en l'air (ml)
- maille coulée (mc)
- double bride (db
- bride (b)
- nope
- maille serrée (ms)
- demi-bride (demi-b)
- tournez

nope, tournez (36 m.).
Arrêtez le fil C.
Tour 4 (END) : attachez le fil A dans le haut de la nope de l'angle, 4 ml (comptent pour 1 db), 1 b au même endroit, [1 b dans ch. des 5 m. suiv., (1 b, 1 db, 1 b) dans la nope de l'angle] six fois en tout en omettant les 2 dernières m. lors de la dernière répétition et en crochetant la dernière b dans la même m. que le début des 4 ml, fermez le tour avec une mc dans la quatrième ml des 4 ml du début (48 m.).
Tour 5 : 4 ml (comptent pour 1 db), 1 b au même endroit, [1 b dans ch. des m. jusqu'à la db suivante, (1 b, 1 db, 1 b) dans la db] six fois en tout en omettant les 2 dernières m. lors de la dernière répétition et en crochetant la dernière b dans la même m. que le début des 4 ml, fermez le tour avec une mc dans la quatrième ml des 4 ml du début (60 m.).
Arrêtez le fil A.
Tour 6 : attachez le fil D dans la dernière m., 1 ml (ne compte pas pour une m.), [(1 ms, 1 demi-b, 1 ms) dans la db, 1 ms dans ch. des m. jusqu'à la db suivante] six fois en tout, fermez avec une mc dans la première m. faite (72 m.).
Arrêtez le fil D.
Tour 7 : attachez le fil B dans la demi-b, 4 ml (comptent pour 1 db), 1 b au même endroit, [1 b dans ch. des m. jusqu'à la demi-b suivante, (1 b, 1 db, 1 b) dans la demi-b] six fois en tout en omettant les 2 dernières m. lors de la dernière répétition et en crochetant la dernière b dans la même m. que le début des 4 ml, fermez le tour avec une mc dans la quatrième ml des 4 ml du début (84 m.).
Arrêtez le fil B.

POINTS SPÉCIAUX

Déb. nope (début nope) : en crochetant dans la même m., 2 ml, [j., insérez le crochet dans la m., j. et tirez une boucle, j., passez à travers deux boucles sur le crochet] quatre fois, j., passez à travers les 5 boucles sur le crochet.

Nope : en crochetant dans la même m., [j., insérez le crochet dans la m., j. et tirez une boucle, j., passez à travers deux boucles sur le crochet] cinq fois, j., passez à travers les 6 boucles sur le crochet

NIVEAU
Intermédiaire

DIMENSIONS
15 x 15cm

IL VOUS FAUT
- 22m de coloris chrysanthème (A)
- 18m de coloris pêche (B)
- Crochet de 4 mm

TECHNIQUES UTILISÉES POUR CE MODÈLE
- Crocheter en rangs (voir page 121)
- Crochet jacquard (voir page 124)
- Crocheter les bords (voir page 127)

POINTS UTILISÉS POUR CE MODÈLE
- Maille en l'air (voir page 122)
- Maille serrée (voir page 122)
- Demi-bride (voir page 122)
- Maille coulée (voir page 122)

Nine Square

Ce motif de damier est un bloc de patchwork très connu et il est parfait pour utiliser de petites quantités de laine.

INSTRUCTIONS

Rang de base : avec le fil A, 25 ml.

Rang 1 (ENV) : 1 ms dans la deuxième ml depuis le crochet, 1 ms dans chacune des 7 ml suivantes en changeant pour le fil B quand vous faites la dernière m., en crochetant par-dessus le fil inutilisé A, 1 ms dans chacune des 8 ml suivantes en changeant pour le fil A quand vous faites la dernière m., laissez le fil B devant l'ouvrage, 1 ms dans chacune des 8 m. suivantes, tournez (24 m.).

Rang 2 (END): 1 ml (ne compte pas pour une maille ici et à chaque fois), 1 ms dans chacune des 8 m. suivantes en changeant pour le fil B quand vous faites la dernière m., en crochetant par-dessus le fil inutilisé A, 1 ms dans chacune des 8 m. suivantes en changeant pour le fil A quand vous faites la dernière m., laissez le fil B devant l'ouvrage, 1 ms dans chacune des 8 m. suivantes, tournez.

Rangs 3-8 : répétez le rang 2, arrêtez le fil B après le partie avec le fil B du rang 8, puis attachez de nouveau et changez pour le fil B quand vous faites la dernière m. du rang 8, arrêtez le fil A, tournez.

Rang 9 : 1 ml, 1 ms dans chacune des 8 m. suivantes en changeant pour le fil A quand vous faites la dernière m., en crochetant par-dessus le fil inutilisé B, 1 ms dans chacune des 8 m. suivantes en changeant pour le fil B quand vous faites la dernière m., laissez le fil A devant l'ouvrage, 1 ms dans chacune des 8 m. suivantes, tournez.

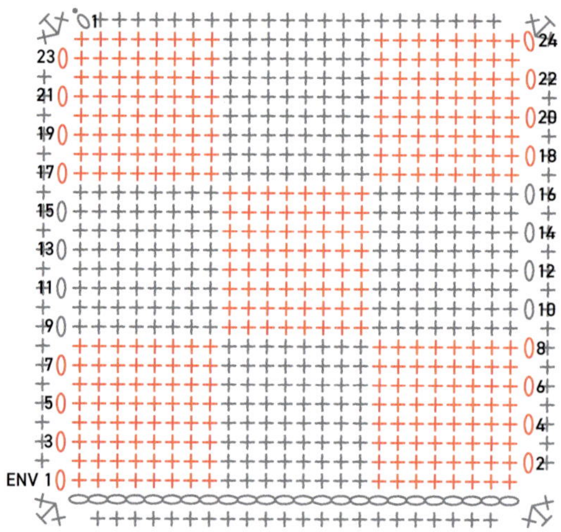

LÉGENDE

- maille en l'air (ml)
- maille serrée (ms)
- demi-bride (demi-b)
- maille coulée (mc)

Rangs 10–16 : répétez le rang 9, arrêtez le fil A après la partie avec le fil A du rang 16, puis attachez de nouveau et changez pour le fil A quand vous faites la dernière m. du rang 16, arrêtez le fil B, tournez.

Rang 17 : 1 ml, 1 ms dans chacune des 8 m. suivantes en changeant pour le fil B quand vous faites la dernière m., en crochetant par-dessus le fil inutilisé A, 1 ms dans chacune des 8 m. suivantes en changeant pour le fil A quand vous faites la dernière m., laissez le fil B devant l'ouvrage, 1 ms dans chacune des 8 m. suivantes, tournez.

Rangs 18–24 : répétez le rang 17, arrêtez le fil B après la partie avec le fil B du rang 24.

BORDURE

Tour 1 : avec l'endroit face à vous, 1 ml, (1 ms, 1 demi-b, 1 ms) au même endroit, 1 ms dans chacun des bords des 22 rangs suivants, (1 ms, 1 demi-b, 1 ms) dans le bord du rang suivant/la ml de base suivante, 1 ms dans chacune des 22 ml de base suivantes, (1 ms, 1 demi-b, 1 ms) dans la ml de base suivante/le bord du rang suivant, 1 ms dans chacun des bords des 22 rangs suivants, (1 ms, 1 demi-b, 1 ms) dans le bord du rang suivant/la m. suivante, 1 ms dans chacune des 22 m. suivantes, fermez avec une mc dans la première m. faite (100 m.).
Arrêtez l'ouvrage.

NIVEAU

Facile

DIMENSIONS

6.5 x 5cm

IL VOUS FAUT

- 4m de coloris chrysanthème (A)
- Crochet de 4 mm

COULEURS ALTERNATIVES

- Coloris corail
- Coloris or
- Coloris citron vert
- Coloris anthracite

TECHNIQUES UTILISÉES POUR CE MODÈLE

- Crocheter en rond (voir page 121)

POINTS UTILISÉS POUR CE MODÈLE

- Maille en l'air (voir page 122)
- Maille serrée (voir page 122)
- Double bride (voir page 123)
- Demi-bride (voir page 122)
- Maille coulée (voir page 122)
- Bride (voir page 122)

Hexagone

J'adore les patchworks « paper piecing », mais je ne suis pas fan de toutes ces coutures à la main. Avec ce motif, vous pouvez reproduire des patchworks traditionnels « paper piecing » et créer des « fleurs » hexagonales en assemblant un cercle d'hexagones autour d'un motif central.

Vous pouvez créer un superbe plaid ou un couvre-lit en assemblant vos fleurs hexagonales ensemble.

INSTRUCTIONS

Tour de montage : avec le fil A, 4 ml, fermez avec une mc dans la première m. faite pour former un cercle.

Tour 1 : 4 ml (comptent pour 1 db), [2 b dans le cercle, 1 db dans le cercle] six fois en tout en omettant la dernière db lors de la dernière répétition, fermez le tour avec une mc dans la quatrième ml des 4 ml du début (18 m.).

Tour 2 : 1 ml (ne compte pas pour une m.), [(1 ms, 1 demi-b, 1 ms) dans la db, 1 ms dans chacune des 2 m. suivantes] six fois en tout, fermez le tour avec une mc dans la première m. faite (30 m.).

Arrêtez l'ouvrage.

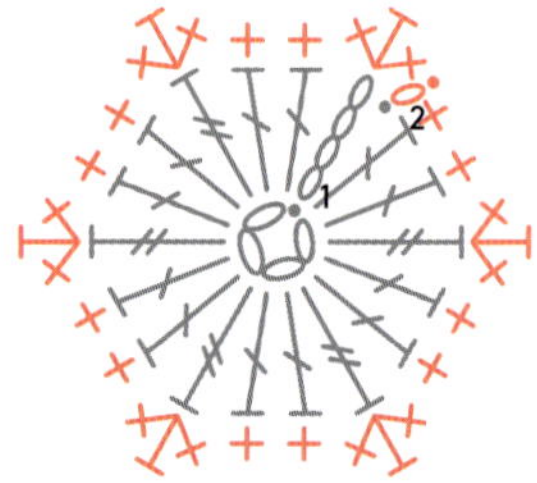

LÉGENDE

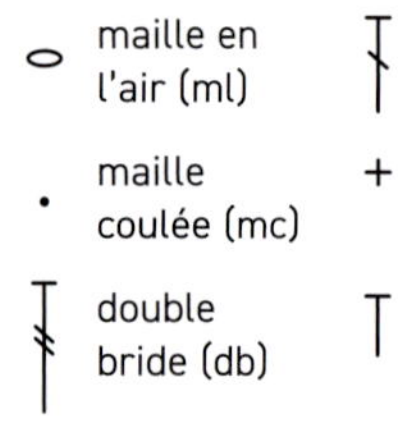

- maille en l'air (ml)
- maille coulée (mc)
- double bride (db)
- bride (b)
- maille serrée (ms)
- demi-bride (demi-b)

NIVEAU

Intermédiaire

DIMENSIONS

15 x 15cm

IL VOUS FAUT

- 19m de coloris blanc (A)
- 14.5m de coloris rouge (B)
- Crochet de 4 mm

COULEURS ALTERNATIVES

Coloris écume de mer

TECHNIQUES UTILISÉES POUR CE MODÈLE

- Crocheter en rond (voir page 121)
- Crochet jacquard (voir page 124)

POINTS UTILISÉS POUR CE MODÈLE

- Maille en l'air (voir page 122)
- Double bride (voir page 123)
- Maille coulée (voir page 122)
- Bride (voir page 122)

Suisse

Le bloc Suisse est un joli modèle simple et moderne. Il est magnifique réalisé en noir et blanc ou en deux tons de la même couleur.

INSTRUCTIONS

Tour 1 : 4 ml (comptent pour 1 db), [3 b dans le cercle, 1 db dans le cercle] quatre fois en tout en ne faisant pas la dernière db lors de la dernière répétition, fermez le tour avec une mc dans la quatrième ml des 4 ml du début (16 m.).

Tour 2 : 4 ml (comptent pour 1 db), 2 b au même endroit, [1 b dans chacune des 3 m. suivantes, (2 b, 1 db, 2 b) dans la m. suivante] trois fois en tout, 1 b dans chacune des 3 m. suivantes, 2 b dans la m. suivante (même m. que les 4 ml du début) en changeant pour le fil B quand vous faites la dernière m., fermez le tour avec une mc dans la quatrième ml des 4 ml du début (32 m.).

Tour 3 : avec le fil B, 4 ml (comptent pour 1 db), 1 b au même endroit en changeant pour A, 1 b au même endroit, [1 b dans chacune des 7 m. suivantes, (1 b en changeant pour le fil B, 1 b, 1 db, 1 b en changeant pour A, 1 b) dans la m. suivante] quatre fois en tout en ne faisant pas les 3 dernières m. lors de la dernière répétition et en crochetant les 2 dernières m. dans la même m. que les 4 ml du début, fermez le tour avec une mc dans la quatrième ml des 4 ml du début (48 m.).

Tour 4 : 4 ml (comptent pour 1 db), 2 b au même endroit, [1 b dans la m. suivante en changeant pour A, 1 b dans chacune des 9 m. suivantes en changeant pour le fil B quand vous faites la dernière m., 1 b dans la m. suivante, (2 b, 1 db, 2 b) dans la m. suivante] quatre fois en tout en ne faisant pas les 3 dernières m. lors de la dernière répétition et en

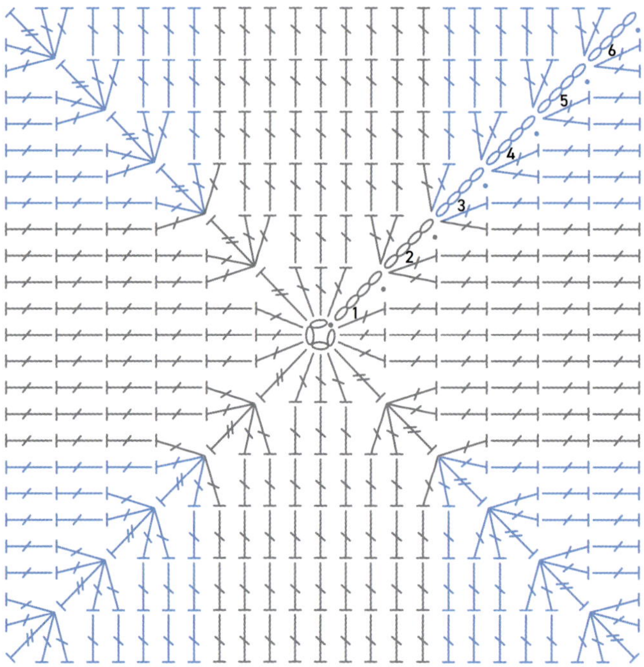

LÉGENDE

○	maille en l'air (ml)	⨎	double bride (db)
•	maille coulée (mc)	⨏	bride (b)

crochetant les 2 dernières m. dans la même m. que les 4 ml du début, fermez le tour avec une mc dans la quatrième ml des 4 ml du début (64 m.).

Tour 5 : 4 ml (comptent pour 1 db), 2 b au même endroit, [1 b dans chacune des 3 m. suivantes en changeant pour le fil A quand vous faites la dernière m., 1 b dans chacune des 9 m. suivantes en changeant pour le fil B quand vous faites la dernière m., 1 b dans chacune des 3 m. suivantes, (2 b, 1 db, 2 b) dans la m. suivante] quatre fois en tout en ne faisant pas les 3 dernières m. lors de la dernière répétition et en crochetant les 2 dernières m. dans la même m. que les 4 ml du début, fermez avec une mc dans la quatrième m. des 4 ml du début (80 m.).

Tour 6 : 4 ml (comptent pour 1 db), 2 b au même endroit, [1 b dans chacune des 5 m. suivantes en changeant pour le fil A quand vous faites la dernière m., 1 b dans chacune des 9 m. suivantes en changeant pour le fil B quand vous faites la dernière m., 1 b dans chacune des 5 m. suivantes, (2 b, 1 db, 2 b) dans la m. suivante] quatre fois in total en omettant les 3 dernières m. lors de la répétition finale et en crochetant les 2 dernières m. dans la même m. que les 4 ml du début, fermez le tour avec une mc dans la quatrième ml des 4 ml du début (96 m.). Arrêtez l'ouvrage.

NIVEAU

Intermédiaire

DIMENSIONS

15 x 15cm

Autre taille

15 x 7.5cm

IL VOUS FAUT

- 33m de coloris pêche blanche (A)
- 33m de coloris rose fraise (B)
- Crochet de 4 mm

TECHNIQUE UTILISÉE POUR CE MODÈLE

- Crocheter en rangs (voir page 121)
- Crochet intarsia (voir page 124)

POINTS UTILISÉS POUR CE MODÈLE

- Maille en l'air (voir page 122)
- Maille serrée (voir page 122)

IDÉE D'ASSEMBLAGE

Flèches

Les Flèches sont un joli motif géométrique et l'un de mes préférés. J'ai utilisé deux couleurs dans les blocs présentés ici, mais vous pouvez réaliser la seconde moitié du bloc dans différentes couleurs - ou, pour créer une forme de chevron, crocheter la seconde moitié du bloc en inversant l'ordre des couleurs. Sinon, en terminant votre ouvrage après le rang 14, vous pouvez créer des rectangles.

LÉGENDE

- ▸ début
- ○ maille en l'air (ml)
- \+ maille serrée (ms)

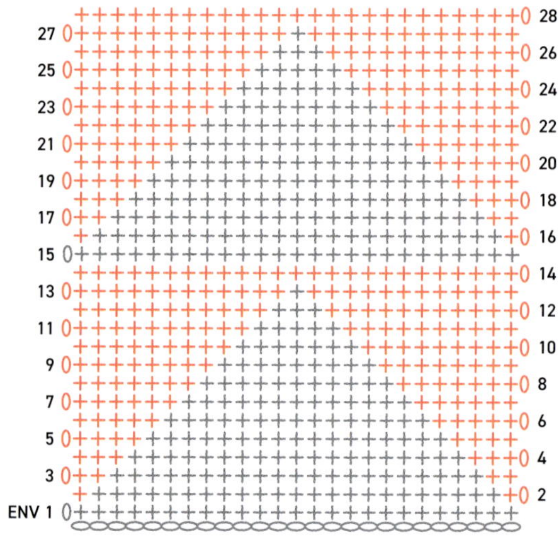

INSTRUCTIONS

Rang de base : avec le fil A, 26 ml.

Rang 1 (ENV) : 1 ms dans la deuxième ml depuis le crochet, 1 ms dans chaque ml jusqu'à la fin, tournez (25 m.).

Rang 2 (END): attachez le fil B, 1 ml (ne compte pas pour une maille ici et à chaque fois), 1 ms avec le fil B dans la première m. en changeant pour A, puis continuez avec le fil A, 1 ms dans chacune des 23 m. suivantes en changeant pour le fil B quand vous faites la dernière m., 1 dc, tournez.

Rang 3 : 1 ml, 1 ms dans chacune des 2 m. suivantes en changeant pour le fil A quand vous faites la dernière m., puis continuez avec le fil A, 1 ms dans chacune des 21 m. suivantes en changeant pour le fil B quand vous faites la dernière m., 1 ms dans chacune des 2 m. suivantes, tournez.

Rang 4 : 1 ml, 1 ms dans chacune des 3 m. suivantes en changeant pour le fil A quand vous faites la dernière m., puis continuez avec le fil A, 1 ms dans chacune des 19 m. suivantes en changeant pour le fil B quand vous faites la dernière m., 1 ms dans chacune des 3 m. suivantes, tournez.

Rang 5 : 1 ml, 1 ms dans chacune des 4 m. suivantes en changeant pour le fil A quand vous faites la dernière m., puis continuez avec le fil A, 1 ms dans chacune des 17 m. suivantes en changeant pour le fil B quand vous faites la dernière m., 1 ms dans chacune des 4 m. suivantes, tournez.

Rang 6 : 1 ml, 1 ms dans chacune des 5 m. suivantes en changeant pour le fil A quand vous faites la dernière m., puis continuez avec le fil A, 1 ms dans chacune des 15 m. suivantes en changeant pour le fil B quand vous faites la dernière m., 1 ms dans chacune des 5 m. suivantes, tournez.

Rang 7 : 1 ml, 1 ms dans chacune des 6 m. suivantes en changeant pour le fil A quand vous faites la dernière m., puis continuez avec le fil A, 1 ms dans chacune des 13 m. suivantes en changeant pour le fil B quand vous faites la dernière m., 1 ms dans chacune des 6 m. suivantes, tournez.

Rang 8 : 1 ml, 1 ms dans chacune des 7 m. suivantes en changeant pour le fil A quand vous faites la dernière m., puis continuez avec le fil A, 1 ms dans chacune des 11 m. suivantes en changeant pour le fil B quand vous faites la dernière m., 1 ms dans chacune des 7 m. suivantes, tournez.

Rang 9 : 1 ml, 1 ms dans chacune des 8 m. suivantes en changeant pour le fil A quand vous faites la dernière m., puis continuez avec le fil A, 1 ms dans chacune des 9 m. suivantes en changeant pour le fil B quand vous faites la dernière m., 1 ms dans chacune des 8 m. suivantes, tournez.

Rang 10 : 1 ml, 1 ms dans chacune des 9 m. suivantes en changeant pour le fil A quand vous faites la dernière m., puis continuez avec le fil A, 1 ms dans chacune des 7 m. suivantes en changeant pour le fil B quand vous faites la dernière m., 1 ms dans chacune des 9 m. suivantes, tournez.

Rang 11 : 1 ml, 1 ms dans chacune des 10 m. suivantes en changeant pour le fil A quand vous faites la dernière m., puis continuez avec le fil A, 1 ms dans chacune des 5 m. suivantes en changeant pour le fil B quand vous faites la dernière m., 1 ms dans chacune des 10 m. suivantes, tournez.

Rang 12 : 1 ml, 1 ms dans chacune des 11 m. suivantes en changeant pour le fil A quand vous faites la dernière m., puis continuez avec le fil A, 1 ms dans chacune des 3 m. suivantes en changeant pour le fil B quand vous faites la dernière m., 1 ms dans chacune des 11 m. suivantes, tournez.

Rang 13 : 1 ml, 1 ms dans chacune des 12 m. suivantes en changeant pour le fil A quand vous faites la dernière m., puis continuez avec le fil A, 1 dc dans la m. suivante en changeant pour B, 1 ms dans chacune des 12 m. suivantes, arrêtez le fil A, tournez.

Rang 14 : 1 ml, 1 ms dans chaque m. jusqu'à la fin, Arrêtent le fil B, tournez.

Rang 15 : attachez le fil A, 1 ml, 1 ms dans chaque m. jusqu'à la fin, tournez.

Rangs 16-28 : répétez les rangs 2 à 14.

Arrêtez l'ouvrage.

REMARQUE

Utilisez des pelotes séparées de fil B et, lorsque vous changez de couleur, laissez le fil inutilisé devant votre ouvrage pour qu'il soit au bon endroit lorsque vous ferez le rang suivant.

Vous pouvez crocheter en suivant le diagramme ou les instructions écrites.

NIVEAU
Avancé

DIMENSIONS
15 x 15cm (6 x 6in)

Autres tailles
Vous pouvez faire des blocs de 5 cm, 7,5 cm et 10 cm à partir de ce modèle en terminant respectivement aux tours 2, 3 et 4. Vous pouvez aussi réaliser un bloc plus grand en faisant plus de tours que ce qui est indiqué dans les instructions, et en augmentant de 4 m. sur chaque côté à chaque tour.

IL VOUS FAUT
- 5m de coloris myrtille (A)
- 5m de coloris bleu de Côme (B)
- 5m de coloris vert olive (C)
- 5m de coloris jonquille (D)
- 5m de coloris potiron (E)
- 5m de coloris rouge (F)
- 5m de coloris chocolat (G)
- 5m de coloris violet (H)
- Crochet de 4 mm

TECHNIQUE UTILISÉE POUR CE MODÈLE
- Crocheter en rond (voir page 121)
- Crochet intarsia (voir page 124)

POINTS UTILISÉS POUR CE MODÈLE
- Maille en l'air (voir page 122)
- Double bride (voir page 123)
- Maille coulée (voir page 122)
- Bride (voir page 122)

Roue chromatique

Ce bloc coloré utilise un motif simple et beaucoup de couleurs. Tournez votre ouvrage à la fin de chaque tour pour repartir dans l'autre sens, et n'oubliez pas de laisser de côté les fils de couleur inutilisés plutôt que de passer par-dessus.

INSTRUCTIONS

Tour de montage : avec le fil A, 4 ml, fermez avec une mc dans la première m. faite pour former un cercle.

Tour 1 (END) : 4 ml (comptent pour 1 db), 1 b dans le cercle en changeant pour B, (1 b, 1 db) dans le cercle en changeant pour le fil C, (1 db, 1 b) dans le cercle en changeant pour le fil D, (1 b, 1 db) dans le cercle en changeant pour le fil E, (1 db, 1 b) dans le cercle en changeant pour le fil F, (1 b, 1 db) dans le cercle en changeant pour le fil G, (1 db, 1 b) dans le cercle en changeant pour le fil H, (1 b, 1 db) dans le cercle, fermez avec une mc dans la quatrième m. des 4 ml du début, tournez (16 m.).

Tour 2 (ENV) : 4 ml (comptent pour 1 db), 2 b au même endroit, 1 tr dans la m. suiv. en changeant pour le fil G, 1 tr dans la m. suivante, (2 b, 1 db) dans la m. suiv. en changeant pour le fil F, (1 db, 2 b) dans la m. suivante, 1 tr dans la m. suiv. en changeant pour le fil E, 1 tr dans la m. suivante, (2 b, 1 db) dans la m. suiv. en changeant pour le fil D, (1 db,

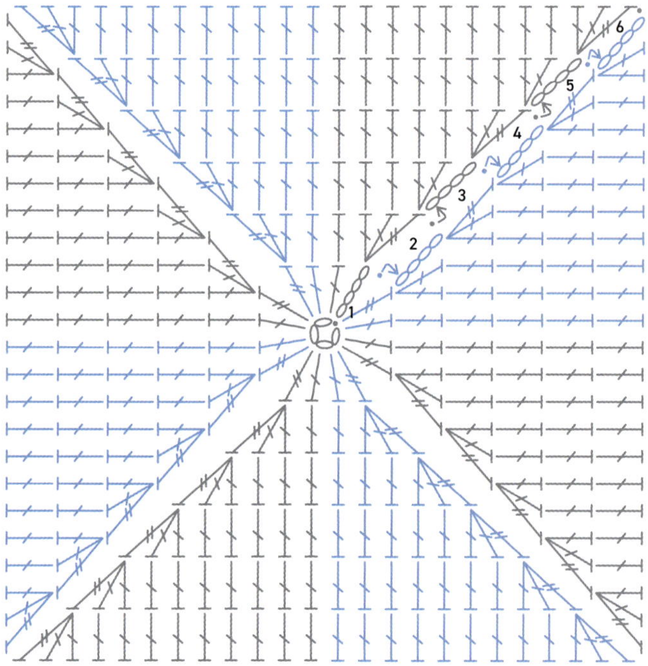

LÉGENDE

- maille en l'air (ml)
- maille coulée (mc)
- double bride (db)
- bride (b)
- tournez

2 b) dans la m. suivante, 1 tr dans la m. suiv. en changeant pour le fil C, 1 tr dans la m. suivante, (2 b, 1 db) dans la m. suiv. en changeant pour B, (1 db, 2 b) dans la m. suivante, 1 tr dans la m. suiv. en changeant pour A, 1 tr dans la m. suivante, (2 b, 1 db) dans la m. suivante, fermez avec une mc dans la quatrième m. des 4 ml du début, tournez (32 m.).

Tour 3 (END) : 4 ml (comptent pour 1 db), 2 b au même endroit, 1 b dans ch. des 3 m. suiv. en changeant pour le fil B quand vous faites la dernière m., 1 b dans ch. des 3 m. suiv., (2 b, 1 db) dans la m. suiv. en changeant pour le fil C, (1 db, 2 b) dans la m. suivante, 1 b dans ch. des 3 m. suiv. en changeant pour le fil D quand vous faites la dernière m., 1 b dans ch. des 3 m. suiv., (2 b, 1 db) dans la m. suiv. en changeant pour le fil E, (1 db, 2 b) dans la m. suivante, 1 b dans ch. des 3 m. suiv. en changeant pour le fil F quand vous faites la dernière m., 1 b dans ch. des 3 m. suiv., (2 b, 1 db) dans la m. suiv. en changeant pour le fil G, (1 db, 2 b) dans la m. suivante, 1 b dans ch. des 3 m. suiv. en changeant pour le fil H quand vous faites la dernière m., 1 b dans ch. des 3 m. suiv., (2 b, 1 db) dans la m. suivante, fermez avec une mc dans la quatrième m. des 4 ml du début, tournez (48 m.).

Tour 4 (ENV) : 4 ml (comptent pour 1 db), 2 b au même endroit, 1 b dans ch. des 5 m. suiv. en changeant pour le fil G quand vous faites la dernière m., 1 b dans ch. des 5 m. suiv., (2 b, 1 db) dans la m. suiv. en changeant pour le fil F, (1 db, 2 b) dans la m. suivante, 1 b dans ch. des 5 m. suiv. en changeant pour le fil E quand vous faites la dernière m., 1 b dans ch. des 5 m. suiv., (2 b, 1 db) dans la m. suiv. en changeant pour le fil D, (1 db, 2 b) dans la m. suivante, 1 b dans ch. des 5 m. suiv. en changeant pour le fil C quand vous faites la dernière m., 1 b dans ch. des 5 m. suiv., (2 b, 1 db) dans la m. suiv. en changeant pour B, (1 db, 2 b) dans la m. suivante, 1 b dans ch. des 5 m. suiv. en changeant pour le fil A quand vous faites la dernière m., 1 b dans ch. des 5 m. suiv., (2 b, 1 db) dans la m. suivante, fermez avec une mc dans la quatrième m. des 4 ml du début, tournez (64 m.).

Tour 5 (END) : 4 ml (comptent pour 1 db), 2 b au même endroit, 1 b dans ch. des 7 m. suiv. en changeant pour le fil B quand vous faites la dernière m., 1 b dans ch. des 7 m. suiv., (2 b, 1 db) dans la m. suiv. en changeant pour le fil C, (1 db, 2 b) dans la m. suivante, 1 b dans ch. des 7 m. suiv. en changeant pour le fil D quand vous faites la dernière m., 1 b dans ch. des 7 m. suiv., (2 b, 1 db) dans la m. suiv. en changeant pour le fil E, (1 db, 2 b) dans la m. suivante, 1 b dans ch. des 7 m. suiv. en changeant pour le fil F quand vous faites la dernière m., 1 b dans ch. des 7 m. suiv., (2 b, 1 db) dans la m. suiv. en changeant pour le fil G, (1 db, 2 b) dans la m. suivante, 1 b dans ch. des 7 m. suiv. en changeant pour le fil H quand vous faites la dernière m., 1 b dans ch. des 7 m. suiv., (2 b, 1 db) dans la m. suivante, fermez avec une mc dans la quatrième m. des 4 ml du début, tournez (80 m.).

Tour 6 (ENV) : 4 ml (comptent pour 1 db), 2 b au même endroit, 1 b dans ch. des 9 m. suiv. en changeant pour le fil G quand vous faites la dernière m., 1 b dans ch. des 9 m. suiv., (2 b, 1 db) dans la m. suiv. en changeant pour le fil F, (1 db, 2 b) dans la m. suivante, 1 b dans ch. des 9 m. suiv. en changeant pour le fil E quand vous faites la dernière m., 1 b dans ch. des 9 m. suiv., (2 b, 1 db) dans la m. suiv. en changeant pour le fil D, (1 db, 2 b) dans la m. suivante, 1 b dans ch. des 9 m. suiv. en changeant pour le fil C quand vous faites la dernière m., 1 b dans ch. des 9 m. suiv., (2 b, 1 db) dans la m. suiv. en changeant pour B, (1 db, 2 b) dans la m. suivante, 1 b dans ch. des 9 m. suiv. en changeant pour le fil A quand vous faites la dernière m., 1 b dans ch. des 9 m. suiv., (2 b, 1 db) dans la m. suivante, fermez avec une mc dans la quatrième m. des 4 ml du début, tournez (96 m.). Arrêtez l'ouvrage.

REMARQUE

Laisser le fil inutilisé derrière l'ouvrage lorsque vous faites des tours sur l'endroit et devant l'ouvrage lorsque vous faites des tours sur l'envers. Travailler de cette manière signifie que le fil sera au bon endroit pour que vous puissiez le prendre au tour suivant. Lorsque vous prenez la couleur suivante, assurez-vous de ne pas trop serrer le fil.

Cottage

Ce joli bloc Cottage est basé sur un modèle très apprécié au patchwork. Essayez de faire plusieurs carrés en utilisant différentes couleurs pour les murs des cottages ainsi que pour les portes.

NIVEAU

Intermédiaire

DIMENSIONS

15 x 15cm

IL VOUS FAUT

- 12m de coloris anthracite (A)
- 7m de coloris or rouge (B)
- 8m de coloris blanc (C)
- 5.5m de coloris gris (D)
- 9m de coloris bleu (E)
- Crochet de 4 mm

TECHNIQUE UTILISÉE POUR CE MODÈLE

- Crocheter en rangs (voir page 121)
- Crochet jacquard (voir page 124)
- Crochet intarsia (voir page 124)

POINTS UTILISÉS POUR CE MODÈLE

- Maille en l'air (voir page 122)
- Maille serrée (voir page 122)

INSTRUCTIONS

Rang de base : avec le fil A, 26 ml.

Rang 1 (ENV) : 1 ms dans la deuxième ml depuis le crochet, 1 ms dans chacune des 2 ml suiv. en changeant pour le fil B quand vous faites la dernière m., 1 ms dans chacune des 6 ml suiv. en changeant pour le fil A quand vous faites la dernière m., 1 ms dans chacune des 3 ml suiv. en changeant pour le fil C quand vous faites la dernière m., 1 ms dans chaque ml jusqu'à la fin, tournez (25 m.).

Rang 2 (END): 1 ml (ne compte pas pour une maille ici et à chaque fois), 1 ms dans chacune des 13 m. suiv. en changeant pour le fil A quand vous faites la dernière m., 1 ms dans chacune des 3 m. suiv. en changeant pour le fil B quand vous faites la dernière m., 1 ms dans chacune des 6 m. suiv. en changeant pour le fil A quand vous faites la dernière m., 1 ms dans chacune des 3 m. suiv., tournez.

Rang 3 : 1 ml, 1 ms dans chacune des 3 m. suiv. en changeant pour le fil B quand vous faites la dernière m., 1 ms dans chacune des 6 m. suiv. en changeant pour le fil A quand vous faites la dernière m., 1 ms dans chacune des 3 m. suiv. en changeant pour le fil C quand vous faites la dernière m., 1 ms dans chaque m. jusqu'à la fin, tournez.

Rang 4 : répétez le rang 2.

Rang 5 : 1 ml, 1 ms dans chacune des 3 m. suiv. en changeant pour le fil B quand vous faites la dernière m., 1 ms dans chacune des 6 m. suiv. en changeant pour le fil A quand vous faites la dernière m., 1 ms dans chacune des 3 m. suiv. en changeant pour le fil C quand vous faites la dernière m., 1 ms dans chacune des 4 m. suiv. en changeant pour le fil B quand vous faites la dernière m., 1 ms dans chacune des 5 m. suiv. en changeant pour le fil C quand vous faites la dernière m., 1 ms dans chacune des 4 m. suiv., tournez.

Rang 6 : 1 ml, 1 ms dans chacune des 4 m. suiv. en changeant pour le fil B quand vous faites la dernière m., 1 ms dans chacune des 5 m. suiv. en changeant pour le fil B quand vous faites la dernière m., 1 ms dans chacune des 4 m. suiv. en changeant pour le fil A quand vous faites la dernière m., 1 ms dans chacune des 3 m. suiv. en changeant pour le fil B quand vous

LÉGENDE

- o maille en l'air (ml)
- \+ maille serrée (ms)

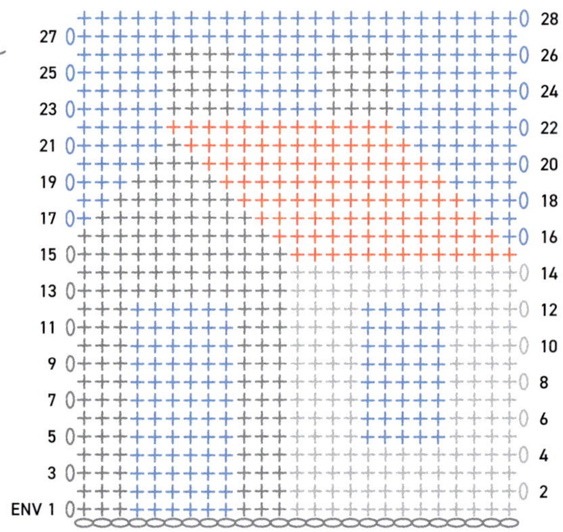

faites la dernière m., 1 ms dans chacune des 6 m. suiv. en changeant pour le fil A quand vous faites la dernière m., 1 ms dans chacune des 3 m. suiv., tournez.

Rangs 7-12 : répétez les rangs 5 et 6 trois fois.

Rang 13 : 1 ml, 1 ms dans chacune des 12 m. suiv. en changeant pour le fil C quand vous faites la dernière m., 1 ms dans chacune des 13 m. suiv., tournez.

Rang 14 : 1 ml, 1 ms dans chacune des 13 m. suiv. en changeant pour le fil A quand vous faites la dernière m., 1 ms dans chacune des 12 m. suiv., tournez.

Rang 15 : 1 ml, 1 ms dans chacune des 12 m. suiv. en changeant pour le fil D quand vous faites la dernière m., 1 ms dans chacune des 13 m. suiv., tournez.

Rang 16 : attachez le fil E, 1 ml, 1 ms en E dans la première m. brin avant en changeant pour le fil D, 1 ms dans chacune des 13 m. suiv. en changeant pour le fil A quand vous faites la dernière m., 1 ms dans chacune des 11 m. suiv., tournez.

Rang 17 : attachez le fil E, 1 ml, 1 ms en E dans la première m. en changeant pour A, 1 ms dans chacune des 9 m. suiv. en changeant pour le fil D quand vous faites la dernière m., 1 ms dans chacune des 13 m. suiv. en changeant pour le fil E quand vous faites la dernière m., 1 ms dans chacune des 2 m. suiv., tournez.

Rang 18 : 1 ml, 1 ms dans chacune des 3 m. suiv. en changeant pour le fil D quand vous faites la dernière m., 1 ms dans chacune des 13 m. suiv. en changeant pour le fil A quand vous faites la dernière m., 1 ms dans chacune des 7 m. suiv. en changeant pour le fil E quand vous faites la dernière m., 1 ms dans chacune des 2 m. suiv., tournez.

Rang 19 : 1 ml, 1 ms dans chacune des 3 m. suiv. en changeant pour le fil A quand vous faites la dernière m., 1 ms dans chacune des 5 m. suiv. en changeant pour le fil D quand vous faites la dernière m., 1 ms dans chacune des 13 m. suiv. en changeant pour le fil E quand vous faites la dernière m., 1 ms dans chacune des 4 m. suiv., tournez.

Rang 20 : 1 ml, 1 ms dans chacune des 5 m. suiv. en changeant pour le fil D quand vous faites la dernière m., 1 ms dans chacune des 13 m. suiv. en changeant pour le fil A quand vous faites la dernière m., 1 ms dans chacune des 3 m. suiv. en changeant pour le fil E quand vous faites la dernière m., 1 ms dans chacune des 4 m. suiv., tournez.

Rang 21 : 1 ml, 1 ms dans chacune des 5 m. suiv. en changeant pour le fil A quand vous faites la dernière m., 1 dc dans la m. suiv. en changeant pour le fil D, 1 ms dans chacune des 13 m. suiv. en changeant pour le fil E quand vous faites la dernière m., 1 ms dans chacune des 6 m. suiv., tournez.

Rang 22 : 1 ml, 1 ms dans chacune des 7 m. suiv. en changeant pour le fil D quand vous faites la dernière m., 1 ms dans chacune des 13 m. suiv. en changeant pour le fil E quand vous faites la dernière m., 1 ms dans chacune des 5 m. suiv., tournez.

Rang 23 : 1 ml, 1 ms dans chacune des 5 m. suiv. en changeant pour le fil A quand vous faites la dernière m., 1 ms dans chacune des 4 m.

suiv. en changeant pour le fil E quand vous faites la dernière m., 1 ms dans chacune des 5 m. suiv. en changeant pour le fil A quand vous faites la dernière m., 1 ms dans chacune des 4 m. suiv. en changeant pour le fil E quand vous faites la dernière m., 1 ms dans chacune des 7 m. suiv., tournez.

Rang 24 : 1 ml, 1 ms dans chacune des 7 m. suiv. en changeant pour le fil A quand vous faites la dernière m., 1 ms dans chacune des 4 m. suiv. en changeant pour le fil E quand vous faites la dernière m., 1 ms dans chacune des 5 m. suiv. en changeant pour le fil A quand vous faites la dernière m., 1 ms dans chacune des 4 m. suiv. en changeant pour le fil E quand vous faites la dernière m., 1 ms dans chacune des 5 m. suiv., tournez.

Rangs 25 et 26 : répétez les rangs 23 et 24.

Rang 27 : 1 ml, 1 ms dans chaque m. jusqu'à la fin, tournez.

Rang 28 : répétez le rang 27. Arrêtez tous les fils.

REMARQUE

Passez le fil A à travers la porte et C à travers la fenêtre. Utilisez des pelotes séparées pour le fil E de chaque côté du toit, et passez E à travers les cheminées. Lorsque vous changez de couleur, laissez le fil inutilisé devant votre ouvrage de sorte qu'il soit au bon endroit lorsque vous ferez le rang suivant. Vous pouvez crocheter en suivant le diagramme ou les instructions écrites.

NIVEAU
Facile

DIMENSIONS
15 x 15cm

IL VOUS FAUT
- 20m de coloris violet (A)
- 20m de coloris blanc (B)
- 20m de coloris vert (C)
- 20m de coloris glycine (D)
- Crochet de 4 mm

TECHNIQUE UTILISÉE POUR CE MODÈLE
- Crocheter en rangs (voir page 121)
- Crochet intarsia (voir page 124)

POINTS UTILISÉS POUR CE MODÈLE
- Maille en l'air (voir page 122)
- Maille serrée (voir page 122)

Four Square

C'est un bloc parfait pour utiliser des restes de laine et jouer avec les couleurs. C'est un modèle très simple à crocheter et, quand il y a beaucoup de blocs assemblés, cela crée un joli plaid en patchwork.

INSTRUCTIONS

Rang de base : avec le fil A, 27 ml.

Rang 1 (ENV) : 1 ms dans la deuxième ml depuis le crochet, 1 ms dans chacune des 12 ml suivantes en changeant pour le fil B quand vous faites la dernière m., puis continuez avec le fil B, 1 ms dans chaque ml jusqu'à la fin, tournez (26 m.).

Rang 2 (END): 1 ml (ne compte pas pour une maille ici et à chaque fois), 1 ms dans chacune des 13 m. suivantes en changeant pour le fil A quand vous faites la dernière m., puis continuez avec le fil A, 1 ms dans chaque m. jusqu'à la fin, tournez.

Rang 3 : 1 ml, 1 ms dans chacune des 13 m. suivantes en changeant pour le fil B quand vous faites la dernière m., puis continuez avec le fil B, 1 ms dans chaque m. jusqu'à la fin, tournez.

Rangs 4-12 : répétez les rangs 2 et 3 quatre fois de plus, puis répétez le rang 2 une fois, arrêtez le fil des deux couleurs, tournez.

LÉGENDE

- ○ maille en l'air (ml)
- \+ maille serrée (ms)

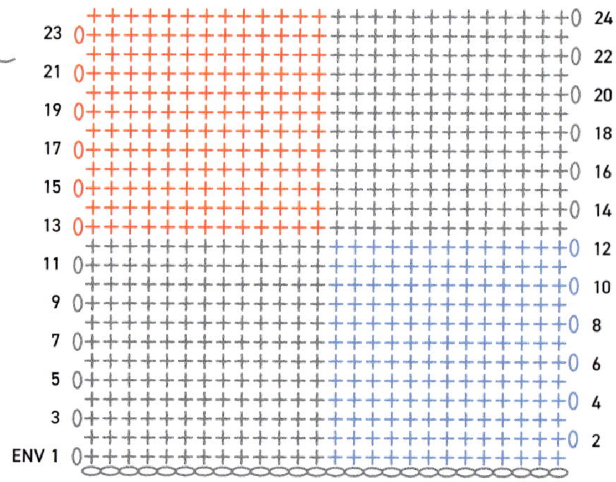

Rang 13 : attachez le fil C, 1 ml, 1 ms au même endroit et dans chacune des 12 m. suivantes en changeant pour le fil D quand vous faites la dernière m., puis continuez avec le fil D, 1 ms dans chaque m. jusqu'à la fin, tournez.

Rang 14 : 1 ml, 1 ms dans chacune des 13 m. suivantes en changeant pour le fil C quand vous faites la dernière m., puis continuez avec le fil C, 1 ms dans chaque m. jusqu'à la fin, tournez.

Rang 15 : 1 ml, 1 ms dans chacune des 13 m. suivantes en changeant pour le fil D quand vous faites la dernière m., puis continuez avec le fil D, 1 ms dans chaque m. jusqu'à la fin, tournez.

Rangs 16-24 : répétez les rangs 14 et 15 quatre fois de plus, puis répétez le rang 14 une fois.
Arrêtez le fil des deux couleurs.

NOTE

Vous pouvez crocheter en suivant le diagramme ou les instructions écrites.

NIVEAU
Facile

DIMENSIONS
15 x 15cm

IL VOUS FAUT
- 20m de coloris corail (A)
- 20m de coloris gris clair (B)
- Crochet de 4 mm

COULEURS ALTERNATIVES
Coloris rouge

TECHNIQUE UTILISÉE POUR CE MODÈLE
- Crocheter en rangs (voir page 121)
- Ajouter une nouvelle couleur (voir page 124)
- Crocheter dans le brin arrière (voir page 123)
- Crocheter dans le brin avant (voir page 123)

POINTS UTILISÉS POUR CE MODÈLE
- Maille en l'air (voir page 122)
- Maille serrée (voir page 122)
- 2 mailles serrées écoulées ensemble (voir page 71)
- 3 mailles serrées écoulées ensemble (voir page 71)
- Maille coulée (voir page 122)

Triangle demi-carré en rangs

Le Triangle demi-carré est un des blocs les plus simples au patchwork, et il peut être utilisé pour réaliser des motifs complexes et époustouflants. Ce modèle est crocheté en rangs avec deux couleurs et il est très facile à réaliser. Consultez la page 20 pour découvrir une version de ce bloc crochetée en rond.

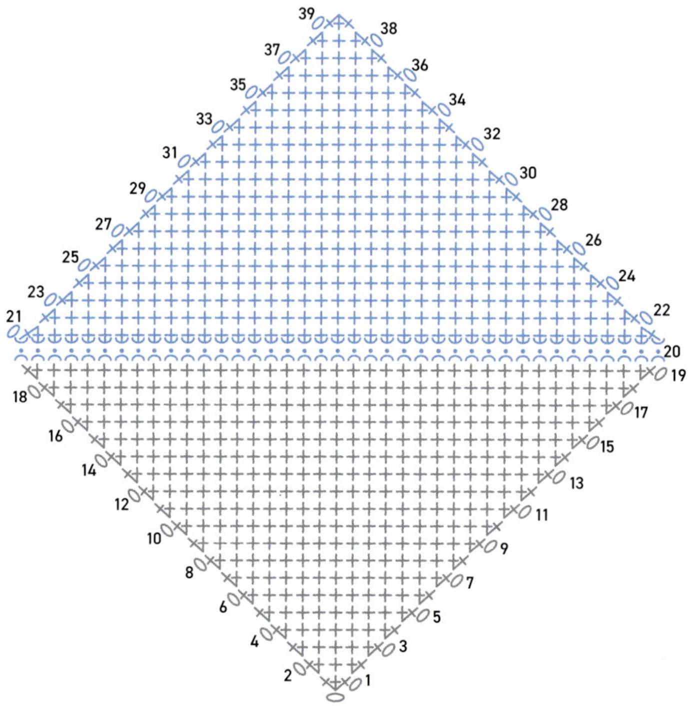

LÉGENDE

- ○ maille en l'air (ml)
- + maille serrée (ms)
- • maille coulée (mc)
- maille coulée dans le brin arrière (mc br arr)
- maille serrée dans le brin avant (ms br av)
- 2 mailles serrées écoulées ensemble (2 ms ens.)
- 3 mailles serrées écoulées ensemble (3 ms ens.)

INSTRUCTIONS

Rang de base : avec le fil A, 2 ml.

Rang 1 : 3 ms dans la deuxième ml depuis le crochet, tournez (3 m.).

Rang 2 : 1 ml (ne compte pas pour une maille ici et à chaque fois), 2 ms dans la première m., 1 ms dans la m. suivante, 2 ms dans la dernière m., tournez (5 m.).

Rang 3 : 1 ml, 2 ms dans la première m., 1 ms dans chaque m. jusqu'à la dernière m., 2 ms dans la dernière m., tournez (7 m.).

Rangs 4-19 : répétez le rang 3, arrêtez le fil A, ne tournez pas (39 m.).

Rang 20 : attachez le fil B dans la première m. du dernier rang, mc br arr dans chaque m. du rang, tournez (39 m.).

Rang 21: 1 ml, 2 ms ens. br av dans la première et la deuxième m., 1 ms br av dans chaque m. jusqu'aux 2 dernières m., 2 ms ens. br av dans les 2 dernières m., tournez (37 m.).

Rang 22: 1 ml, 2 ms ens. dans la première et la deuxième m., 1 ms dans chaque m. jusqu'aux 2 dernières m., 2 ms ens. dans les 2 dernières m., tournez (35 m.).

Rangs 23-38 : répétez le rang 22 (3 m.).

Rang 39: 1 ml, 3 ms ens. dans les 3 m. suivantes (1 m.). Arrêtez l'ouvrage.

POINTS SPÉCIAUX

2 ms ens. (2 mailles serrées écoulées ensemble) : insérez le crochet dans la première m. indiquée, j. et tirez une boucle, insérez le crochet dans la deuxième m. Indiquée, j. et tirez une boucle (3 boucles sur le crochet), j. et tirez à travers toutes les boucles sur le crochet.

3 ms ens. (3 mailles serrées écoulées ensemble) : insérez le crochet dans la première m. indiquée, j. et tirez une boucle, [insérez le crochet dans la m. suivante indiquée, j. et tirez une boucle] deux fois (4 boucles sur le crochet), j. et tirez à travers toutes les boucles sur le crochet.

NIVEAU
Intermédiaire

DIMENSIONS
15 x 15cm

Autres tailles
À partir de ce modèle, vous pouvez faire des blocs de 5 cm, 7,5 cm et 10 cm en terminant respectivement aux tours 2, 3 et 4.
Vous pouvez aussi réaliser un bloc plus grand en faisant plus de tours que ce qui est indiqué dans les instructions, et en augmentant de 4 m.
sur chaque côté à chaque tour.

IL VOUS FAUT
- 20m de coloris bleu gris (A)
- 10m de coloris pêche (B)
- 10m de coloris menthe (C)
- Crochet de 4 mm

TECHNIQUE UTILISÉE POUR CE MODÈLE
- Crocheter en rond (voir page 121)
- Crochet jacquard (voir page 124)

POINTS UTILISÉS POUR CE MODÈLE
- Maille en l'air (voir page 122)
- Double bride (voir page 123)
- Maille coulée (voir page 122)
- Bride (voir page 122)

IDÉE D'ASSEMBLAGE

Half and Halved Again

Ce bloc est fait de la même manière que le Triangle demi-carré (voir page 20), mais avec trois parties triangulaires au lieu de deux. C'est un excellent bloc pour jouer avec la couleur. Essayez de faire de nombreux blocs en faisant les grandes moitiés de la même couleur et en utilisant de petits restes de laine pour les plus petites parties.

INSTRUCTIONS

Tour de montage : avec le fil A, 4 ml, fermez avec une mc dans la première m. faite pour former un cercle.

Tour 1 : 4 ml (comptent pour 1 db), 1 b dans le cercle, 2 db dans le cercle, 1 b dans le cercle, 1 db dans le cercle en changeant pour B, puis continuez avec le fil B et en crochetant par-dessus le brin inutilisé du fil A, 1 db dans le cercle, 1 b dans le cercle, 1 db dans le cercle en changeant pour le fil C, puis continuez avec le fil C et en crochetant par-dessus les brins inutilisés des fils B et A, 1 db dans le cercle, 1 b dans le cercle, 1 db dans le cercle en changeant pour A, fermez le tour avec une mc dans la quatrième ml des 4 ml du début (12 m.).

Tour 2 : puis continuez avec le fil A et en crochetant par-dessus les brins inutilisés des fils B et C, 4 ml (comptent pour 1 db), 2 b au même endroit, 1 tr dans la m. suivante, (2 b, 1 db) dans la m. suivante, (1 db, 2 b) dans la m. suivante, 1 tr dans la m. suivante, (2 b, 1 db) dans la m. suivante en changeant pour B, puis continuez avec le fil B et par-dessus les brins inutilisés des fils A et C, (1 db, 2 b) dans la m. suivante, 1 b dans la m. suivante, (2 b, 1 db) dans la m. suivante en changeant pour le fil C, puis continuez avec le fil C et par-dessus les brins inutilisés des fils A et B, (1 db, 2 b) dans la m. suivante, 1 b dans la m. suivante, (2 b, 1 db) dans la m. suivante en changeant pour le fil A quand vous faites la dernière m., fermez avec une mc dans la quatrième ml des 4 ml du début (28 m.).

Tour 3 : puis continuez avec le fil A et en crochetant par-dessus les brins inutilisés des fils B et C, 4 ml (comptent pour 1 db), 2 b au même endroit, 1 b dans chacune des 5 m. suivantes, (2 b, 1 db) dans la m. suivante, (1 db, 2 b) dans la m. suivante, 1 b dans chacune des 5 m. suivantes, (2 b, 1 db) dans la m. suivante en changeant pour B, puis continuez avec le fil B et par-dessus les brins inutilisés des fils A et C, (1 db, 2 b) dans la m. suivante, 1 b dans chacune des 5 m. suivantes, (2 b, 1 db) dans la m. suivante en changeant pour le fil C, puis continuez avec le fil C et par-dessus les brins inutilisés des fils A et B, (1 db, 2 b) dans la m. suivante, 1 b dans chacune des 5 m. suivantes, (2 b, 1 db) dans la m. suivante en changeant pour le fil A quand vous faites la dernière m., fermez avec une mc dans la quatrième ml des 4 ml du début (44 m.).

Tour 4 : puis continuez avec le fil A et en crochetant par-dessus les brins inutilisés des fils B et C, 4 ml (comptent pour 1 db), 2 b au même endroit, 1 b dans chacune des 9 m. suivantes, (2 b, 1 db) dans la m. suivante, (1 db, 2 b) dans la m. suivante, 1 b dans chacune des 9 m. suivantes, (2 b, 1 db) dans la m. suivante en changeant pour B, puis continuez avec le fil B et

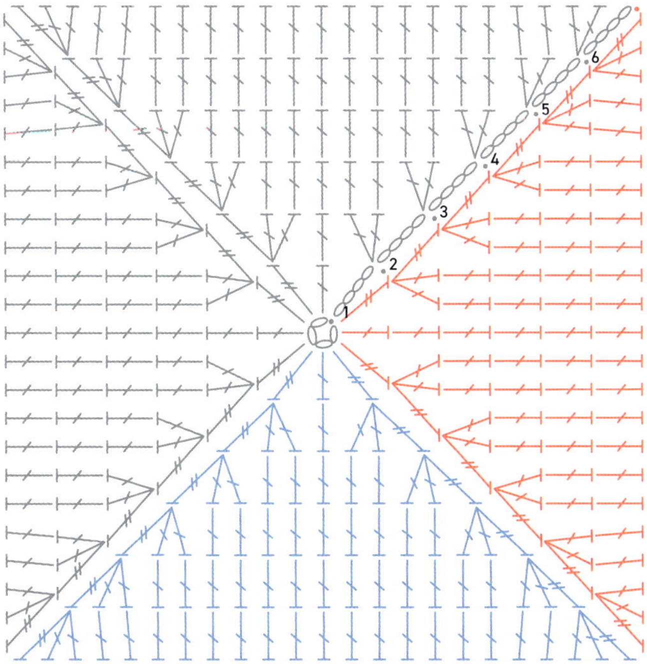

LÉGENDE

- maille en l'air (ml
- maille coulée (mc)
- double bride (db)
- bride (b)

par-dessus les brins inutilisés des fils A et C, (1 db, 2 b) dans la m. suivante, 1 b dans chacune des 9 m. suivantes, (2 b, 1 db) dans la m. suivante en changeant pour le fil C, puis continuez avec le fil C et par-dessus les brins inutilisés des fils A et B, (1 db, 2 b) dans la m. suivante, 1 b dans chacune des 9 m. suivantes, (2 b, 1 db) dans la m. suivante en changeant pour le fil A quand vous faites la dernière m., fermez le tour avec une mc dans la quatrième ml des 4 ml du début (60 m.).

Tour 5 : puis continuez avec le fil A et en crochetant par-dessus les brins inutilisés des fils B et C, 4 ml (comptent pour 1 db), 2 b au même endroit, 1 b dans chacune des 13 m. suivantes, (2 b, 1 db) dans la m. suivante, (1 db, 2 b) dans la m. suivante, 1 b dans chacune des 13 m. suivantes, (2 b, 1 db) dans la m. suivante en changeant pour B, puis continuez avec le fil B et par-dessus les brins inutilisés des fils A et C, (1 db, 2 b) dans la m. suivante, 1 b dans chacune des 13 m. suivantes, (2 b, 1 db) dans la m. suivante en changeant pour le fil C, puis continuez avec le fil C et par-dessus les brins inutilisés des fils A et B, (1 db, 2 b) dans la m. suivante,
1 b dans chacune des 13 m. suivantes, (2 b, 1 db) dans la m. suivante en changeant pour le fil A quand vous faites la dernière m., fermez le tour avec une mc dans la quatrième ml des 4 ml du début (76 m.).

Tour 6 : puis continuez avec le fil A et en crochetant par-dessus les brins inutilisés des fils B et C, 4 ml (comptent pour 1 db), 2 b au même endroit, 1 b dans chacune des 17 m. suivantes, (2 b, 1 db) dans la m. suivante, (1 db, 2 b) dans la m. suivante, 1 b dans chacune des 17 m. suivantes, (2 b, 1 db) dans la m. suivante en changeant pour B, puis continuez avec le fil B et par-dessus les brins inutilisés des fils A et C, (1 db, 2 b) dans la m. suivante, 1 b dans chacune des 17 m. suivantes, (2 b, 1 db) dans la m. suivante en changeant pour le fil C, puis continuez avec le fil C et par-dessus les brins inutilisés des fils A et B, (1 db, 2 b) dans la m. suivante, 1 b dans chacune des 17 m. suivantes, (2 b, 1 db) dans la m. suivante en changeant pour le fil A quand vous faites la dernière m., fermez le tour avec une mc dans la quatrième ml des 4 ml du début (92 m.).
Arrêtez l'ouvrage.

NIVEAU

Intermédiaire

DIMENSIONS

15 x 15cm

Autres tailles

À partir de ce modèle, vous pouvez faire des blocs de 5 cm, 7,5 cm et 10 cm en terminant respectivement aux tours 2, 3 et 4. Vous pouvez aussi réaliser un bloc plus grand en faisant plus de tours que ce qui est indiqué dans les instructions, et en augmentant de 4 m. sur chaque côté à chaque tour.

IL VOUS FAUT

- 10m de coloris bleu (A)
- 10m de coloris corail (B)
- 10m de coloris menthe (C)
- 10m de coloris jaune citron (D)
- Crochet de 4 mm

TECHNIQUE UTILISÉE POUR CE MODÈLE

- Crocheter en rond (voir page 121)
- Crochet jacquard (voir page 124)

POINTS UTILISÉS POUR CE MODÈLE

- Maille en l'air (voir page 122)
- Double bride (voir page 123)
- Maille coulée (voir page 122)
- Bride (voir page 122)

Chaud et froid

J'ai utilisé deux couleurs chaudes et deux couleurs froides pour ce bloc. Dans les exemples, j'ai inversé l'ordre des couleurs pour l'un des blocs de sorte que, lorsqu'ils seront assemblés, la séquence des rayures soit continue. Si vous envisagez de faire la même chose, commencez le bloc en utilisant C et D au lieu de A et B.

INSTRUCTIONS

Tour de montage : avec le fil A, 4 ml, fermez avec une mc dans la première m. faite pour former un cercle.

Tour 1 : 4 ml (comptent pour 1 db), 2 b dans le cercle, 1 db dans le cercle en changeant pour B, puis continuez avec le fil B et par-dessus le brin inutilisé du fil A, 1 db dans le cercle, 2 b dans le cercle, 1 db dans le cercle en changeant pour A, puis continuez avec le fil A et en crochetant par-dessus le brin inutilisé du fil B, 1 db dans le cercle, 2 b dans le cercle, 1 db dans le cercle en changeant pour B, puis continuez avec le fil B et par-dessus le brin inutilisé du fil A, 1 db dans le cercle, 2 b dans le cercle, 1 db dans le cercle, fermez avec une mc dans la quatrième ml des 4 ml du début (16 m.). Arrêtez les fils des deux couleurs.

Tour 2 : attachez le fil C, 4 ml (comptent pour 1 db), 2 b au même endroit, 1 b dans ch. des 2 m. suiv., (2 b, 1 db) dans la m. suiv. en changeant pour le fil D, puis continuez avec le fil D et par-dessus le brin inutilisé du fil C, (1 db, 2 b) dans la m. suivante, 1 b dans ch. des 2 m. suiv., (2 b, 1 db) dans la m. suiv. en changeant pour le fil C, puis continuez avec le fil C et en crochetant par-dessus le brin inutilisé du fil D, (1 db, 2 b) dans la m. suivante, 1 b dans ch. des 2 m. suiv., (2 b, 1 db) dans la m. suiv. en changeant pour le fil D,

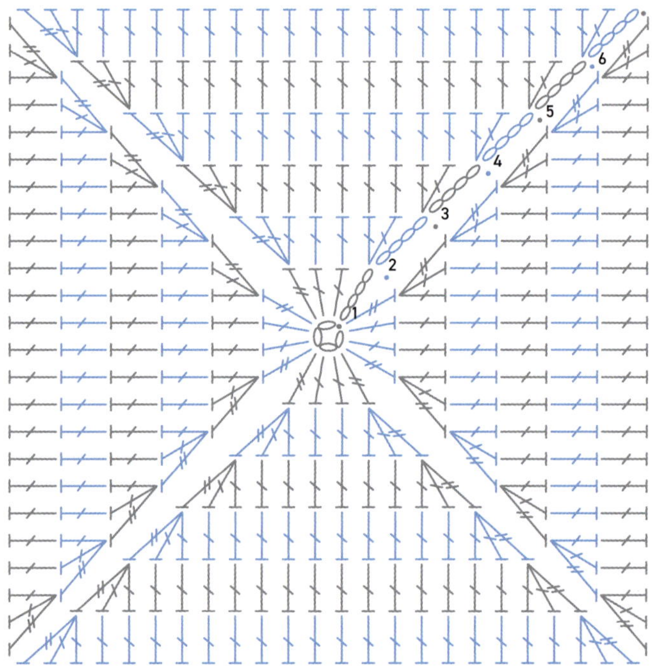

LÉGENDE

- maille en l'air (ml)
- maille coulée (mc)
- double bride (db)
- bride (b)

puis continuez avec le fil D et par-dessus le brin inutilisé du fil C, (1 db, 2 b) dans la m. suivante, 1 b dans ch. des 2 m. suiv., (2 b, 1 db) dans la m. suivante, fermez le tour avec une mc dans la quatrième ml des 4 ml du début (32 m.).
Arrêtez les fils des deux couleurs.
Tour 3 : attachez le fil A, 4 ml (comptent pour 1 db), 2 b au même endroit, 1 b dans ch. des 6 m. suiv., (2 b, 1 db) dans la m. suiv. en changeant pour B, puis continuez avec le fil B et par-dessus le brin inutilisé du fil A, (1 db, 2 b) dans la m. suivante, 1 b dans ch. des 6 m. suiv., (2 b, 1 db) dans la m. suiv. en changeant pour A, puis continuez avec le fil A et en crochetant par-dessus le brin inutilisé du fil B, (1 db, 2 b) dans la m. suivante, 1 b dans ch. des 6 m. suiv., (2 b, 1 db) dans la m. suiv. en changeant pour B, puis continuez avec le fil B et par-dessus le brin inutilisé du fil A, (1 db, 2 b) dans la m. suivante, 1 b dans ch. des 6 m. suiv., (2 b, 1 db) dans la m. suivante, fermez avec une mc dans la quatrième ml des 4 ml du début (48 m.).
Arrêtez les fils des deux couleurs.
Tour 4 : attachez le fil C, 4 ml (comptent pour 1 db), 2 b au même endroit, 1 b dans ch. des 10 m. suiv., (2 b, 1 db) dans la m. suiv. en changeant pour le fil D, puis continuez avec le fil D et par-dessus le brin inutilisé du fil C, (1 db, 2 b) dans la m. suivante, 1 b dans ch. des 10 m. suiv., (2 b, 1 db) dans la m. suiv. en changeant pour le fil C, puis continuez avec le fil C et en crochetant par-dessus le brin inutilisé du fil D, (1 db, 2 b) dans la m. suivante, 1 b dans ch. des 10 m. suiv., (2 b, 1 db) dans la m. suiv. en changeant pour le fil D, puis continuez avec le fil D et par-dessus le brin inutilisé du fil C, (1 db, 2 b) dans la m. suivante, 1 b dans ch. des 10 m. suiv., (2 b, 1 db) dans la m. suivante, fermez avec une mc dans la quatrième m. des 4 ml du début (64 m.).
Arrêtez les fils des deux couleurs.
Tour 5 : attachez le fil A, 4 ml (comptent pour 1 db), 2 b au même endroit, 1 b dans ch. des 14 m. suiv., (2 b, 1 db) dans la m. suiv. en changeant pour B, puis continuez avec le fil B et par-dessus le brin inutilisé du fil A, (1 db, 2 b) dans la m. suivante, 1 b dans ch. des 14 m. suiv., (2 b, 1 db) dans la m. suiv. en changeant pour A, puis continuez avec le fil A et en crochetant par-dessus le brin inutilisé du fil B, (1 db, 2 b) dans la m. suivante, 1 b dans ch. des 14 m. suiv., (2 b, 1 db) dans la m. suiv. en changeant pour B, puis continuez avec le fil B et par-dessus le brin inutilisé du fil A, (1 db, 2 b) dans la m. suivante, 1 b dans ch. des 14 m. suiv., (2 b, 1 db) dans la m. suivante, fermez avec une mc dans la quatrième m. des 4 ml du début (80 m.).
Arrêtez les fils des deux couleurs.
Tour 6 : attachez le fil C, 4 ml (comptent pour 1 db), 2 b au même endroit, 1 b dans ch. des 18 m. suiv., (2 b, 1 db) dans la m. suiv. en changeant pour le fil D, puis continuez avec le fil D et par-dessus le brin inutilisé du fil C, (1 db, 2 b) dans la m. suivante, 1 b dans ch. des 18 m. suiv., (2 b, 1 db) dans la m. suiv. en changeant pour le fil C, puis continuez avec le fil C et en crochetant par-dessus le brin inutilisé du fil D, (1 db, 2 b) dans la m. suivante, 1 b dans ch. des 18 m. suiv., (2 b, 1 db) dans la m. suiv. en changeant pour le fil D, puis continuez avec le fil D et par-dessus le brin inutilisé du fil C, (1 db, 2 b) dans la m. suivante, 1 b dans ch. des 18 m. suiv., (2 b, 1 db) dans la m. suivante, fermez avec une mc dans la quatrième ml des 4 ml du début (96 m.).
Arrêtez les fils des deux couleurs.

NIVEAU
Intermédiaire

DIMENSIONS
15 x 15cm

IL VOUS FAUT

- 22m de coloris rose (A)
- 22m de coloris corail (B)
- 22m de coloris glycine (C)
- Crochet de 4 mm

TECHNIQUE UTILISÉE POUR CE MODÈLE

- Crocheter en rangs (voir page 121)
- Ajouter une nouvelle couleur (voir page 124)
- Crocheter dans le brin arrière (voir page 123)
- Crocheter dans le brin avant (voir page 123)

POINTS UTILISÉS POUR CE MODÈLE

- Maille en l'air (voir page 122)
- Maille serrée (voir page 122)
- Maille coulée (voir page 122)

IDÉE D'ASSEMBLAGE

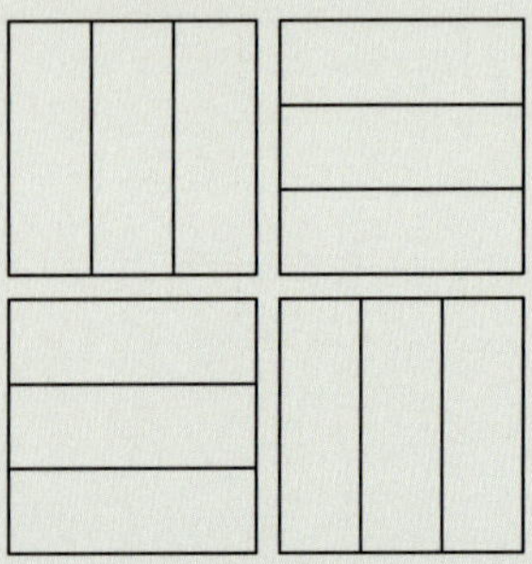

Jelly Stripes

L'un des blocs de patchwork les plus faciles à fabriquer est fait à l'aide d'un jelly roll, cette version au crochet est un moyen fabuleux d'utiliser des restes de laine ou de jouer avec les couleurs. Dans ce modèle, j'ai créé des lignes très nettes entre les changements de couleur en faisant un rang de mailles coulées dans le brin arrière, suivi d'un rang de mailles serrées dans le brin avant.

INSTRUCTIONS

Rang de base : avec le fil A, 26 ml.

Rang 1 (ENV) : 1 ms dans la deuxième ml depuis le crochet et dans chacune des 24 ml suivantes, tournez (25 m.).

Rang 2 (END): 1 ml (ne compte pas pour une maille ici et à chaque fois), 1 ms dans chaque m. jusqu'à la fin du rang, tournez.

Rangs 3-10 : répétez le rang 2, arrêtez le fil A, ne tournez pas.

Rang 11 : attachez le fil B dans la première m. du dernier rang, ms br arr dans chaque m. du dernier rang, tournez.

Rang 12 : 1 ml, 1 ms br av dans chaque m. jusqu'à la fin du rang, tournez.

Rang 13 : 1 ml, 1 ms dans chaque m. jusqu'à la fin, tournez.

Rangs 14-19 : répétez le rang 13, arrêtez le fil B, ne tournez pas.

Rangs 20 et 21 : avec le fil C, répétez les rangs 11 et 12.

Rangs 22-30 : répétez le rang 2. Arrêtez l'ouvrage.

Rangs 22-30 : répétez le rang 2. Arrêtez l'ouvrage.

LÉGENDE

- ⬭ maille en l'air (ml)
- + maille serrée (ms)
- maille coulée dans le brin arrière (mc br arr)
- maille serrée dans le brin avant (ms br av)

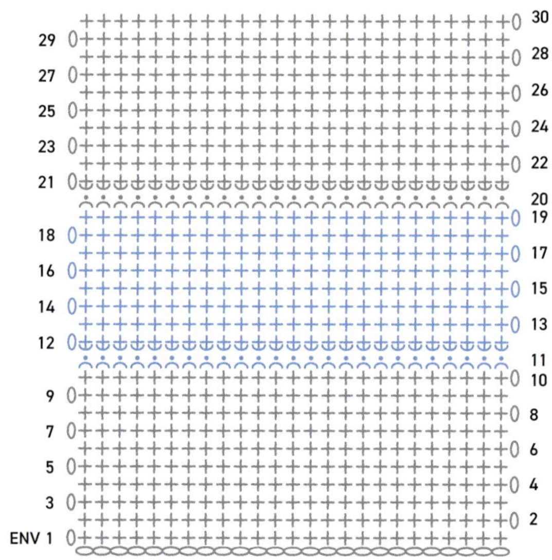

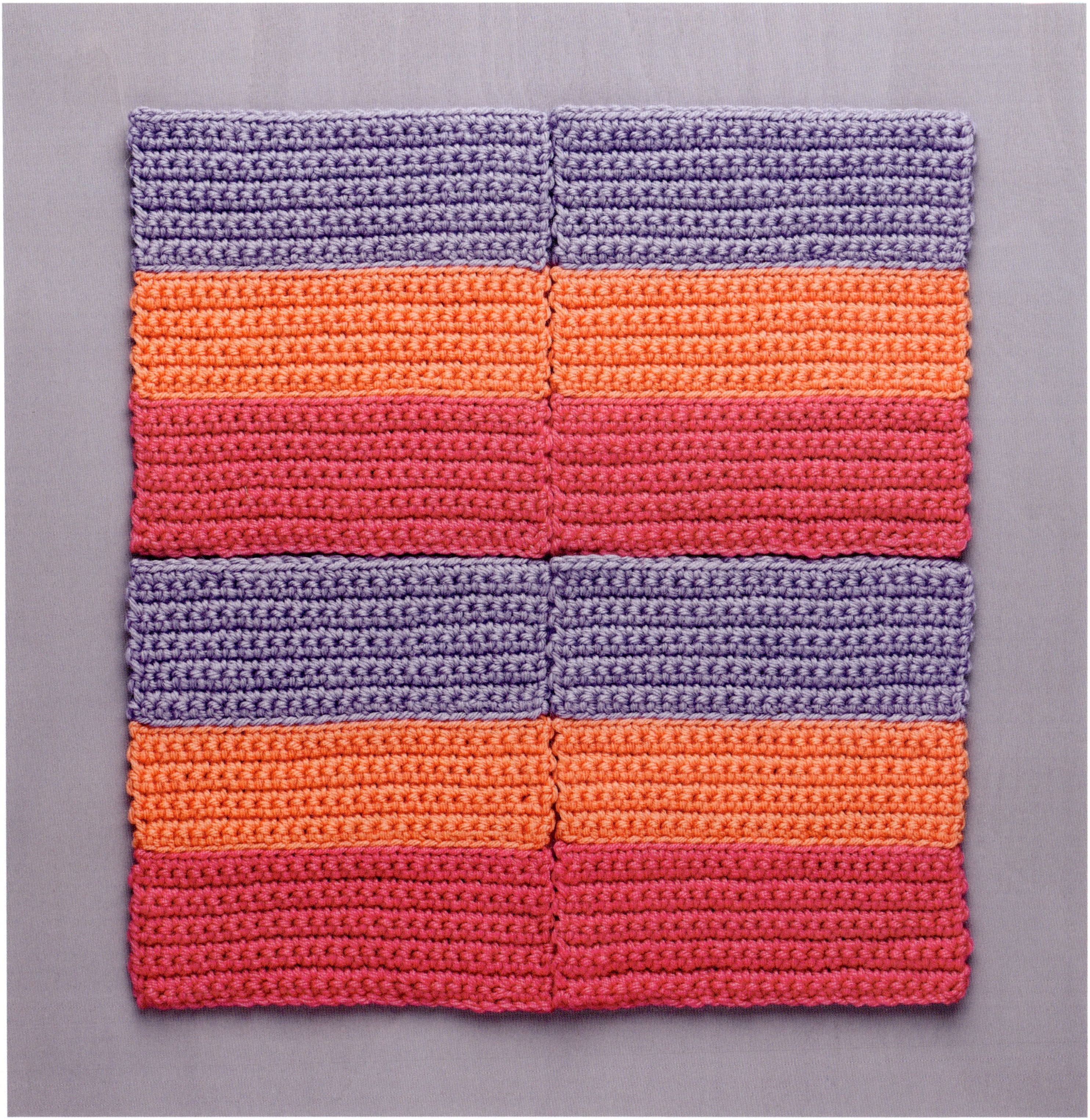

NIVEAU
Facile

DIMENSIONS
15 x 15cm

IL VOUS FAUT
- 20m de coloris rose (A)
- 20m de coloris flamant rose (B)
- Crochet de 4 mm

COULEURS ALTERNATIVES
Coloris chocolat

TECHNIQUE UTILISÉE POUR CE MODÈLE
- Crocheter en rond (voir page 121)
- Crochet jacquard (voir page 124)

POINTS UTILISÉS POUR CE MODÈLE
- Maille en l'air (voir page 122)
- Double bride (voir page 123)
- Maille coulée (voir page 122)
- Bride (voir page 122)

Miroir

Miroir est un excellent bloc pour les plaids avec des décalages de couleur. En changeant l'ordre des couleurs sur le rang 4, nous créons un bel effet miroir. Essayez de crocheter les blocs dans des tons de la même couleur pour un look subtil, ou de les réaliser en utilisant une couleur vive et du blanc pour un effet plus audacieux.

Tour de montage : avec le fil A, 4 ml, fermez avec une mc dans la première m. faite pour former un cercle.

Tour 1 : 4 ml (comptent pour 1 db), 2 b dans le cercle, 2 db dans le cercle, 2 b dans le cercle, 1 db dans le cercle en changeant pour B, puis continuez avec le fil B et en crochetant par-dessus le brin inutilisé du fil A, 1 db dans le cercle, 2 b dans le cercle, 2 db dans le cercle, 2 b dans le cercle, 1 db dans le cercle en changeant pour A, fermez le tour avec une mc dans la quatrième ml des 4 ml du début (16 m.).

Tour 2 : puis continuez avec le fil A et en crochetant par-dessus le brin inutilisé du fil B, 4 ml (comptent pour 1 db), 2 b au même endroit, 1 b dans ch. des 2 m. suiv., (2 b, 1 db) dans la m. suivante, (1 db, 2 b) dans la m. suivante, 1 b dans ch. des 2 m. suiv., (2 b, 1 db) dans la m. suiv. en changeant pour B, puis continuez avec le fil B et par-dessus le brin inutilisé du fil A, (1 db, 2 b) dans la m. suivante, 1 b dans ch. des 2 m. suiv., (2 b, 1 db) dans la m. suivante, (1 db, 2 b) dans la m. suivante, 1 b dans ch. des 2 m. suiv., (2 b, 1 db) dans la m. suiv. en changeant pour le fil A quand vous faites la dernière m., fermez le tour avec une mc dans la quatrième ml des 4 ml du début (32 m.).

Tour 3 : puis continuez avec le fil A et en crochetant par-dessus le brin inutilisé du fil B, 4 ml (comptent pour 1 db), 2 b au même endroit, 1 b dans ch. des 6 m. suiv., (2 b, 1 db) dans la m. suivante, (1 db, 2 b) dans la m. suivante, 1 b dans ch. des 6 m. suiv., (2 b, 1 db) dans la m. suiv. en changeant pour B, puis continuez avec le fil B et par-dessus le brin inutilisé du fil A, (1 db, 2 b) dans la m. suivante, 1 b dans ch. des 6 m. suiv., (2 b, 1 db) dans la m. suivante, (1 db, 2 b) dans la m. suivante, 1 b dans ch. des 6 m. suiv., (2 b, 1 db) dans la m. suivante, fermez le tour avec une mc dans la quatrième ml des 4 ml du début (48 m.).

Tour 4 : continuez avec le fil B et en crochetant par-dessus le brin inutilisé du fil A, 4 ml (comptent pour 1 db), 2 b au même endroit, 1 b dans ch. des 10 m. suiv., (2 b, 1 db) dans la m. suivante, (1 db, 2 b) dans la m. suivante, 1 b dans ch. des 10 m. suiv., (2 b, 1 db) dans la m. suiv. en changeant pour A, puis continuez avec le fil A et par-dessus le brin inutilisé du fil B, (1 db, 2 b) dans la m. suivante, 1 b dans ch. des 10 m. suiv., (2 b, 1 db) dans la m. suivante, (1 db, 2 b) dans la m. suivante, 1 b dans ch. des 10 m. suiv., (2 b, 1 db) dans la m. suiv. en changeant pour le fil B quand vous faites la dernière m., fermez le tour avec une mc dans la quatrième ml des 4 ml du début (64 m.).

Tour 5 : puis continuez avec le fil B et en crochetant par-dessus le brin inutilisé du fil A, 4 ml (comptent pour 1 db), 2 b au même endroit, 1 b dans ch. des 14 m. suiv., (2 b, 1 db) dans la m. suivante, (1 db, 2 b) dans la m. suivante, 1 b dans ch. des 14 m. suiv., (2 b, 1 db) dans la m. suiv. en changeant pour A, puis continuez avec le fil A et par-dessus le brin inutilisé du fil B, (1 db, 2 b) dans la m. suivante, 1 b dans ch. des 14 m. suiv., (2 b, 1 db) dans la m. suivante, (1 db, 2 b) dans la m. suivante, 1 b dans ch. des 14 m. suiv., (2 b, 1 db) dans la m. suiv. en changeant pour le fil B quand vous faites la dernière m., fermez le tour avec une mc dans la quatrième ml des 4 ml du début (80 m.).

Tour 6 : puis continuez avec le fil B et en crochetant par-dessus le brin inutilisé du fil A, 4 ml (comptent pour 1 db), 2 b au même endroit, 1 b dans ch. des 18 m. suiv., (2 b, 1 db) dans la m. suivante, (1 db, 2 b) dans la m. suivante, 1 b dans ch. des 18 m. suiv., (2 b, 1 db) dans la m. suiv. en changeant pour A, puis continuez avec le fil A et par-dessus le brin inutilisé du fil B, (1 db, 2 b) dans la m. suivante, 1 b dans ch. des 18 m. suiv., (2 b, 1 db) dans la m. suivante, (1 db, 2 b) dans la m. suivante, 1 b dans ch. des 18 m. suiv., (2 b, 1 db) dans la m. suivante, fermez le tour avec une mc dans la quatrième ml des 4 ml du début (96 m.). Arrêtez l'ouvrage.

LÉGENDE

- maille en l'air (ml)
- double bride (db)
- maille coulée (mc)
- bride (b)

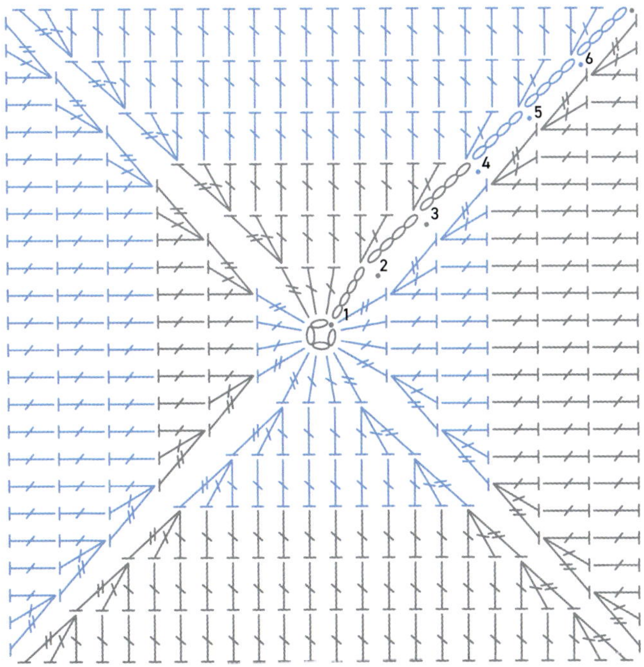

NIVEAU
Intermédiaire

DIMENSIONS
15 x 15cm

IL VOUS FAUT
- 36m de coloris rose (A)
- 30m de coloris blanc (B)
- Crochet de 4 mm

TECHNIQUE UTILISÉE POUR CE MODÈLE
- Crocheter en rangs (voir page 121)
- Ajouter une nouvelle couleur (voir page 124)
- Crocheter dans le brin arrière (voir page 123)
- Crocheter dans le brin avant (voir page 123)

POINTS UTILISÉS POUR CE MODÈLE
- Maille en l'air (voir page 122)
- Maille serrée (voir page 122)
- Maille coulée (voir page 122)

IDÉE D'ASSEMBLAGE

Rayures

J'ai utilisé deux couleurs pour créer ce bloc rayé, mais vous pouvez aussi faire chaque rayure d'une couleur différente pour créer un bloc arc-en-ciel, ou n'importe quel coloris que vous aimez.
Dans ce modèle, j'ai créé des lignes très nettes entre les changements de couleur en faisant un rang de mailles coulées dans le brin arrière, suivi d'un rang de mailles serrées dans le brin avant.

INSTRUCTIONS

Rang de base : avec le fil A, 27 ml.
Rang 1 (ENV) : 1 ms dans la deuxième ml depuis le crochet et dans chacune des 25 ml suivantes, tournez (26 m.).
Rang 2 (END): 1 ml (ne compte pas pour une m. ici et à chaque fois), 1 ms dans chaque m. jusqu'à la fin, Arrêtez le fil A, ne tournez pas.
Rang 3 (END): attachez le fil B dans la première m. du dernier rang, mc br arr dans chaque m. du dernier rang, tournez.
Rang 4 : 1 ml, 1 ms br av dans chaque m. jusqu'à la fin du rang, tournez.
Rang 5 : 1 ml, 1 ms dans chaque m. jusqu'à la fin, Arrêtez le fil B, ne tournez pas.
Rangs 6-8 : répétez les rangs 3 à 5 avec le fil A.
Rangs 9-32 : répétez les rangs 3 à 8 quatre fois.
Arrêtez l'ouvrage.

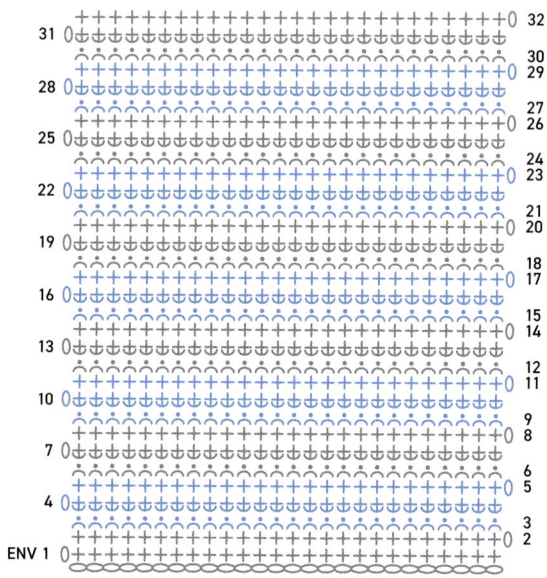

LÉGENDE

- maille en l'air (ml)
- maille serrée (ms)
- maille serrée dans le brin avant (ms br av)
- maille coulée dans le brin arrière (mc br arr)

NIVEAU
Facile

DIMENSIONS
15 x 7.5cm

IL VOUS FAUT
- 10m de coloris violet (A)
- 10m de coloris glycine (B)
- Crochet de 4 mm

TECHNIQUE UTILISÉE POUR CE MODÈLE
- Crocheter en rangs (voir page 121)
- Crochet intarsia (voir page 124)
- Crocheter par-dessus un fil de couleur inutilisé (voir page 124)

POINTS UTILISÉS POUR CE MODÈLE
- Maille en l'air (voir page 122)
- Maille serrée (voir page 122)

IDÉE D'ASSEMBLAGE

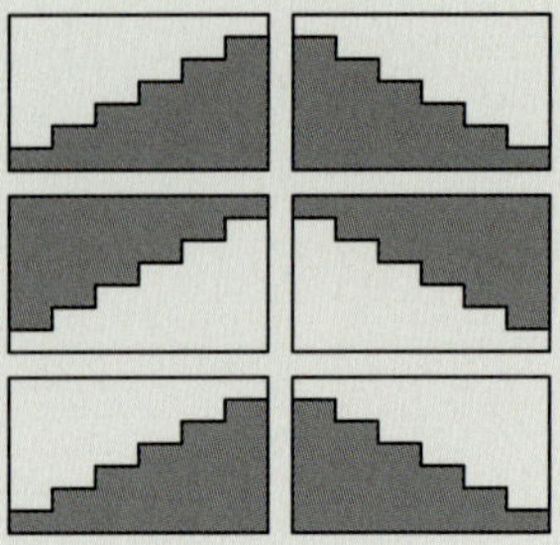

Escalier

Ces petits blocs rectangulaires sont parfaits pour réaliser une bordure ou à assembler pour créer des bandes en diagonale. Vous pouvez changer l'ordre des couleurs pour la moitié des blocs afin d'avoir plus de possibilités pour créer des motifs plus grands.

INSTRUCTIONS

Rang de base : avec le fil A, 25 ml.

Rang 1 (ENV) : 1 ms dans la deuxième ml depuis le crochet et dans chaque ml jusqu'à la fin, tournez (24 m.).

Rang 2 (END): 1 ml (ne compte pas pour une maille ici et à chaque fois), 1 ms dans chaque m. jusqu'à la fin, tournez.

Rang 3 : 1 ml, 1 ms dans chacune des 20 m. suivantes en changeant pour le fil B quand vous faites la dernière m., puis continuez avec le fil B, 1 ms dans chacune des 4 m. suivantes, tournez.

Rang 4 : 1 ml, 1 ms dans chacune des 4 m. suivantes en changeant pour le fil A quand vous faites la dernière m., puis continuez avec le fil A, 1 ms dans chacune des 20 m. suivantes, tournez.

Rang 5 : 1 ml, 1 ms dans chacune des 16 m. suivantes en changeant pour le fil B quand vous faites la dernière m., puis continuez avec le fil B, 1 ms dans chacune des 8 m. suivantes, tournez.

Rang 6 : 1 ml, 1 ms dans chacune des 8 m. suivantes en changeant pour le fil A quand vous faites la dernière m., puis continuez avec le fil A, 1 ms dans chacune des 16 m. suivantes, tournez.

Rang 7 : 1 ml, 1 ms dans chacune des 12 m. suivantes en changeant pour le fil B quand vous faites la dernière m., puis continuez avec le fil B, 1 ms dans chacune des 12 m. suivantes, tournez.

Rang 8 : 1 ml, 1 ms dans chacune des 12 m. suivantes en changeant pour le fil A quand vous faites la dernière m., puis continuez avec le fil A, 1 ms dans chacune des 12 m. suivantes, tournez.

Rang 9 : 1 ml, 1 ms dans chacune des 8 m. suivantes en changeant pour le fil B quand vous faites la dernière m., puis continuez avec le fil B, 1 ms dans chacune des 16 m. suivantes, tournez.

Rang 10 : 1 ml, 1 ms dans chacune des 16 m. suivantes en changeant pour le fil A quand vous faites la dernière m., puis

LÉGENDE

o maille en l'air (ml)

\+ maille serrée (ms)

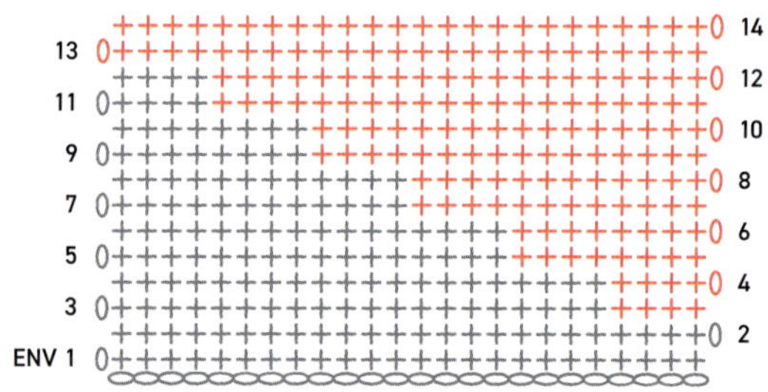

continuez avec le fil A, 1 ms dans chacune des 8 m. suivantes, tournez.

Rang 11 : 1 ml, 1 ms dans chacune des 4 m. suivantes en changeant pour le fil B quand vous faites la dernière m., puis continuez avec le fil B, 1 ms dans chacune des 20 m. suivantes, tournez.

Rang 12 : 1 ml, 1 ms dans chacune des 20 m. suivantes en changeant pour le fil A quand vous faites la dernière m., puis continuez avec le fil A et en crochetant par-dessus le fil B, 1 ms dans chacune des 4 m. suivantes, arrêtez le fil A, tournez.

Rang 13 : passez le fil B à travers la dernière m. du dernier rang et 1 ml, 1 ms dans chaque m. jusqu'à la fin, tournez.

Rang 14 : 1 ml, 1 ms dans chaque m. jusqu'à la fin. Arrêtez l'ouvrage.

NOTE

Vous pouvez crocheter en suivant le diagramme ou les instructions écrites.

NIVEAU
Avancé

DIMENSIONS
30 x 30cm

IL VOUS FAUT
- 2m e coloris potiron (A)
- 8m de coloris bleu ciel (B)
- 14m de coloris or (C)
- 18m de coloris noisette (D)
- 13m de coloris blanc (E)
- 90m de coloris bleu (F)
- Crochet de 4 mm

TECHNIQUE UTILISÉE POUR CE MODÈLE
- Crocheter en rond (voir page 121)
- Crocheter jacquard (voir page 121)

POINTS UTILISÉS POUR CE MODÈLE
- Maille en l'air (voir page 122)
- Maille serrée (voir page 122)
- Demi-bride (voir page 122)
- Maille coulée (voir page 122)

Tribal

J'ai utilisé des couleurs inspirées du milieu du siècle pour ce bloc, mais il aurait l'air tout aussi fantastique dans des couleurs plus pâles.
Le bloc est réalisé en rond et vous crochèterez sur les fils de couleur non utilisés. Par moments, il y a trois couleurs par tour, c'est donc un excellent bloc à essayer pour améliorer la gestion de vos fils.
Assurez-vous de ne pas trop serrer les fils pendant que vous travaillez.

INSTRUCTIONS

Tour de montage : avec le fil A, 4 ml, fermez avec une mc dans la première m. faite pour former un cercle.

Tour 1 : 1 ml (ne compte pas pour une maille ici et à chaque fois), [1 ms, 1 demi-b, 1 ms dans le cercle] quatre fois, fermez avec une mc dans la première ms faite (12 m.).

Tour 2 : 1 ml, 1 ms au même endroit en changeant pour B, [(1 ms, 1 demi-b, 1 ms) dans la m. suiv. en changeant pour le fil A qd vous faites la dernière m., 1 ms dans ch. des 2 m. suiv.] quatre fois en omettant la dernière ms lors de la dernière rép., fermez avec une mc dans la première m. faite (20 m.).

Tour 3 : 1 ml, 1 ms au même endroit en changeant pour B, [1 ms dans la m. suivante, (1 ms, 1 demi-b, 1 ms) dans la demi-b, 1 ms dans la m. suiv. en changeant pour A, 1 ms dans ch. des 2 m. suiv. en changeant pour le fil B qd vous faites la dernière m.] quatre fois en omettant la dernière ms lors de la dernière rép., avec le fil B, fermez avec une mc dans la première ms faite (28 m.). Arrêtez le fil A.

Tour 4 : avec le fil B, 1 ml, 1 ms au même endroit, [1 ms dans ch. des 2 m. suiv. en changeant pour le fil C qd vous faites la dernière m., (1 ms, 1 demi-b, 1 ms) dans la demi-b en changeant pour le fil B qd vous faites la dernière m., 1 ms dans ch. des 4 m. suiv.] quatre fois en omettant la dernière m. lors de la dernière rép., fermez avec une mc dans la première ms faite (36 m.).

Tour 5 : 1 ml, 1 ms au même endroit, [1 ms dans ch. des 2 m. suiv. en changeant pour le fil C qd vous faites la dernière m., 1 ms dans la m. suivante, (1 ms, 1 demi-b, 1 ms) dans la demi-b, 1 ms dans la m. suiv. en changeant pour B, 1 ms dans ch. des 4 m. suiv.] quatre fois en omettant la dernière m. lors de la dernière rép., fermez avec une mc dans la première ms faite (44 m.).

Tour 6 : 1 ml, 1 ms au même endroit en changeant pour le fil C, [1 ms dans ch. des 4 m. suiv. en changeant pour le fil D qd vous faites la dernière m., (1 ms, 1 demi-b, 1 ms) dans la demi-b en changeant pour le fil C qd vous faites la dernière m., 1 ms dans ch. des 4 m. suiv. en changeant pour le fil B qd vous faites la dernière m., 1 ms dans ch. des 2 m. suiv. en changeant pour le fil C qd vous faites la dernière m.] quatre fois en omettant la dernière m. et le changement de couleur lors de la dernière rép., avec le fil B, fermez avec une mc dans la première ms faite (52 m.).

Tour 7 : 1 ml, 1 ms au même endroit en changeant pour le fil C, [1 ms dans ch. des 4 m. suiv. en changeant pour le fil D qd vous faites la dernière m., 1 ms dans la m. suivante, (1 ms, 1 demi-b, 1 ms) dans la demi-b, 1 ms dans la m. suiv. en changeant pour le fil C, 1 ms dans ch. des 4 m. suiv. en changeant pour le fil B qd vous faites la dernière m., 1 ms dans ch. des 2 m. suiv. en changeant pour le fil C qd vous faites la dernière m.] quatre fois en omettant la dernière m. lors de la dernière rép., avec le fil C, fermez avec une mc dans la première ms faite (60 m.).
Arrêtez le fil B.

Tour 8 : avec le fil C, 1 ml, 1 ms au même endroit, [1 ms dans ch. des 2 m. suiv. en changeant pour le fil D qd vous faites la dernière m., 1 ms dans ch. des 4 m. suiv. en changeant pour le fil E qd vous faites la dernière m., (1 ms, 1 demi-b, 1 ms) dans la demi-b en changeant pour le fil D qd vous faites la dernière m., 1 ms dans ch. des 4 m. suiv. en changeant pour le fil C qd vous faites la dernière m., 1 ms dans ch. des 4 m. suiv.] quatre fois en omettant la dernière m. lors de la dernière rép., fermez avec une mc dans la première m. faite (68 m.).

Tour 9 : 1 ml, 1 ms au même endroit, [1 ms dans ch. des 2 m. suiv. en changeant pour le fil D qd vous faites la dernière m., 1 ms dans ch. des 4 m. suiv. en changeant pour le fil E qd vous faites la dernière m., 1 ms dans la m. suivante, (1 ms, 1 demi-b, 1 ms) dans la demi-b, 1 ms dans la m. suiv. en changeant pour le fil D, 1 ms dans ch. des 4 m. suiv. en changeant pour le fil C qd vous faites la dernière m., 1 ms dans ch. des 4 m. suiv.] quatre fois en omettant la dernière m. lors de la dernière rép., fermez avec une mc dans la première m. faite (76 m.).

Tour 10 : 1 ml, 1 ms au même endroit en changeant pour le fil D, [1 ms dans ch. des 4 m. suiv. en changeant pour le fil E qd vous faites la dernière m., 1 ms dans ch. des 4 m. suiv., (1 ms, 1 demi-b, 1 ms) dans la demi-b, 1 ms dans ch. des 4 m. suiv. en changeant pour le fil D qd vous faites la dernière m., 1 ms dans ch. des 4 m. suiv. en changeant pour le fil C qd vous faites la dernière m., 1 ms dans ch. des 2 m. suiv. en changeant pour le fil D qd vous faites la dernière m.] quatre fois en omettant la dernière m. et le changement de couleur lors de la dernière rép., avec le fil C, fermez avec une mc dans la première m. faite (84 m.).

Tour 11 : 1 ml, 1 ms au même endroit en changeant pour le fil D, [1 ms dans ch. des 4 m. suiv. en changeant pour le fil E qd vous faites la dernière m., 1 ms dans ch. des 5 m. suiv., (1 ms, 1 demi-b, 1 ms) dans

LÉGENDE

- ⬭ maille en l'air (ml)
- • maille coulée (mc)
- + maille serrée (ms)
- T maille serrée (ms)

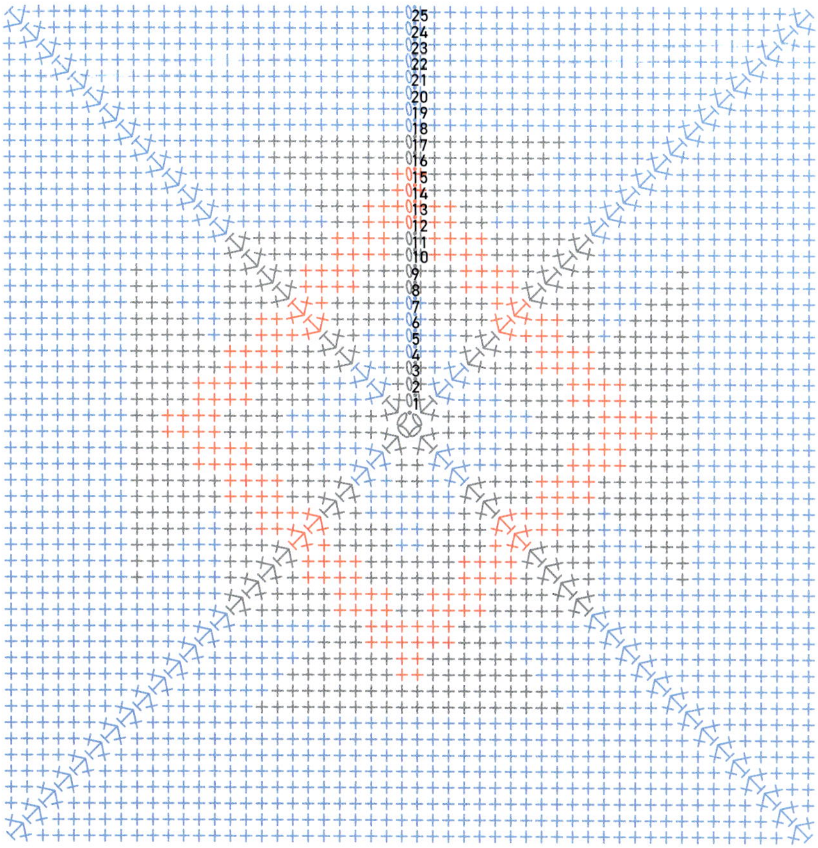

la demi-b, 1 ms dans ch. des 5 m. suiv. en changeant pour le fil D qd vous faites la dernière m., 1 ms dans ch. des 4 m. suiv. en changeant pour le fil C qd vous faites la dernière m., 1 ms dans ch. des 2 m. suiv. en changeant pour le fil D qd vous faites la dernière m.] quatre fois en omettant la dernière m. lors de la dernière rép., avec le fil D, fermez avec une mc dans la première m. faite (92 m.). Arrêtez le fil C.

Tour 12 : avec le fil E, 1 ml, 1 ms au même endroit, [1 ms dans ch. des 2 m. suiv. en changeant pour le fil E qd vous faites la dernière m., 1 ms dans ch. des 2 m. suiv. en changeant pour le fil F qd vous faites la dernière m., 1 ms dans ch. des 6 m. suiv., (1 ms, 1 demi-b, 1 ms) dans la demi-b en changeant pour le fil E qd vous faites la dernière m., 1 ms dans ch. des 5 m. suiv. en changeant pour le fil F qd vous faites la dernière m., 1 ms dans la m. suiv. en changeant pour le fil E, 1 ms dans ch. des 2 m. suiv. en changeant pour le fil D qd vous faites la dernière m., 1 ms dans ch. des 6 m. suiv. en changeant pour le fil E qd vous faites la dernière m., 1 ms dans ch. des 2 m. suiv. en changeant pour le fil F qd vous faites la dernière m., 1 ms dans la m. suiv. en changeant pour le fil E, 1 ms dans ch. des 5 m. suiv. en changeant pour le fil F qd vous faites la dernière m., (1 ms, 1 demi-b, 1 ms) dans la demi-b, 1 ms dans ch. des 6 m. suiv. en changeant pour le fil E qd vous faites la dernière m., 1 ms dans ch. des 2 m. suiv. en changeant pour le fil D qd vous faites la dernière m., 1 ms dans ch. des 4 m. suiv.] deux fois en omettant la dernière m. lors de la dernière rép., fermez avec une mc dans la première m. faite (100 m.).

Tour 13 : avec le fil D, 1 ml, 1 ms

au même endroit, [1 ms dans ch. des 2 m. suiv. en changeant pour le fil E qd vous faites la dernière m., 1 ms dans ch. des 3 m. suiv. en changeant pour le fil F qd vous faites la dernière m., 1 ms dans ch. des 6 m. suiv., (1 ms, 1 demi-b, 1 ms) dans la demi-b, 1 ms dans la m. suiv. en changeant pour le fil E, 1 ms dans ch. des 5 m. suiv. en changeant pour le fil F qd vous faites la dernière m., 1 ms dans la m. suiv. en changeant pour le fil E, 1 ms dans ch. des 2 m. suiv. en changeant pour le fil D qd vous faites la dernière m., 1 ms dans ch. des 6 m. suiv. en changeant pour le fil E qd vous faites la dernière m., 1 ms dans ch. des 2 m. suiv. en changeant pour le fil F qd vous faites la dernière m., 1 ms dans la m. suiv. en changeant pour le fil E, 1 ms dans ch. des 5 m. suiv. en changeant pour le fil F qd vous faites la dernière m., 1 ms dans la m. suivante, (1 ms, 1 demi-b, 1 ms) dans la demi-b, 1 ms dans ch. des 6 m. suiv. en changeant pour le fil E qd vous faites la dernière m., 1 ms dans ch. des 3 m. suiv. en changeant pour le fil D qd vous faites la dernière m., 1 ms dans ch. des 4 m. suiv.] deux fois en omettant la dernière m. lors de la dernière rép., fermez avec une mc dans la première m. faite (108 m.).

Tour 14: 1 ml, 1 ms au même endroit en changeant pour le fil E, [1 ms dans ch. des 6 m. suiv. en changeant pour le fil F qd vous faites la dernière m., 1 ms dans ch. des 6 m. suiv., (1 ms, 1 demi-b, 1 ms) dans la demi-b, 1 ms dans ch. des 2 m. suiv. en changeant pour le fil E qd vous faites la dernière m., 1 ms dans ch. des 4 m. suiv. en changeant pour le fil F qd vous faites la dernière m., 1 ms dans ch. des 2 m. suiv. en changeant pour le fil E qd vous faites la dernière m., 1 ms dans ch. des 4 m. suiv. en changeant pour le fil D qd vous faites la dernière m., 1 ms dans ch. des 2 m. suiv. en changeant pour le fil E qd vous faites la dernière m., 1 ms dans ch. des 4 m. suiv. en changeant pour le fil F qd vous faites la dernière m., 1 ms dans ch. des 2 m. suiv. en changeant pour le fil E qd vous faites la dernière m., 1 ms dans ch. des 4 m. suiv. en changeant pour le fil F qd vous faites la dernière m., 1 ms dans ch. des 2 m. suiv., (1 ms, 1 demi-b, 1 ms) dans la demi-b, 1 ms dans ch. des 6 m. suiv. en changeant pour le fil E qd vous faites la dernière m., 1 ms dans ch. des 6 m. suiv. en changeant pour le fil D qd vous faites la dernière m., 1 ms dans ch. des 2 m. suiv. en changeant pour le fil E qd vous faites la dernière m.] deux fois en omettant la dernière m. et le changement de couleur lors de la dernière rép., avec le fil D, fermez avec une mc dans la première m. faite (116 m.).

Tour 15 : 1 ml, 1 ms au même endroit en changeant pour le fil E, [1 ms dans ch. des 7 m. suiv. en changeant pour le fil F qd vous faites la dernière m., 1 ms dans ch. des 6 m. suiv., (1 ms, 1 demi-b, 1 ms) dans la demi-b, 1 ms dans ch. des 3 m. suiv. en changeant pour le fil E qd vous faites la dernière m., 1 ms dans ch. des 3 m. suiv. en changeant pour le fil F qd vous faites la dernière m., 1 ms dans ch. des 3 m. suiv. en changeant pour le fil E qd vous faites la dernière m., 1 ms dans ch. des 4 m. suiv. en changeant pour le fil D qd vous faites la dernière m., 1 ms dans ch. des 2 m. suiv. en changeant pour le fil E qd vous faites la dernière m., 1 ms dans ch. des 4 m. suiv. en changeant pour le fil F qd vous faites la dernière m., 1 ms dans ch. des 3 m. suiv. en changeant pour le fil E qd vous faites la dernière m., 1 ms dans ch. des 3 m. suiv. en changeant pour le fil F qd vous faites la dernière m., 1 ms dans ch. des 3 m. suiv., (1 ms, 1 demi-b, 1 ms) dans la demi-b, 1 ms dans ch. des 6 m. suiv. en changeant pour le fil E qd vous faites la dernière m., 1 ms dans ch. des 7 m. suiv. en changeant pour le fil D qd vous faites la dernière m., 1 ms dans ch. des 2 m. suiv. en changeant pour le fil E qd vous faites la dernière m.] deux fois en omettant la dernière m. lors de la dernière rép., fermez avec une mc dans la première m. faite (124 m.). Arrêtez le fil D.

Tour 16 : avec le fil E, 1 ml, 1 ms au même endroit, [1 ms dans ch. des 8 m. suiv. en changeant pour le fil F qd vous faites la dernière m., 1 ms dans ch. des 6 m. suiv., (1 ms, 1 demi-b, 1 ms) dans la demi-b, 1 ms dans ch. des 4 m. suiv. en changeant pour le fil E qd vous faites la dernière m., 1 ms dans ch. des 2 m. suiv. en changeant pour le fil F qd vous faites la dernière m., 1 ms dans ch. des 4 m. suiv. en changeant pour le fil E qd vous faites la dernière m., 1 ms dans ch. des 10 m. suiv. en changeant pour le fil F qd vous faites la dernière m., 1 ms dans ch. des 4 m. suiv. en changeant pour le fil E qd vous faites la dernière m., 1 ms dans ch. des 2 m. suiv. en changeant pour le fil F qd vous faites la dernière m., 1 ms dans ch. des 4 m. suiv., (1 ms, 1 demi-b, 1 ms) dans la demi-b, 1 ms dans ch. des 6 m. suiv. en changeant pour le fil E qd vous faites la dernière m., 1 ms dans ch. des 10 m. suiv.] deux fois en omettant la dernière m. lors de la dernière rép., fermez avec une mc dans la première m. faite (132 m.).

Tour 17 : 1 ml, 1 ms au même endroit, [1 ms dans ch. des 9 m. suiv. en changeant pour le fil F qd vous faites la dernière m., 1 ms dans ch. des 6 m. suiv., (1 ms, 1 demi-b, 1 ms) dans la demi-b, 1 ms dans ch. des 5 m. suiv. en changeant pour le fil E qd vous faites la dernière m., 1 ms dans la m. suiv. en changeant pour le fil F, 1 ms dans ch. des 5 m. suiv. en changeant pour le fil E qd vous faites la dernière m., 1 ms dans ch. des 10 m. suiv. en changeant pour le fil F qd vous faites la dernière m., 1 ms dans ch. des 5 m. suiv. en changeant pour le fil E qd vous faites la dernière m., 1 ms dans la m. suiv. en changeant pour le fil F, 1 ms dans ch. des 5 m. suiv., (1 ms, 1 demi-b, 1 ms) dans la demi-b, 1 ms dans ch. des 6 m. suiv. en changeant pour le fil E qd vous faites la dernière m., 1 ms dans ch. des 11 m. suiv.] deux fois en omettant la dernière m. lors de la dernière rép., fermez avec une mc dans la première m. faite (140 m.).

Tour 18 : avec le fil F, 1 ml, 1 ms au même endroit, [1 ms dans chaque m. jusqu'à la demi-b de l'angle, (1 ms, 1 demi-b, 1 ms) dans la demi-b, 1 ms dans ch. des 12 m. suiv. en changeant pour le fil E qd vous faites la dernière m., 1 ms dans ch. des 4 m. suiv. en changeant pour le fil F qd vous faites la dernière m., 1 ms dans ch. des 2 m. suiv. en changeant pour le fil E qd vous faites la dernière m., 1 ms dans ch. des 4 m. suiv. en changeant pour le fil F qd vous faites la dernière m., 1 ms dans chaque m. jusqu'à la demi-b de l'angle, (1 ms, 1 demi-b, 1 ms) dans la demi-b] deux fois, 1 ms dans chaque m. jusqu'à la fin du tour, fermez avec une mc dans la première m. faite (148 m.).

Tour 19 : 1 ml, 1 ms au même endroit, [1 ms dans chaque m. jusqu'à la demi-b de l'angle, (1 ms, 1 demi-b, 1 ms) dans la demi-b, 1 ms dans ch. des 13 m. suiv. en changeant pour le fil E qd vous faites la dernière m., 1 ms dans ch. des 3 m. suiv. en changeant pour le fil F qd vous faites la dernière m., 1 ms dans ch. des 4 m. suiv. en changeant pour le fil E qd vous faites la dernière m., 1 ms dans ch. des 3 m. suiv. en changeant pour le fil F qd vous faites la dernière m., 1 ms dans chaque m. jusqu'à la demi-b de l'angle, (1 ms, 1 demi-b, 1 ms) dans la demi-b] deux fois, 1 ms dans chaque m. jusqu'à la fin du tour, fermez avec une mc dans la première ms faite (156 m.).

Tour 20 : 1 ml, 1 ms au même endroit, [1 ms dans chaque m. jusqu'à la demi-b de l'angle, (1 ms, 1 demi-b, 1 ms) dans la demi-b, 1 ms dans ch. des 14 m. suiv. en changeant pour le fil E qd vous faites la dernière m., 1 ms dans ch. des 2 m. suiv. en changeant pour le fil F qd vous faites la dernière m., 1 ms dans ch. des 6 m. suiv. en changeant pour le fil E qd vous faites la dernière m., 1 ms dans ch. des 2 m. suiv. en changeant pour le fil F qd vous faites la dernière m., 1 ms dans chaque m. jusqu'à la demi-b de l'angle, (1 ms, 1 demi-b, 1 ms) dans la demi-b] deux fois, 1 ms dans chaque m. jusqu'à la fin du tour, fermez avec une mc dans la première ms faite (164 m.).

Tour 21 : 1 ml, 1 ms au même endroit, [1 ms dans chaque m. jusqu'à la demi-b de l'angle, (1 ms, 1 demi-b, 1 ms) dans la demi-b, 1 ms dans ch. des 15 m. suiv. en changeant pour le fil E qd vous faites la dernière m., 1 ms dans la m. suiv. en changeant pour le fil F, 1 ms dans ch. des 8 m. suiv. en changeant pour le fil F qd vous faites la dernière m., 1 ms dans la m. suiv. en changeant pour le fil F, 1 ms dans chaque m. jusqu'à la demi-b de l'angle, (1 ms, 1 demi-b, 1 ms) dans la demi-b] deux fois, 1 ms dans chaque m. jusqu'à la fin du tour, fermez avec une mc dans la première ms faite, arrêtez le fil E (172 m.).

Rounds 22-25 : 1 ml, 1 ms au même endroit, [1 ms dans chaque m. jusqu'à la demi-b de l'angle, (1 ms, 1 demi-b, 1 ms) dans la demi-b] quatre fois, 1 ms dans chaque m. jusqu'à la fin du tour, fermez avec une mc dans la première ms faite (180, 188, 196, 204 m.). Arrêtez le fil F.

astuce

Parce que ce modèle est crocheté en rond, vous constaterez que le motif se tord au niveau des changements de couleur. Quand vous épinglerez votre ouvrage pour le bloquer, ajouter des épingles autour des changements de couleur du milieu pour faciliter la mise en forme. Plus il y a d'épingles, mieux c'est !

NIVEAU
Facile

DIMENSIONS
15 x 15cm

IL VOUS FAUT
- 6m de coloris blanc (A)
- 16m de coloris rouge (B)
- 16m de coloris corail (C)
- Crochet de 4 mm

TECHNIQUES UTILISÉES POUR CE MODÈLE
- Crocheter en rond (voir page 121)
- Crochet jacquard (voir page 124)

POINTS UTILISÉS POUR CE MODÈLE
- Maille en l'air (voir page 122)
- Double bride (voir page 123)
- Maille coulée (voir page 122)
- Bride (voir page 122)

IDÉE D'ASSEMBLAGE

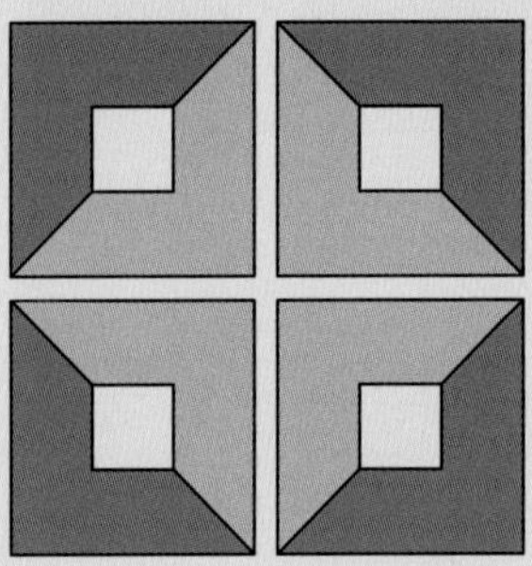

Lazy Log Cabin

Ce bloc facile est une version simplifiée du bloc Log cabin traditionnel de la page 28. Il s'associe très bien avec le triangle demi-carré de la page 20 et le bloc simple de la page 6.

INSTRUCTIONS

Tour de montage : avec le fil A, 4 ml, fermez avec une mc dans la première m. faite pour former un cercle.

Tour 1 : 4 ml (comptent pour 1 db), [2 b dans le cercle, 2 db dans le cercle] trois fois en tout, 2 b dans le cercle, 1 db dans le cercle, fermez le tour avec une mc dans la quatrième ml des 4 ml du début (16 m.).

Tour 2 : 4 ml (comptent pour 1 db), 2 b au même endroit, [1 b dans ch. des 2 m. suiv., (2 b, 1 db) dans la m. suivante, (1 db, 2 b) dans la m. suivante] quatre fois en tout en ne faisant pas les 3 dernières m. lors de la dernière répétition, fermez le tour avec une mc dans la quatrième ml des 4 ml du début (32 m.).
Arrêtez le fil A.

Tour 3 : attachez le fil B à l'endroit où vous avez fermé le tour, 4 ml (comptent pour 1 db), 2 b au même endroit, 1 b dans ch. des 6 m. suiv., (2 b, 1 db) dans la m. suivante, (1 db, 2 b) dans la m. suivante, 1 b dans ch. des 6 m. suiv., (2 b, 1 db) dans la m. suiv. en changeant pour le fil C quand vous faites la dernière m., puis continuez avec le fil C et par-dessus le fil inutilisé B, (1 db, 2 b) dans la m. suivante, 1 b dans ch. des 6 m. suiv., (2 b, 1 db) dans la m. suivante, (1 db, 2 b) dans la m. suivante, 1 b dans ch. des 6 m. suiv., (2 b, 1 db) dans la m. suiv. en changeant pour le fil B quand vous faites la dernière m., fermez le tour avec une mc dans la quatrième ml des 4 ml du début (48 m.).

Tour 4 : puis continuez avec le fil B et en crochetant par-dessus le brin inutilisé du fil C, 4 ml (comptent pour 1 db), 2 b au même endroit, 1 b dans ch. des 10 m. suiv., (2 b, 1 db) dans la m. suivante, (1 db, 2 b) dans la m. suivante, 1 b dans ch. des 10 m. suiv., (2 b, 1 db) dans la m. suiv. en changeant pour le fil C quand vous faites la dernière m., puis continuez avec le fil C et par-dessus le fil inutilisé B, (1 db, 2 b) dans la m. suivante, 1 b dans ch. des 10 m. suiv., (2 b, 1 db) dans la m. suivante, (1 db, 2 b) dans la m. suivante, 1 b dans ch. des 10 m. suiv., (2 b, 1 db) dans la m. suiv. en changeant pour le fil B quand vous faites la dernière m., fermez le tour avec une mc dans la quatrième ml des 4 ml du début (64 m.).

Tour 5 : puis continuez avec le fil B et en crochetant par-dessus le brin inutilisé du fil C, 4 ml (comptent pour 1 db), 2 b au même endroit, 1 b dans ch. des 14 m. suiv., (2 b, 1 db) dans la m. suivante, (1 db, 2 b) dans la m. suivante, 1 b dans ch. des 14 m. suiv., (2 b, 1 db) dans la m. suiv. en changeant pour le fil C quand vous faites la dernière m., puis continuez avec le fil C et par-dessus le fil inutilisé B, (1 db, 2 b) dans la m. suivante, 1 b dans ch. des 14 m. suiv., (2 b, 1 db) dans la m. suivante, (1 db, 2 b) dans la m. suivante, 1 b dans ch. des 14 m. suiv., (2 b, 1 db) dans la m. suiv. en changeant pour le fil B quand vous faites la dernière m., fermez le tour avec une mc dans la quatrième ml des 4 ml du début (80 m.).

Tour 6 : puis continuez avec le fil B et en crochetant par-

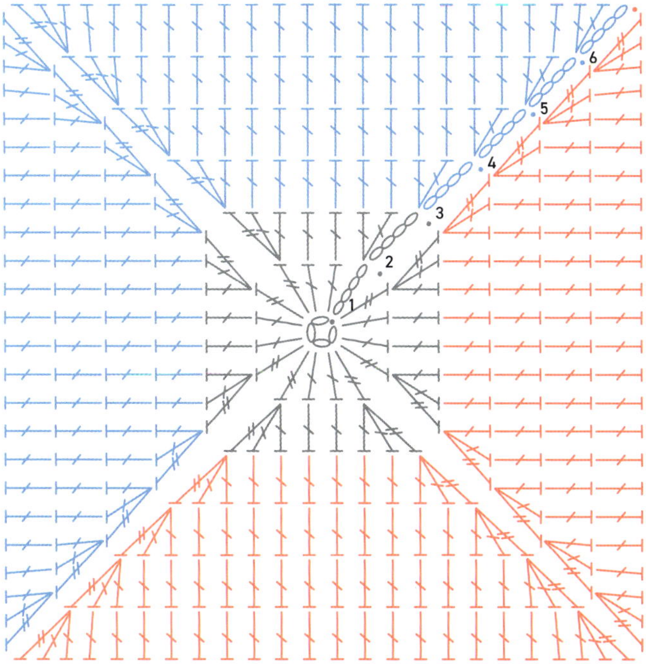

LÉGENDE

- maille en l'air (ml)
- maille coulée (mc)
- double bride (db)
- bride (b)

dessus le brin inutilisé du fil C, 4 ml (comptent pour 1 db), 2 b au même endroit, 1 b dans ch. des 18 m. suiv., (2 b, 1 db) dans la m. suivante, (1 db, 2 b) dans la m. suivante, 1 b dans ch. des 18 m. suiv., (2 b, 1 db) dans la m. suiv. en changeant pour le fil C quand vous faites la dernière m., puis continuez avec le fil C et par-dessus le fil inutilisé B, (1 db, 2 b) dans la m. suivante, 1 b dans ch. des 18 m. suiv., (2 b, 1 db) dans la m. suivante, (1 db, 2 b) dans la m. suivante, 1 b dans ch. des 18 m. suiv., (2 b, 1 db) dans la m. suivante, fermez le tour avec une mc dans la quatrième ml des 4 ml du début (96 m.). Arrêtez l'ouvrage.

NIVEAU

Avancé

DIMENSIONS

Hauteur x largeur : 9 x 18cm

IL VOUS FAUT

- 7.5m de coloris or (A)
- 4m de coloris jaune citron (B)
- 4.5m de coloris blanc (C)
- 6m de coloris gris bleu (D)
- crochet de 4 mm

COULEURS ALTERNATIVES

- Coloris chrysanthème, corail
- Coloris bleu marine, bleu clair
- Coloris vert, wasabi

TECHNIQUES UTILISÉES POUR CE MODÈLE

- Crocheter en rond (voir page 121)
- Ajouter une nouvelle couleur (voir page 124)
- Crocheter les bords (voir page 127)

POINTS UTILISÉS POUR CE MODÈLE

- Nope (voir page 91)
- Maille en l'air (voir page 122)
- Maille serrée (voir page 122)
- Double bride (voir page 123)
- Demi-bride (voir page 122)
- Maille coulée (voir page 122)
- Bride (voir page 122)

Demi-rayon de miel

Ce bloc peut être utilisé avec le bloc Honeycomb de la page 54, ou vous pouvez assembler deux motifs pour faire un hexagone.

INSTRUCTIONS

Tour 1 : avec le fil A, 5 ml (comptent pour 1 ml, 1 db), [3 b dans la première ml faite, 1 db dans la première ml faite] trois fois en tout, arrêtez le fil A, ne tournez pas (13 m.).

Tour 2 : attachez le fil B dans le haut de la première m. du dernier rang, 4 ml (comptent pour 1 db), 1 b au même endroit, [1 b dans ch. des 3 m. suiv., (1 b, 1 db, 1 b) dans la db] trois fois en tout en omettant la dernière m. lors de la dernière répétition, arrêtez le fil B, tournez (19 m.).

Tour 3 (ENV) : attachez le fil C dans le haut de la dernière m. du dernier rang, déb. nope au même endroit, [1 ms dans la m. suivante, nope dans la m. suivante] neuf fois en tout, arrêtez le fil C, tournez (19 m.).

Tour 4 (END) : attachez le fil A dans le haut de la dernière nope du dernier rang, 4 ml (comptent pour 1 db), 1 b au même endroit, [1 b dans ch. des 5 m suiv., (1 b, 1 db, 1 b) dans la nope de l'angle] trois fois en tout en omettant la dernière m. lors de la dernière répétition, arrêtez le fil A, ne tournez pas (25 m.).

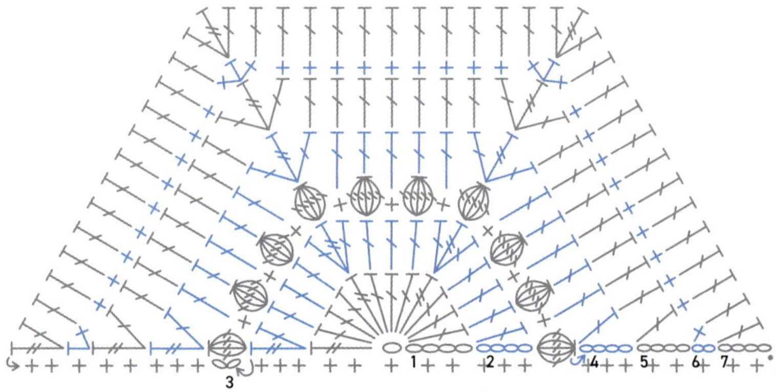

LÉGENDE

- maille en l'air (ml)
- bride (b)
- nope
- demi-bride (demi-b)
- double bride (db)
- début nope
- maille serrée (ms)
- maille coulée (mc)
- tournez

Tour 5 : attachez le fil A dans le haut de la première m. du dernier rang, 4 ml (comptent pour 1 db), 1 b au même endroit, [1 b dans chaque m. jusqu'à la db suivante, (1 b, 1 db, 1 b) dans la db] trois fois en tout en omettant la dernière m. lors de la dernière répétition, arrêtez le fil A, ne tournez pas (31 m.).

Tour 6 : attachez le fil B dans le haut de la première m. du dernier rang, 2 ml (comptent pour 1 demi-b), 1 ms au même endroit, [1 ms dans chaque m. jusqu'à la db suivante, (1 ms, 1 demi-b, 1 ms) dans la db] trois fois en tout en omettant la dernière m. lors de la dernière répétition, arrêtez le fil B, ne tournez pas (37 m.).

POINTS SPÉCIAUX

Déb. nope (début nope) : en crochetant dans la même m., 2 ml, [j., insérez le crochet dans la m., j. et tirez une boucle, j., passez à travers deux boucles sur le crochet] quatre fois, j., passez à travers les 5 boucles sur le crochet.

Nope : en crochetant dans la même m., [j., insérez le crochet dans la m., j. et tirez une boucle, j., passez à travers deux boucles sur le crochet] cinq fois, j., passez à travers les 6 boucles sur le crochet.

Tour 7 : attachez le fil D dans le haut de la première m. du dernier rang, 4 ml (comptent pour 1 db), 1 b au même endroit, [1 b dans chaque m. jusqu'à la demi-b suivante, (1 b, 1 db, 1 b) dans la demi-b] trois fois en tout en omettant la dernière m. lors de la dernière répétition, tournez l'ouvrage pour crocheter les bords, 2 ms dans le bord du rang suivant, 1 ms dans le bord du rang suivant, 2 ms dans le bord du rang suivant, 3 ms dans le bord du rang suivant, sautez la nope, 3 ms dans le bord du rang suivant, 2 ms dans le bord du rang suivant, 1 ms dans la ml, 2 ms dans le bord du rang suivant, 3 ms dans le bord du rang suivant, sautez la nope, 3 ms dans le bord du rang suivant, 2 ms dans le bord du rang suivant, 1 ms dans le bord du rang suivant, 2 ms dans le bord du rang suivant, fermez le tour avec une mc dans la quatrième ml des 4 ml du début (70 m.). Arrêtez le fil D.

NIVEAU

Intermédiaire

DIMENSIONS

15 x 15cm

IL VOUS FAUT

- 22m de coloris orange (A)
- 14m de coloris blanc (B)
- 6m de coloris or rouge (C)
- crochet de 4 mm

COULEURS ALTERNATIVES

- Coloris bleu marine, bleu
- Coloris vert, wasabi
- Coloris chrysanthème, corail

TECHNIQUES UTILISÉES POUR CE MODÈLE

- Crocheter en rangs (voir page 121)
- Crochet intarsia (voir page 124)
- Crocheter les bords (voir page 127)

POINTS UTILISÉS POUR CE MODÈLE

- Maille en l'air (voir page 122)
- Maille serrée (voir page 122)
- Demi-bride (voir page 122)
- Maille coulée (voir page 122)

IDÉE D'ASSEMBLAGE

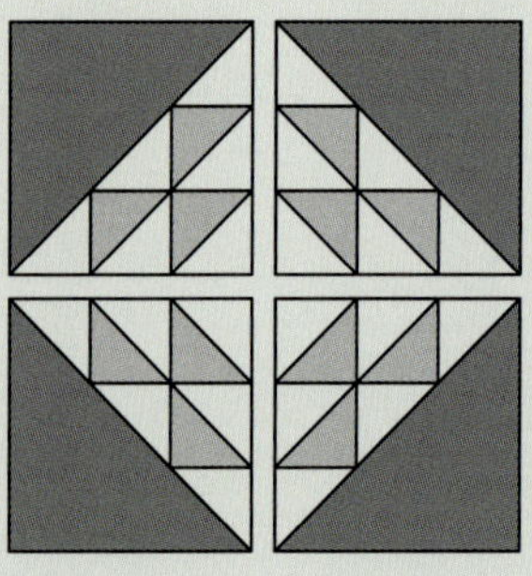

Canard et canetons

Canard et canetons n'a pas besoin de présentation, étant un bloc de patchwork très connu. Pour ce modèle, j'ai augmenté la couvée à trois canetons au lieu d'un seul traditionnellement. Enroulez toutes vos couleurs sur des bobines ou en petites pelotes pour chaque partie colorée.

INSTRUCTIONS

Rang de base : avec le fil A, 25 ml.

Rang 1 (ENV) : en commençant dans la deuxième ml depuis le crochet, [1 ms dans ch. des 23 ml suiv. en changeant pour le fil B quand vous faites la dernière m., 1 ms dans la ml suivante, tournez (24 m.).

Rang 2 (END): 1 ml (ne compte pas pour une maille ici et à chaque fois), 1 ms dans ch. des 2 m. suiv. en changeant pour le fil A quand vous faites la dernière m., 1 ms dans ch. des 22 m. suiv., tournez.

Rang 3 : 1 ml, 1 ms dans ch. des 21 m. suiv. en changeant pour le fil B quand vous faites la dernière m., 1 ms dans ch. des 3 m. suiv., tournez.

Rang 4 : 1 ml, 1 ms dans ch. des 4 m. suiv. en changeant pour le fil A quand vous faites la dernière m., 1 ms dans ch. des 20 m. suiv., tournez.

Rang 5 : 1 ml, 1 ms dans ch. des 19 m. suiv. en changeant pour le fil B quand vous faites la dernière m., 1 ms dans ch. des 5 m. suiv., tournez.

Rang 6 : 1 ml, 1 ms dans ch. des 6 m. suiv. en changeant pour le fil A quand vous faites la dernière m., 1 ms dans ch. des 18 m. suiv., tournez.

Rang 7 : 1 ml, 1 ms dans ch. des 17 m. suiv. en changeant pour le fil B quand vous faites la dernière m., 1 ms dans ch. des 7 m. suiv., tournez.

Rang 8 : 1 ml, 1 ms dans ch. des 8 m. suiv. en changeant pour le fil A quand vous faites la dernière m., 1 ms dans ch. des 16 m. suiv., tournez.

Rang 9 : 1 ml, 1 ms dans ch. des 15 m. suiv. en changeant pour le fil B quand vous faites la dernière m., 1 ms dans la m. suiv. en changeant pour le fil C, 1 ms dans ch. des 7 m. suiv. en changeant pour le fil B quand vous faites la dernière m., 1 ms dans la m. suivante, tournez.

Rang 10 : 1 ml, 1 ms dans ch. des 2 m. suiv. en changeant pour le fil C quand vous faites la dernière m., 1 ms dans ch. des 6 m. suiv. en changeant pour le fil B quand vous faites la dernière m., 1 ms dans ch. des 2 m. suiv. en changeant pour le fil A quand vous faites la dernière m., 1 ms dans ch. des 14 m. suiv., tournez.

Rang 11 : 1 ml, 1 ms dans ch. des 13 m. suiv. en changeant pour le fil B quand vous faites la dernière m., 1 ms dans ch. des 3 m. suiv. en changeant pour le fil C quand vous faites la dernière m., 1 ms dans ch. des 5 m. suiv. en changeant pour le fil B quand vous faites la dernière m., 1 ms dans ch. des 3

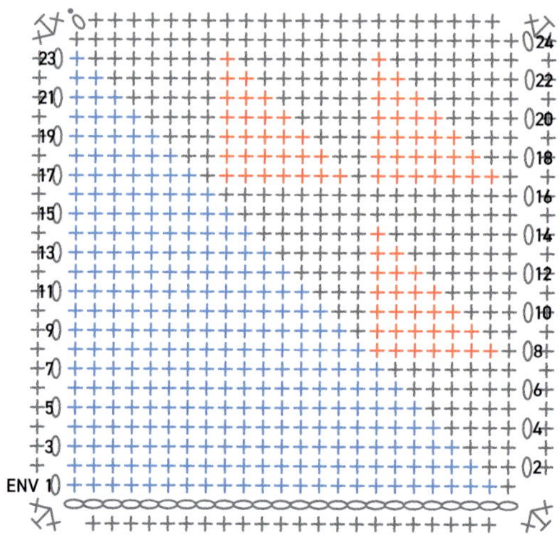

LÉGENDE

- ○ maille en l'air (ml)
- + maille serrée (ms)
- T demi-bride (demi-b)
- • maille coulée (mc)

m. suiv., tournez.
Rang 12 : 1 ml, 1 ms dans ch. des 4 m. suiv. en changeant pour le fil C quand vous faites la dernière m., 1 ms dans ch. des 4 m. suiv. en changeant pour le fil B quand vous faites la dernière m., 1 ms dans ch. des 4 m. suiv. en changeant pour le fil A quand vous faites la dernière m., 1 ms dans ch. des 12 m. suiv., tournez.
Rang 13 : 1 ml, 1 ms dans ch. des 11 m. suiv. en changeant pour le fil B quand vous faites la dernière m., 1 ms dans ch. des 5 m. suiv. en changeant pour le fil C quand vous faites la dernière m., 1 ms dans ch. des 3 m. suiv. en changeant pour le fil B quand vous faites la dernière m., 1 ms dans ch. des 5 m. suiv., tournez.
Rang 14 : 1 ml, 1 ms dans ch. des 6 m. suiv. en changeant pour le fil C quand vous faites la dernière m., 1 ms dans ch. des 2 m. suiv. en changeant pour le fil B quand vous faites la dernière m., 1 ms dans ch. des 6 m. suiv. en changeant pour le fil A quand vous faites la dernière m., 1 ms dans ch. des 10 m. suiv., tournez.
Rang 15 : 1 ml, 1 ms dans ch. des 9 m. suiv. en changeant pour le fil B quand vous faites la dernière m., 1 ms dans ch. des 7 m. suiv. en changeant pour le fil C quand vous faites la dernière m., 1 ms dans la m. suiv. en changeant pour B, 1 ms dans ch. des 7 m. suiv., tournez. Arrêtez le fil C.
Rang 16 : 1 ml, 1 ms dans ch. des 16 m. suiv. en changeant pour le fil A quand vous faites la dernière m., 1 ms dans ch. des 8 m. suiv., tournez.
Rang 17 : 1 ml, 1 ms dans ch. des 7 m. suiv. en changeant pour le fil B quand vous faites la dernière m., 1 ms dans la m. suiv. en changeant pour le fil C, 1 ms dans ch. des 7 m. suiv. en changeant pour le fil B quand vous faites la dernière m., 1 ms dans la m. suiv. en changeant pour le fil C, 1 ms dans ch. des 7 m. suiv. en changeant pour le fil B quand vous faites la dernière m., 1 ms dans la m. suivante, tournez.
Rang 18 : 1 ml, [1 ms dans ch. des 2 m. suiv. en changeant pour le fil C quand vous faites la dernière m., 1 ms dans ch. des 6 m. suiv. en changeant pour le fil B quand vous faites la dernière m.] deux fois, 1 ms dans ch. des 2 m. suiv. en changeant pour le fil A quand vous faites la dernière m., 1 ms dans ch. des 6 m. suiv., tournez.
Rang 19 : 1 ml, 1 ms dans ch. des 5 m. suiv. en changeant pour le fil B quand vous faites la dernière m., [1 ms dans ch. des 3 m. suiv. en changeant pour le fil C quand vous faites la dernière m., 1 ms dans ch. des 5 m. suiv. en changeant pour le fil B quand vous faites la dernière m.] deux fois, 1 ms dans ch. des 3 m. suiv., tournez.
Rang 20 : 1 ml, [1 ms dans ch. des 4 m. suiv. en changeant pour le fil C quand vous faites la dernière m., 1 ms dans ch. des 4 m. suiv. en changeant pour le fil B quand vous faites la dernière m.] deux fois, 1 ms dans ch. des 4 m. suiv. en changeant pour le fil A quand vous faites la dernière m., 1 ms dans ch. des 4 m. suiv., tournez.
Rang 21 : 1 ml, 1 ms dans ch. des 3 m. suiv. en changeant pour le fil B quand vous faites la dernière m., [1 ms dans ch. des 5 m. suiv. en changeant pour le fil C quand vous faites la dernière m., 1 ms dans ch. des 3 m. suiv. en changeant pour le fil B quand vous faites la dernière m.] deux fois, 1 ms dans ch. des 5 m. suiv., tournez.
Rang 22 : 1 ml, [1 ms dans ch. des 6 m. suiv. en changeant pour le fil C quand vous faites la dernière m., 1 ms dans ch. des 2 m. suiv. en changeant pour le fil B quand vous faites la dernière m.] deux fois, 1 ms dans ch. des 6 m. suiv. en changeant pour le fil A quand vous faites la dernière m., 1 ms dans ch. des 2 m. suiv., tournez.
Rang 23 : 1 ml, 1 ms dans la m. suiv. en changeant pour B, [1 ms dans ch. des 7 m. suiv. en changeant pour le fil C quand vous faites la dernière m., 1 ms dans la m. suiv. en changeant pour B] deux fois, 1 ms dans ch. des 7 m. suiv., arrêtez les fils B et C, tournez.
Rang 24 : 1 ml, 1 ms dans ch. des 24 m. suiv.. Arrêtez le fil B.

Bordure
Tour 1 : avec l'endroit face à vous attachez le fil A dans le coin supérieur gauche du carré, 1 ml, (1 ms, 1 demi-b, 1 ms) au même endroit, 1 ms dans le bord des 22 rangs suivants, (1 ms, 1 demi-b, 1 ms) dans le bord du rang suivant/ la ml de base suivante, 1 ms dans ch. des 22 ml de base suiv., (1 ms, 1 demi-b, 1 ms) dans la ml de base suivante/le bord du rang suivant, 1 mc dans le bord des 22 rangs suiv., (1 ms, 1 demi-b, 1 ms) dans le bord du rang suivant/la m. suivante, 1 ms dans ch. des 22 m. suiv., fermez avec une mc dans la première m. faite (100 m.). Arrêtez l'ouvrage.

REMARQUE

Vous pouvez crocheter en suivant le diagramme ou les instructions écrites. Faites attention à bloquer l'ouvrage à la taille indiquée avant de réaliser la bordure.

NIVEAU
Intermédiaire

DIMENSIONS
30 x 30cm

IL VOUS FAUT
- 74m de coloris blanc (A)
- 35m de coloris glycine (B)
- 35m de coloris citron vert (C)
- Crochet de 4 mm

TECHNIQUES UTILISÉES POUR CE MODÈLE
- Crocheter en rond (voir page 121)
- Crochet jacquard (voir page 124)

POINTS UTILISÉS POUR CE MODÈLE
- Maille en l'air (voir page 122)
- Double bride (voir page 123)
- Maille coulée (voir page 122)
- Bride (voir page 122)

IDÉE D'ASSEMBLAGE

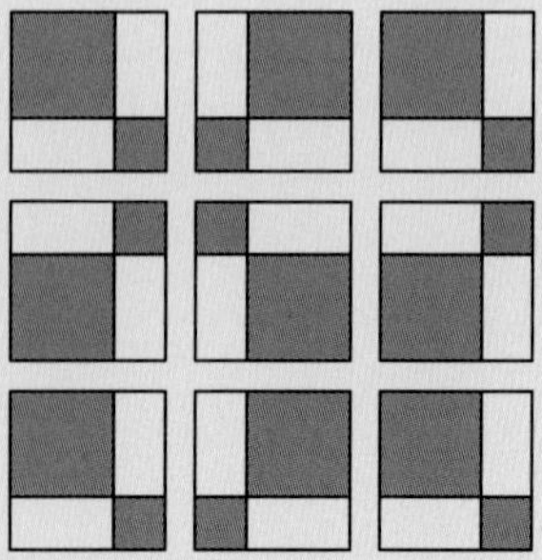

Nine Patch invisible

Ce bloc de 30 cm est basé sur quatre motifs Nine Square invisible (voir page 48), bien qu'il soit crocheté en rond.
J'ai utilisé trois couleurs pour ce bloc, mais il serait tout aussi fantastique réalisé avec seulement deux couleurs complémentaires.

INSTRUCTIONS

Tour de montage : avec le fil A, 4 ml, fermez avec une mc dans la première m. faite pour former un cercle.

Tour 1 : 4 ml (comptent pour 1 db), en faisant toutes les m. dans le cercle, 2 b en changeant pour le fil B quand vous faites la dernière m., 2 b, 1 db, 2 b en changeant pour le fil A quand vous faites la dernière m., 2 b, 1 db, 2 b en changeant pour le fil C quand vous faites la dernière m., 2 b, 1 db, 2 b en changeant pour le fil A quand vous faites la dernière m., 2 b, fermez le tour avec une mc dans la quatrième ml des 4 ml du début (20 m.).

Tour 2 : 4 ml (comptent pour 1 db), 2 b au même endroit, [1 b dans ch. des 2 m. suiv. en changeant pour le fil B quand vous faites la dernière m., 1 b dans ch. des 2 m. suiv., (2 b, 1 db, 2 b) dans la m. suivante, 1 b dans ch. des 2 m. suiv. en changeant pour le fil A quand vous faites la dernière m., 1 b dans ch. des 2 m. suiv., (2 b, 1 db, 2 b) dans la m. suivante, 1 b dans ch. des 2 m. suiv. en changeant pour le fil C quand vous faites la dernière m., 1 b dans ch. des 2 m. suiv., (2 b, 1 db, 2 b) dans la m. suivante, 1 b dans ch. des 2 m. suiv. en changeant pour le fil A quand vous faites la dernière m., 1 b dans ch. des 2 m. suiv., 2 b dans la m. suiv. (même endroit que la m. du début), fermez le tour avec une mc dans la quatrième ml des 4 ml du début (36 m.).

Tour 3 : 4 ml (comptent pour 1 db), 2 b au même endroit, 1 b dans ch. des 4 m. suiv. en changeant pour le fil B quand vous faites la dernière m., 1 b dans ch. des 4 m. suiv., (2 b, 1 db, 2 b) dans la m. suivante, 1 b dans ch. des 4 m. suiv. en changeant pour le fil A quand vous faites la dernière m., 1 b dans ch. des 4 m. suiv., (2 b, 1 db, 2 b) dans la m. suivante, 1 b dans ch. des 4 m. suiv. en changeant pour le fil C quand vous faites la dernière m., 1 b dans ch. des 4 m. suiv., (2 b, 1 db, 2 b) dans la m. suivante, 1 b dans ch. des 4 m. suiv. en changeant pour le fil A quand vous faites la dernière m., 1 b dans ch. des 4 m. suiv., 2 b dans la m. suiv. (même endroit que la m. du début), fermez le tour avec une mc dans la quatrième ml des 4 ml du début (52 m.).

Tour 4 : 4 ml (comptent pour 1 db), 2 b au même endroit, 1 b dans ch. des 6 m. suiv. en changeant pour le fil B quand vous faites la dernière m., 1 b dans ch. des 6 m. suiv., (2 b, 1 db, 2 b) dans la m. suivante, 1 b dans ch. des 6 m. suiv. en changeant pour le fil A quand vous faites la dernière m., 1 b dans ch. des 6 m. suiv., (2 b, 1 db, 2 b) dans la m. suivante, 1 b dans ch. des 6 m. suiv. en changeant pour le fil C quand vous faites la dernière m., 1 b dans ch. des 6 m. suiv., (2 b, 1 db, 2 b) dans la m. suivante, 1 b dans ch. des 6 m. suiv. en changeant pour le fil A quand vous faites la dernière m., 1 b dans ch. des 6 m. suiv., 2 b dans la m. suiv. (même endroit que la m. du début), fermez le tour avec une mc dans la quatrième ml des 4 ml du début (68 m.).

Tour 5 : 4 ml (comptent pour 1 db), 1 b au même endroit en changeant pour le fil C, 1 b au même endroit, 1 b dans ch. des 8 m. suiv. en changeant pour le fil A quand vous faites la dernière m., 1 b dans ch. des 8 m. suiv., (1 b en changeant pour B, 1 b, 1 db, 1 b en changeant

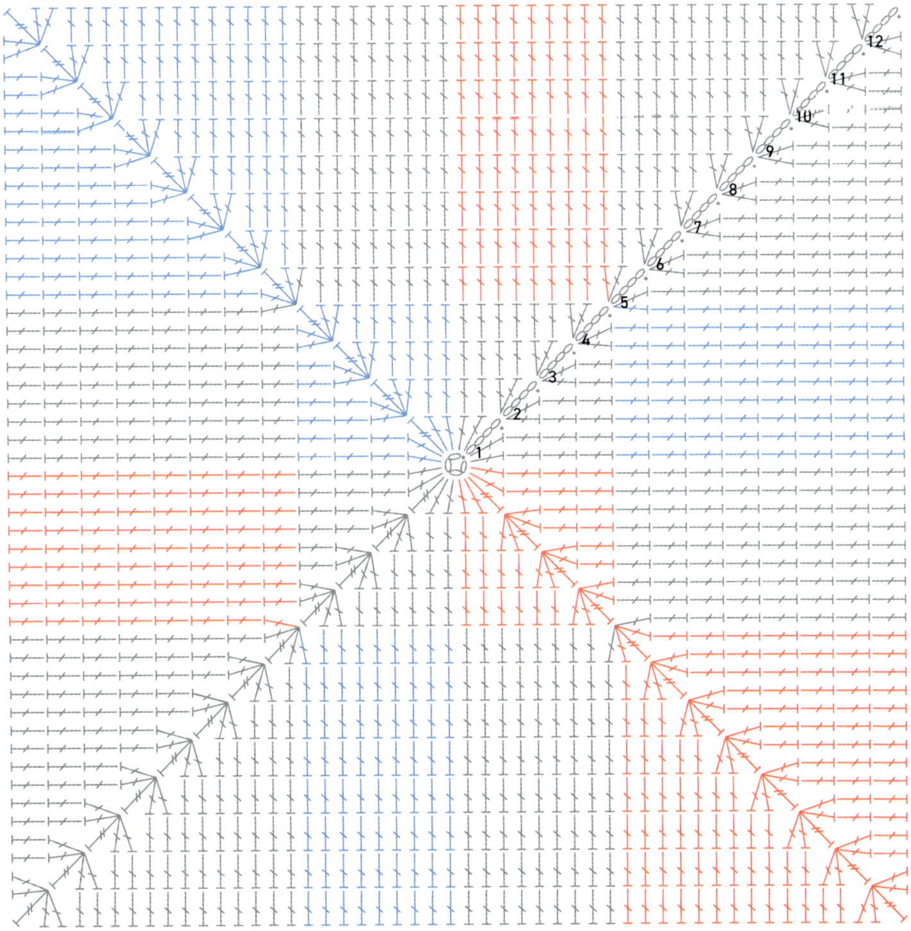

LÉGENDE

- maille en l'air (ml)
- double bride (db)
- bride (b)
- maille coulée (mc)

pour A, 1 b) dans la m. suivante, 1 b dans ch. des 8 m. suiv. en changeant pour le fil C quand vous faites la dernière m., 1 b dans ch. des 8 m. suiv., (1 b en changeant pour A, 1 b, 1 db, 1 b en changeant pour B, 1 b) dans la m. suivante, 1 b dans ch. des 8 m. suiv. en changeant pour le fil A quand vous faites la dernière m., 1 b dans ch. des 8 m. suiv., (1 b en changeant pour le fil C, 1 b, 1 db, 1 b en changeant pour A, 1 b) dans la m. suivante, 1 b dans ch. des 8 m. suiv. en changeant pour le fil B quand vous faites la dernière m., 1 b dans ch. des 8 m. suiv., 1 b dans la m. suiv. en changeant pour A, 1 b au même endroit, fermez le tour avec une mc dans la quatrième ml des 4 ml du début (84 m.).

Tour 6 : 4 ml (comptent pour 1 db), 2 b au même endroit, 1 b dans la m. suiv. en changeant pour le fil C, 1 b dans ch. des 9 m. suiv. en changeant pour le fil A quand vous faites la dernière m., 1 b dans ch. des 9 m. suiv. en changeant pour le fil B quand vous faites la dernière m., 1 b dans la m. suivante, (2 b, 1 db, 2 b) dans la m. suivante, 1 b dans la m. suiv. en changeant pour A, 1 b dans ch. des 9 m. suiv. en changeant pour le fil C quand vous faites la dernière m., 1 b dans ch. des 9 m. suiv. en changeant pour le fil A quand vous faites la dernière m., 1 b dans la m. suivante, (2 b, 1 db, 2 b) dans la m. suivante, 1 b dans la m. suiv. en changeant pour B, 1 b dans ch. des 9 m. suiv. en changeant pour le fil A quand vous faites la dernière m., 1 b dans ch. des 9 m. suiv. en changeant pour le fil C quand vous faites la dernière m., 1 b dans la m. suivante, (2 b, 1 db, 2 b) dans la m. suivante, 1 b dans la m. suiv. en changeant pour A, 1 b dans ch. des 9 m. suiv. en changeant pour le fil B quand vous faites la dernière m., 1 b dans ch. des 9 m. suiv. en changeant pour le fil A quand vous faites la dernière m., 1 b dans la m. suivante, 2 b dans la m. suiv. (même endroit que la m. du début), fermez le tour avec une mc dans la quatrième ml des 4 ml du début (100 m.).

Tour 7 : 4 ml (comptent pour 1 db), 2 b au même endroit, 1 b dans ch. des 3 m. suiv. en changeant pour le fil C quand vous faites la dernière m., 1 b dans ch. des 9 m. suiv. en changeant pour le fil A quand vous faites la dernière m., 1 b dans ch. des 9 m. suiv. en changeant pour le fil B quand vous faites la dernière m., 1 b dans ch. des 3 m. suiv., (2 b, 1 db, 2 b) dans la m. suivante, 1 b dans ch. des 3 m. suiv. en changeant pour le fil A quand vous faites la dernière m., 1 b dans ch. des 9 m. suiv. en changeant pour le fil C quand vous faites la dernière m., 1 b dans ch. des 9 m. suiv. en changeant pour le fil A quand vous faites la dernière m., 1 b dans ch. des 3 m. suiv., (2 b, 1 db, 2 b) dans la m. suivante, 1 b dans ch. des 3 m. suiv. en changeant pour le fil B quand vous faites la dernière m., 1 b dans ch. des 9 m. suiv. en changeant pour le fil A quand vous faites la dernière m., 1 b dans ch. des 9 m. suiv. en changeant pour le fil C quand vous faites la dernière m., 1 b dans ch. des 3 m. suiv., (2 b, 1 db, 2 b) dans la m. suivante, 1 b dans ch. des 3 m. suiv. en changeant pour le fil A quand vous faites la dernière m., 1 b dans ch. des 9 m. suiv. en changeant pour le fil B quand vous faites la dernière m., 1 b dans ch. des 9 m. suiv. en changeant pour le fil A quand vous faites la dernière m., 1 b dans ch. des 3 m. suiv., 2 b dans la m. suiv. (même endroit que la m. du début), fermez le tour avec une mc dans la quatrième ml des 4 ml du début (116 m.).

Tour 8 : 4 ml (comptent pour 1 db), 2 b au même endroit, 1 b dans ch. des 5 m. suiv. en changeant pour le fil C quand vous faites la dernière m., 1 b dans ch. des 9 m. suiv. en changeant pour le fil A quand vous faites la dernière m., 1 b dans ch. des 9 m. suiv. en changeant pour le fil B quand vous faites la dernière m., 1 b dans ch. des 5 m. suiv., (2 b, 1 db, 2 b) dans la m. suivante, 1 b dans ch. des 5 m. suiv. en changeant pour le fil A quand vous faites la dernière m., 1 b dans ch. des 9 m. suiv. en changeant pour le fil C quand vous faites la dernière m., 1 b dans ch. des 9 m. suiv. en changeant pour le fil A quand vous faites la dernière m., 1 b dans ch. des 5 m. suiv., (2 b, 1 db, 2 b) dans la m. suivante, 1 b dans ch. des 5 m. suiv. en changeant pour le fil B quand vous faites la dernière m., 1 b dans ch. des 9 m. suiv. en changeant pour le fil A quand vous faites la dernière m., 1 b dans ch. des 9 m. suiv. en changeant pour le fil C quand vous faites la dernière m., 1 b dans ch. des 5 m. suiv., (2 b, 1 db, 2 b) dans la m. suivante, 1 b dans ch. des 5 m. suiv. en changeant pour le fil A quand vous faites la dernière m., 1 b dans ch. des 9 m. suiv. en changeant pour le fil B quand vous faites la dernière m., 1 b dans ch. des 9 m. suiv. en changeant pour le fil A quand vous faites la dernière m., 1 b dans ch. des 5 m. suiv., 2 b dans la m. suiv. (même endroit que la m. du début), fermez le tour avec une mc dans la quatrième ml des 4 ml du début (132 m.).

Tour 9 : 4 ml (comptent pour 1 db), 2 b au même endroit, 1 b dans ch. des 7 m. suiv. en changeant pour le fil C quand vous faites la dernière m., 1 b dans ch. des 9 m. suiv. en changeant pour le fil A quand vous faites la dernière m., 1 b dans ch. des 9 m. suiv. en changeant pour le fil B quand vous faites la dernière m., 1 b dans ch. des 7 m. suiv., (2 b, 1 db, 2 b) dans la m. suivante, 1 b dans ch. des 7 m. suiv. en changeant pour le fil A quand vous faites la dernière m., 1 b dans ch. des 9 m. suiv. en changeant pour le fil C quand vous faites la dernière m., 1 b dans ch. des 9 m. suiv. en changeant pour le fil A quand vous faites la dernière m., 1 b dans ch. des 7 m. suiv., (2 b, 1 db, 2 b) dans la m. suivante, 1 b dans ch. des 7 m. suiv. en changeant pour le fil B quand vous faites la dernière m., 1 b dans ch. des 9 m. suiv. en changeant pour le fil A quand vous faites la dernière m., 1 b dans ch. des 9 m. suiv. en changeant pour le fil C quand vous faites la dernière m., 1 b dans ch. des 7 m. suiv., (2 b, 1 db, 2 b) dans la m. suivante, 1 b dans ch. des 7 m. suiv. en changeant pour le fil A quand vous faites la dernière m., 1 b dans ch. des 9 m. suiv. en changeant pour le fil B quand vous faites la dernière m., 1 b dans ch. des 9 m. suiv. en changeant pour le fil A quand vous faites la dernière m., 1 b dans ch. des 7 m. suiv., 2 b dans la m. suiv. (même endroit que la m. du début), fermez le tour avec une mc dans la quatrième ml des 4 ml du début (148 m.).

Tour 10 : 4 ml (comptent pour 1 db), 2 b au même endroit, 1 b dans ch. des 9 m. suiv. en changeant pour le fil C quand vous faites la dernière m., 1 b dans ch. des 9 m. suiv. en changeant pour le fil A quand vous faites la dernière m., 1 b dans ch. des 9 m. suiv. en changeant pour le fil B quand vous faites la dernière m., 1 b dans ch. des 9 m. suiv., (2 b, 1 db, 2 b) dans la m. suivante, 1 b dans ch. des 9 m. suiv. en changeant pour le fil A quand vous faites la dernière m., 1 b dans ch. des 9 m. suiv. en changeant pour le fil C quand vous faites la dernière m., 1 b dans ch. des 9 m. suiv. en changeant pour le fil A quand vous faites la dernière m., 1 b dans ch. des 9 m. suiv., (2 b, 1 db, 2 b) dans la m. suivante, 1 b dans ch. des 9 m. suiv. en changeant pour le fil B quand vous faites la dernière m., 1 b dans ch. des 9 m. suiv. en changeant pour le fil A quand vous faites la dernière m., 1 b dans ch. des 9 m. suiv. en changeant pour le fil C quand vous faites la dernière m., 1 b dans ch. des 9 m. suiv., (2 b, 1 db, 2 b) dans la m. suivante, 1 b dans ch. des 9 m. suiv. en changeant pour le fil A quand vous faites la dernière m., 1 b dans ch. des 9 m. suiv. en changeant pour le fil B quand vous faites la dernière m., 1 b dans ch. des 9 m. suiv. en changeant pour le fil A quand vous faites la dernière m., 1 b dans ch. des 9 m. suiv., 2 b dans la m. suiv. (même endroit que la m. du début), fermez le tour avec une mc dans la quatrième ml des 4 ml du début (164 m.).

Tour 11 : 4 ml (comptent pour 1 db), 2 b au même endroit, 1 b dans ch. des 11 m. suiv. en changeant pour le fil C quand vous faites la dernière m., 1 b dans ch. des 9 m. suiv. en changeant pour le fil A quand vous faites la dernière m., 1 b dans ch. des 9 m. suiv. en changeant pour le fil B quand vous faites la dernière m., 1 b dans ch. des 11 m. suiv., (2 b, 1 db, 2 b) dans la m. suivante, 1 b dans ch. des 11 m. suiv. en changeant pour le fil A quand vous faites la dernière m., 1 b dans ch. des 9 m. suiv. en changeant pour le fil C quand vous faites la dernière m., 1 b dans ch. des 9 m. suiv. en changeant pour le fil A quand vous faites la dernière m., 1 b dans ch. des 11 m. suiv., (2 b, 1 db, 2 b) dans la m. suivante, 1 b dans ch. des 11 m. suiv. en changeant pour le fil B quand vous faites la dernière m., 1 b dans ch. des 9 m. suiv. en changeant pour le fil A quand vous faites la dernière m., 1 b dans ch. des 9 m. suiv. en changeant pour le fil C quand vous faites la dernière m., 1 b dans ch. des 11 m. suiv., (2 b, 1 db, 2 b) dans la m. suivante, 1 b dans ch. des 11 m. suiv. en changeant pour le fil A quand vous faites la dernière m., 1 b dans ch. des 9 m. suiv. en changeant pour le fil B quand vous faites la dernière m., 1 b dans ch. des 9 m. suiv. en changeant pour le fil A quand vous faites la dernière m., 1 b dans ch. des 11 m. suiv., 2 b dans la m. suiv. (même endroit que la m. du début), fermez le tour avec une mc dans la quatrième ml des 4 ml du début (180 m.).

Tour 12 : 4 ml (comptent pour 1 db), 2 b au même endroit, 1 b dans ch. des 13 m. suiv. en changeant pour le fil C quand vous faites la dernière m., 1 b dans ch. des 9 m. suiv. en changeant pour le fil A quand vous faites la dernière m., 1 b dans ch. des 9 m. suiv. en changeant pour le fil B quand vous faites la dernière m., 1 b dans ch. des 13 m. suiv., (2 b, 1 db, 2 b) dans la m. suivante, 1 b dans ch. des 13 m. suiv. en changeant pour le fil A quand vous faites la dernière m., 1 b dans ch. des 9 m. suiv. en changeant pour le fil C quand vous faites la dernière m., 1 b dans ch. des 9 m. suiv. en changeant pour le fil A quand vous faites la dernière m., 1 b dans ch. des 13 m. suiv., (2 b, 1 db, 2 b) dans la m. suivante, 1 b dans ch. des 13 m. suiv. en changeant pour le fil B quand vous faites la dernière m., 1 b dans ch. des 9 m. suiv. en changeant pour le fil A quand vous faites la dernière m., 1 b dans ch. des 9 m. suiv. en changeant pour le fil C quand vous faites la dernière m., 1 b dans ch. des 13 m. suiv., (2 b, 1 db, 2 b) dans la m. suivante, 1 b dans ch. des 13 m. suiv. en changeant pour le fil A quand vous faites la dernière m., 1 b dans ch. des 9 m. suiv. en changeant pour le fil B quand vous faites la dernière m., 1 b dans ch. des 9 m. suiv. en changeant pour le fil A quand vous faites la dernière m., 1 b dans ch. des 13 m. suiv., 2 b dans la m. suiv. (même endroit que la m. du début), fermez le tour avec une mc dans la quatrième ml des 4 ml du début (196 m.). Arrêtez l'ouvrage.

Triangle demi-carré cerné

NIVEAU
Facile

DIMENSIONS
15 x 15cm

IL VOUS FAUT
- 22m de coloris gris bleu (A)
- 10m de coloris or rouge (B)
- crochet de 4 mm

TECHNIQUES UTILISÉES POUR CE MODÈLE
- Crocheter en rond (voir page 121)
- Crochet jacquard (voir page 124)

POINTS UTILISÉS POUR CE MODÈLE
- Maille en l'air (voir page 122)
- Double bride (voir page 123)
- Maille coulée (voir page 122)
- Bride (voir page 122)

IDÉE D'ASSEMBLAGE

Ce bloc commence de la même façon que le Triangle demi-carré (voir page 20), mais vous n'utilisez qu'une seule couleur pour les deux derniers tours. Il est très joli réalisé en deux couleurs, et il est parfait pour faire un plaid simple et moderne.

INSTRUCTIONS

Tour de montage : avec le fil A, 4 ml, fermez avec une mc dans la première m. faite pour former un cercle.

Tour 1 : 4 ml (comptent pour 1 db), 2 b dans le cercle, 2 db dans le cercle, 2 b dans le cercle, 1 db dans le cercle en changeant pour B, puis continuez avec le fil B et en crochetant par-dessus le brin inutilisé du fil A, 1 db dans le cercle, 2 b dans le cercle, 2 db dans le cercle, 2 b dans le cercle, 1 db dans le cercle en changeant pour A, fermez le tour avec une mc dans la quatrième ml des 4 ml du début (16 m.).

Tour 2 : puis continuez avec le fil A et en crochetant par-dessus le brin inutilisé du fil B, 4 ml (comptent pour 1 db), 2 b au même endroit, 1 b dans ch. des 2 m. suiv., (2 b, 1 db) dans la m. suivante, (1 db, 2 b) dans la m. suivante, 1 b dans ch. des 2 m. suiv., (2 b, 1 db) dans la m. suiv. en changeant pour le fil B quand vous faites la dernière m., puis continuez avec le fil B et par-dessus le fil inutilisé A, (1 db, 2 b) dans la m. suivante, 1 b dans ch. des 2 m. suiv., (2 b, 1 db) dans la m. suivante, (1 db, 2 b) dans la m. suivante, 1 b dans ch. des 2 m. suiv., (2 b, 1 db) dans la m. suiv. en changeant pour le fil A quand vous faites la dernière m., fermez le tour avec une mc dans la quatrième ml des 4 ml du début (32 m.).

Tour 3 : puis continuez avec le fil A et en crochetant par-dessus le brin inutilisé du fil B, 4 ml (comptent pour 1 db), 2 b au même endroit, 1 b dans ch. des 6 m. suiv., (2 b, 1 db) dans la m. suivante, (1 db, 2 b) dans la m. suivante, 1 b dans ch. des 6 m. suiv., (2 b, 1 db) dans la m. suiv. en changeant pour le fil B quand vous faites la dernière m., puis continuez avec le fil B et par-dessus le fil inutilisé A, (1 db, 2 b) dans la m. suivante, 1 b dans ch. des 6 m. suiv., (2 b, 1 db) dans la m. suivante, (1 db, 2 b) dans la m. suivante, 1 b dans ch. des 6 m. suiv., (2 b, 1 db) dans la m. suiv. en changeant pour le fil A quand vous faites la dernière m., fermez le tour avec une mc dans la quatrième ml des 4 ml du début (48 m.).

Tour 4 : puis continuez avec le fil A et en crochetant par-dessus le brin inutilisé du fil B, 4 ml (comptent pour 1 db), 2 b au même endroit, 1 b dans ch. des 10 m. suiv., (2 b, 1 db) dans la m. suivante, (1 db, 2 b) dans la m. suivante, 1 b dans ch. des 10 m. suiv., (2 b, 1 db) dans la m. suiv. en changeant pour le fil B quand vous faites la dernière m., puis continuez avec le fil B et par-dessus le fil inutilisé A, (1 db, 2 b) dans la m. suivante, 1 b dans ch. des 10 m. suiv., (2 b, 1 db) dans la m. suivante, (1 db, 2 b) dans la m. suivante, 1 b dans ch. des 10 m. suiv., (2 b, 1 db) dans la m. suiv. en changeant pour le fil A quand vous faites la dernière m., fermez le tour avec une mc dans la quatrième ml des 4 ml du début (64 m.). Arrêtez le fil B.

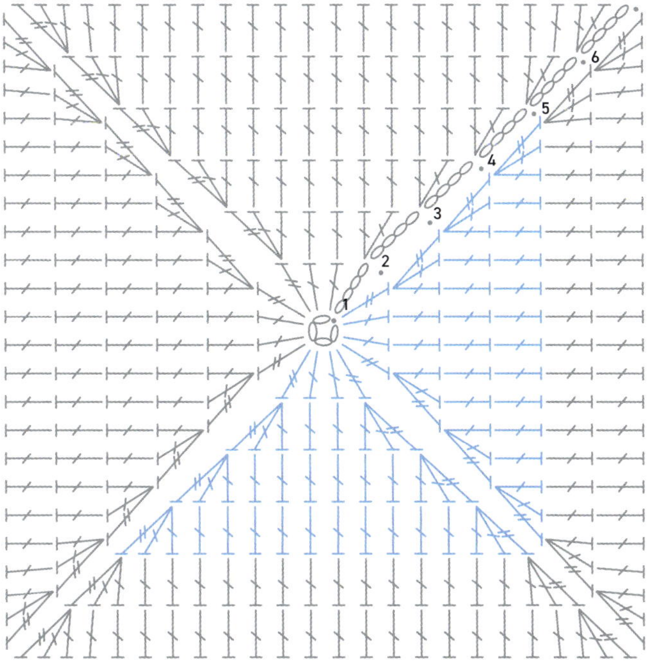

LÉGENDE

- maille en l'air (ml)
- maille coulée (mc)
- double bride (db)
- bride (b)

Tour 5 : puis continuez avec le fil A, 4 ml (comptent pour 1 db), 2 b au même endroit, [1 b dans chaque m. jusqu'à la db de l'angle suivant, (2 b, 1 db) dans la db, (1 db, 2 b) dans la m. suivante] quatre fois en tout en ne faisant pas les trois dernières mailles de l'angle lors de la dernière répétition, fermez avec une mc dans la quatrième m. des 4 ml du début (80 m.).

Tour 6 : 4 ml (comptent pour 1 db), 2 b au même endroit, [1 b dans chaque m. jusqu'à la db de l'angle suivant, (2 b, 1 db) dans la db, (1 db, 2 b) dans la m. suivante] quatre fois en tout en ne faisant pas les trois dernières mailles de l'angle lors de la dernière répétition, fermez le tour avec une mc dans la quatrième ml des 4 ml du début (96 m.).
Arrêtez le fil A.

NIVEAU

Intermédiaire

DIMENSIONS

15 x 15cm

IL VOUS FAUT

- 10m de coloris citron vert (A)
- 21m de coloris bleu océan (B)
- crochet de 4 mm

TECHNIQUES UTILISÉES POUR CE MODÈLE

- Crocheter en rond (voir page 121)
- Ajouter une nouvelle couleur (voir page 124)
- Crocheter dans le brin arrière (voir page 123)

POINTS UTILISÉS POUR CE MODÈLE

- Maille en l'air (voir page 122)
- Double bride (voir page 123)
- Maille coulée (voir page 122)
- Bride (voir page 122)

Block in a Block

Ce bloc est rapide et facile à faire. En ajoutant un tour de mailles coulées à l'endroit du changement de couleur cela donne en rendu net, mais vous pouvez sauter le tour 4 et crocheter le tour 5 dans les deux brins comme d'habitude pour avoir un bloc encore plus simple.

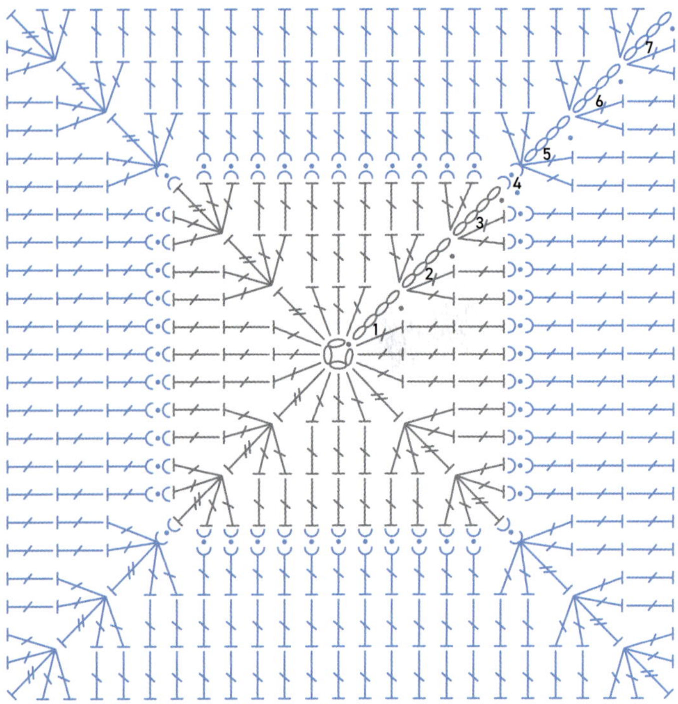

LÉGENDE

- maille en l'air (ml)
- maille coulée (mc)
- maille coulée dans le brin arrière (mc br arr)
- double bride (db)
- bride (b)
- bride en relief arrière (b relief arr)

INSTRUCTIONS

Tour de montage : avec le fil A, 4 ml, fermez avec une mc dans la première m. faite pour former un cercle.

Tour 1 : 4 ml (comptent pour 1 db), [3 b dans le cercle, 1 db dans le cercle] quatre fois en tout en ne faisant pas la dernière db lors de la dernière répétition, fermez le tour avec une mc dans la quatrième ml des 4 ml du début (16 m.).

Tour 2 : 4 ml (comptent pour 1 db), 2 b au même endroit, [1 b dans ch. des 3 m. suiv., (2 b, 1 db, 2 b) dans la m. suivante] trois fois en tout, 1 b dans ch. des 3 m. suiv., 2 tr dans la m. suiv. (c'est la même m. que pour les 4 ml du début), fermez le tour avec une mc dans la quatrième ml des 4 ml du début (32 m.).

Tour 3 : 4 ml (comptent pour 1 db), 2 b au même endroit, [1 b dans ch. des 7 m. suiv., (2 b, 1 db, 2 b) dans la m. suivante] quatre fois en tout en ne faisant pas les 3 dernières m. lors de la dernière répétition et en faisant les 2 dernières m. dans la même m. que le début des 4 ml, fermez avec une mc dans la quatrième ml des 4 ml du

début (48 m.).
Arrêtez le fil A.
Tour 4 : attachez le fil B avec une mc br arr, mc br arr dans chaque m. du tour, fermez avec une mc br arr dans la première mc faite (48 m.).
Tour 5 : 4 ml (comptent pour 1 db), 2 b relief arr au même endroit, [1 b relief arr dans chaque m. jusqu'à l'angle suivant, (2 b relief arr, 1 db relief arr, 2 b relief arr) dans la m. de l'angle] quatre fois en tout en ne faisant pas les 3 dernières m. lors de la dernière répétition et en faisant les 2 dernières m. dans la même m. que le début des 4 ml, fermez le tour avec une mc dans la quatrième ml des 4 ml du début (64 m.).
Tour 6 : 4 ml (comptent pour 1 db), 2 b au même endroit, [1 b dans ch. des 15 m. suiv., (2 b, 1 db, 2 b) dans la m. suivante] quatre fois en tout en ne faisant pas les 3 dernières m. lors de la dernière répétition et en faisant les 2 dernières m. dans la même m. que le début des 4 ml, fermez le tour avec une mc dans la quatrième ml des 4 ml du début (80 m.).
Tour 7 : 4 ml (comptent pour 1 db), 2 b au même endroit, [1 b dans ch. des 19 m. suiv., (2 b,1 db, 2 b) dans la m. suivante] quatre fois en tout en ne faisant pas les 3 dernières m. lors de la dernière répétition et en faisant les 2 dernières m. dans la même m. que le début des 4 ml, fermez le tour avec une mc dans la quatrième ml des 4 ml du début (96 m.).
Arrêtez le fil B.

Trois à la suite

Ce bloc comporte trois motifs Triangle demi-carré (voir page 20) et, une fois assemblés, cela forme un joli modèle.

NIVEAU
Intermédiaire

DIMENSIONS
15 x 15cm

IL VOUS FAUT
- 20m de coloris rose fraise (A)
- 20m de coloris gris clair (B)
- crochet de 4 mm

COULEURS ALTERNATIVES
- Coloris or

TECHNIQUES UTILISÉES POUR CE MODÈLE
- Crocheter en rond (voir page 121)
- Crochet jacquard (voir page 124)

POINTS UTILISÉS POUR CE MODÈLE
- Maille en l'air (voir page 122)
- Double bride (voir page 123)
- Maille coulée (voir page 122)
- Bride (voir page 122)

IDÉE D'ASSEMBLAGE

INSTRUCTIONS

Tour de montage : avec le fil A, 4 ml, fermez avec une mc dans la première m. faite pour former un cercle.

Tour 1 : 4 ml (comptent pour 1 db), 2 b dans le cercle, 2 db dans le cercle, 2 b dans le cercle, 1 db dans le cercle en changeant pour B, puis continuez avec le fil B et en crochetant par-dessus le brin inutilisé du fil A, 1 db dans le cercle, 2 b dans le cercle, 2 db dans le cercle, 2 b dans le cercle, 1 db dans le cercle en changeant pour A, fermez le tour avec une mc dans la quatrième ml des 4 ml du début (16 m.).

Tour 2 : puis continuez avec le fil A et en crochetant par-dessus le brin inutilisé du fil B, 4 ml (comptent pour 1 db), 2 b au même endroit, 1 b dans ch. des 2 m. suiv., (2 b, 1 db) dans la m. suivante, (1 db, 2 b) dans la m. suivante, 1 b dans ch. des 2 m. suiv., (2 b, 1 db) dans la m. suiv. en changeant pour le fil B quand vous faites la dernière m., puis continuez avec le fil B et par-dessus le fil inutilisé A, (1 db, 2 b) dans la m. suivante, 1 b dans ch. des 2 m. suiv., (2 b, 1 db) dans la m. suivante, (1 db, 2 b) dans la m. suivante, 1 b dans ch. des 2 m. suiv., (2 b, 1 db) dans la m. suiv. en changeant pour le fil A quand vous faites la dernière m., fermez le tour avec une mc dans la quatrième ml des 4 ml du début (32 m.).

Tour 3 : puis continuez avec le fil A et en crochetant par-dessus le brin inutilisé du fil B, 4 ml (comptent pour 1 db), 1 b au même endroit en changeant pour B, 1 b au même endroit, 1 b dans ch. des 6 m. suiv., (2 b, 1 db) dans la m. suivante, (1 db, 2 b) dans la m. suivante, 1 b dans ch. des 6 m. suiv., 1 b dans la m. suiv. en changeant pour A, 1 b au même endroit, 1 db au même endroit en changeant pour B, (1 db, 1 b) dans la m. suiv. en changeant pour le fil A quand vous faites la dernière m., 1 b au même endroit, 1 b dans ch. des 6 m. suiv., (2 b, 1 db) dans la m. suivante, (1 db, 2 b) dans la m. suivante, 1 b dans ch. des 6 m. suiv., 1 b dans la m. suiv. en changeant pour B, (1 b, 1 db) au même endroit en changeant pour le fil A quand vous faites la dernière m., fermez le tour avec une mc dans la quatrième ml des 4 ml du début (48 m.).

Tour 4 : puis continuez avec le fil A et en crochetant par-dessus le fil inutilisé B, 4 ml (comptent pour 1 db), 2 b au même endroit, 1 b dans la m. suiv. en changeant pour B, 1 b dans ch. des 9 m. suiv., (2 b, 1 db) dans la m. suivante, (1 db, 2 b) dans la m. suivante, 1 b dans ch. des 9 m. suiv. en changeant pour le fil A quand vous faites la dernière m., 1 b dans la m. suivante, (2 b, 1 db) dans la m. suiv. en changeant pour le fil B quand vous faites la dernière m., (1 db, 2 b) dans la m. suivante, 1 b dans la m. suiv. en changeant pour A, 1 b dans ch. des 9 m. suiv., (2 b, 1 db) dans la m. suivante, (1 db, 2 b) dans la m. suivante, 1 b dans ch. des 9 m. suiv. en changeant pour le fil B quand vous faites la dernière m., 1 b dans la m. suivante, (2 b, 1 db) dans la m. suiv. en changeant pour le fil A quand vous faites la dernière m., fermez avec une mc dans la quatrième m. des 4 ml du début (64 m.).

Tour 5 : puis continuez avec le fil A et en crochetant par-dessus le brin inutilisé du fil B, 4 ml (comptent pour 1 db), 2 b au même endroit, 1 b dans ch. des 3 m. suiv. en changeant pour le fil B quand vous faites la dernière m., 1 b dans ch. des 11 m. suiv., (2 b, 1 db) dans la m. suivante, (1 db, 2 b) dans la même m., 1 b dans ch. des 11 m. suiv. en changeant pour le fil A quand vous faites la dernière m., 1 b dans ch. des 3 m. suiv., (2 b, 1 db) dans la m. suiv. en changeant pour le fil B quand vous faites la dernière m., (1 db, 2 b) dans la m. suivante, 1 b dans ch. des 3 m. suiv. en changeant pour le fil A quand vous faites la dernière m., 1 b dans ch. des 11 m. suiv., (2 b, 1 db) dans la m. suivante, (1 db, 2 b) dans la m. suivante, 1 b dans ch. des 11 m. suiv. en changeant pour le fil B quand vous faites la dernière m., 1 b dans ch. des 3 m. suiv., (2 b, 1 db) dans la m. suiv. en changeant pour le fil A quand vous faites la dernière m., fermez le tour avec une mc dans la quatrième ml des 4 ml du début (80 m.).

Tour 6 : puis continuez avec le fil A et en crochetant par-dessus le brin inutilisé du fil B, 4 ml (comptent pour 1 db), 2 b au même endroit, 1 b dans ch. des 5 m. suiv. en changeant pour le fil B quand vous faites la dernière m., 1 b dans ch. des 13 m. suiv., (2 b, 1 db) dans la m. suivante, (1 db, 2 b) dans la m. suivante, 1 b dans ch. des 13 m. suiv. en changeant pour le fil A quand vous faites la dernière m., 1 b dans ch. des 5 m. suiv., (2 b, 1 db) dans la m. suiv. en changeant pour le fil B quand vous faites la dernière m., (1 db, 2 b) dans la m. suivante, 1 b dans ch. des 5 m. suiv. en changeant pour le fil A quand vous faites la dernière m., 1 b dans ch. des 13 m. suiv., (2 b, 1 db) dans la m. suivante, (1 db, 2 b) dans la m. suivante, 1 b dans ch. des 13 m. suiv. en changeant pour le fil B quand vous faites la dernière m., 1 b dans ch. des 5 m. suiv., (2 b, 1 db) dans la m. suiv. en changeant pour le fil A quand vous faites la dernière m., fermez avec une mc dans la quatrième ml des 4 ml du début (96 m.).

Arrêtez l'ouvrage.

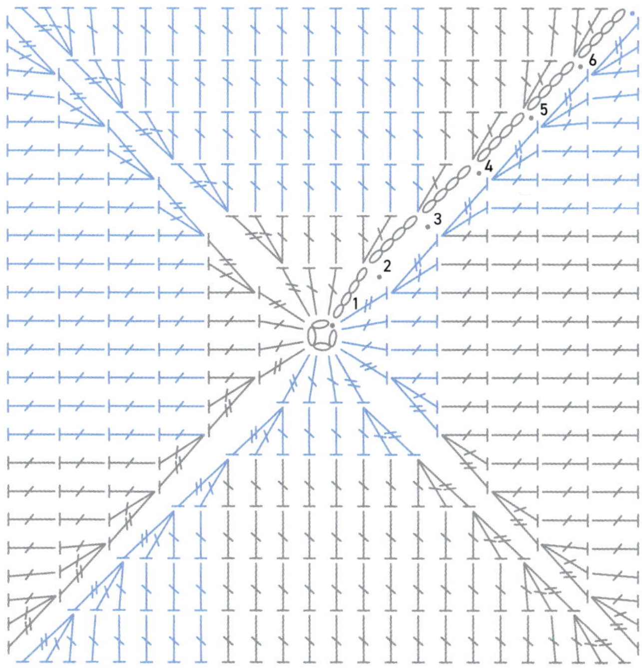

LÉGENDE

- maille en l'air (ml)
- maille coulée (mc)
- double bride (db)
- bride (b)

NIVEAU
Intermédiaire

DIMENSIONS
15 x 15cm

IL VOUS FAUT
- 4m de coloris corail (A)
- 8m de coloris mandarine (B)
- 10m de coloris or (C)
- 10m de coloris citron vert (D)
- 8m de coloris bleu océan (E)
- 4m de coloris menthe (F)
- crochet de 4 mm

TECHNIQUES UTILISÉES POUR CE MODÈLE
- Crocheter en rangs (voir page 121)
- Ajouter une nouvelle couleur (voir page 124))
- Crocheter dans le brin avant (voir page 123)
- Crocheter dans le brin arrière (voir page 123)

POINTS UTILISÉS POUR CE MODÈLE
- Maille en l'air (voir page 122)
- Maille serrée (voir page 122)
- 2 mailles serrées écoulées ensemble (voir page 71)
- 3 mailles serrées écoulées ensemble (voir page 71)
- Maille coulée (voir page 122)

IDÉE D'ASSEMBLAGE

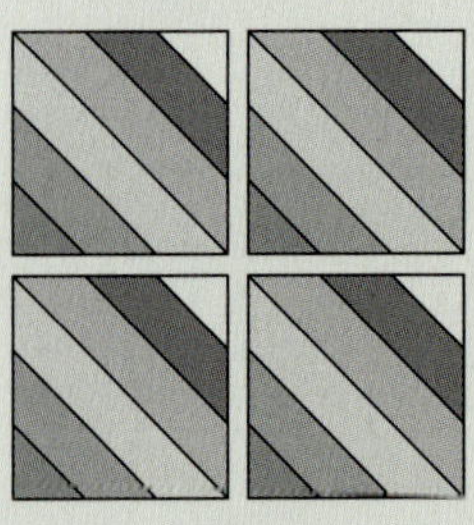

Rubans

C'est un bloc parfait pour utiliser des restes de laine. Il est également magnifique crocheté en dégradé ou avec deux couleurs alternées.

INSTRUCTIONS

Rang de base : avec le fil A, 2 ml.

Rang 1 : 3 ms dans la deuxième ml depuis le crochet, tournez (3 m.).

Rang 2 : 1 ml (ne compte pas pour une maille ici et à chaque fois), 2 ms dans la première m., 1 ms dans la m. suivante, 2 ms dans la dernière m., tournez (5 m.).

Rang 3 : 1 ml, 2 ms dans la première m., 1 ms dans chaque m. jusqu'à la dernière m., 2 ms dans la dernière m., tournez (7 m.).

Rangs 4–7 : répétez le rang 2, arrêtez le fil A, ne tournez pas.

Rang 8 : attachez le fil B dans la première m. du dernier rang, mc br arr dans chaque maille du rang, tournez (15 m.).

Rang 9 : 1 ml, 2 ms br av dans la première m., 1 ms br av dans chaque m. jusqu'à la dernière m., 2 ms br av dans la dernière m., tournez.

Rangs 10–14 : 1 ml, 2 ms dans la première m., 1 ms dans chaque m. jusqu'à la dernière m., 2 ms dans la dernière m., tournez. Au rang 14, arrêtez le fil B et ne tournez pas.

Rang 15 : attachez le fil C dans la première m. du dernier rang et faites 1 mc br arr dans

LÉGENDE

- maille en l'air (ml)
- maille serrée (ms)
- maille coulée dans le brin arrière (mc br arr)
- maille serrée dans le brin avant (ms br av)
- 2 mailles serrées écoulées ensemble (2 ms ens.)
- 3 mailles serrées écoulées ensemble (3 ms ens.)
- maille coulée (mc)

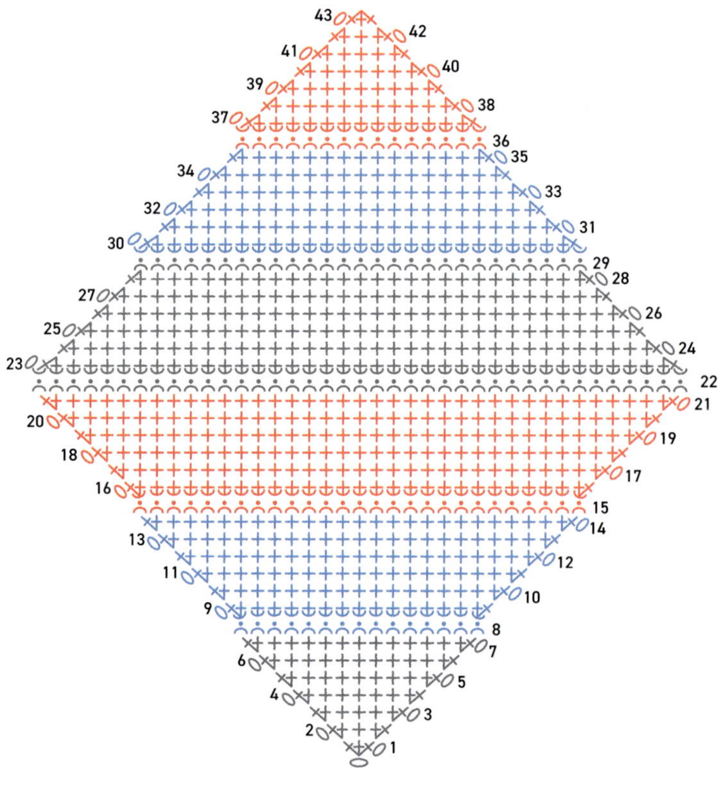

chaque m. du rang, tournez.
27 m.
Rang 16 : répétez le rang 9.
Rangs 17-21 : répétez les rangs 10-14 avec le fil C. Au rang 21, arrêtez le fil C et ne tournez pas.
Rang 22 : attachez le fil D dans la première m. du dernier rang, mc br arr dans chaque m. du rang, tournez.
Rang 23: 1 ml, 2 ms ens. br av sur la première et la deuxième m., 1 ms br av dans chaque m. jusqu'à ce qu'il en reste 2, 2 ms ens. br av sur les 2 dernières m., tournez.
Rangs 24-28 : 1 ml, 2 ms ens. br av sur la première et la deuxième m., 1 ms dans chaque m. jusqu'à ce qu'il en reste 2, 2 ms ens. sur les 2 dernières m., tournez.
Au rang 28, arrêtez le fil D et ne tournez pas.
Rang 29 : attachez le fil E dans la première m. du dernier rang, mc br arr dans chaque m. du rang, tournez.
Rang 30 : répétez le rang 23.
Rangs 31-35 : répétez les rangs 24-28 avec le fil E. Au rang 35, arrêtez le fil E et ne tournez pas.
Rang 36 : attachez le fil F dans la première m. du dernier rang, mc br arr dans chaque m. du rang, tournez.
Rang 37 : répétez le rang 23.
Rangs 38-42 : répétez les rangs 24-28.
Rang 43: 1 ml, 3 ms ens. sur les 3 m. suiv. (1 m.).
Arrêtez le fil F.

NIVEAU
Intermédiaire

DIMENSIONS
15 x 15cm

IL VOUS FAUT
- 5m de coloris orange (A)
- 9m de coloris blanc (B)
- 14.5m de coloris rose (C)
- 7m de coloris charbon (D)
- crochet de 4 mm

TECHNIQUES UTILISÉES POUR CE MODÈLE
- Crocheter en rond (voir page 121)
- Crochet jacquard (voir page 124)

POINTS UTILISÉS POUR CE MODÈLE
- Maille en l'air (voir page 122)
- Double bride (voir page 123)
- Maille coulée (voir page 122)
- Bride (voir page 122)

IDÉE D'ASSEMBLAGE

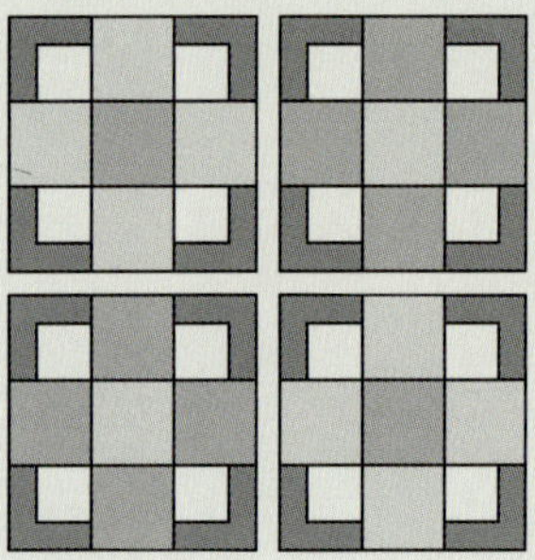

Plus

Le bloc Plus comporte un signe plus bicolore au centre, mais lorsqu'il est assemblé avec d'autres blocs, vous verrez d'autres signes plus apparaître. Vous pouvez également crocheter le signe plus du milieu en une seule couleur comme dans le bloc Suisse (voir page 60), auquel cas n'attachez pas le fil de couleur A à la fin du tour 2 et à la place suivez les instructions du bloc Suisse pour les tours 2 à 5.

LÉGENDE

- maille en l'air (ml)
- maille coulée (mc)
- double bride (db)
- bride (b)

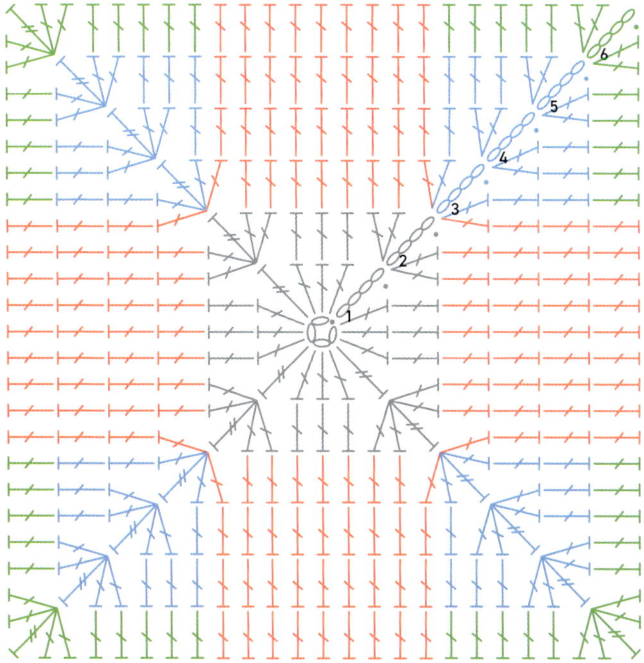

INSTRUCTIONS

Tour de montage : avec le fil A, 4 ml, fermez avec une mc dans la première m. faite pour former un cercle.

Tour 1 : 4 ml (comptent pour 1 db), [3 b dans le cercle, 1 db dans le cercle] quatre fois en tout en ne faisant pas la dernière db lors de la dernière répétition, fermez le tour avec une mc dans la quatrième ml des 4 ml du début (16 m.).

Tour 2 : 4 ml (comptent pour 1 db), 2 b au même endroit, [1 b dans ch. des 3 m. suiv., (2 b, 1 db, 2 b) dans la m. suivante] trois fois en tout, 1 b dans ch. des 3 m. suiv., 2 b dans la m. suivante, fermez le tour avec une mc dans la quatrième ml des 4 ml du début (32 m.).
Arrêtez le fil A.

Tour 3 : attachez le fil B, 4 ml (comptent pour 1 db), 1 b au même endroit en changeant pour le fil C, 1 b au même endroit, [1 b dans ch. des 7 m. suiv., (1 b en changeant pour B, 1 b, 1 db, 1 b en changeant pour le fil C, 1 b) dans la m. suivante] quatre fois en tout en ne faisant pas les 3 dernières m. lors de la dernière répétition, fermez le tour avec une mc dans la quatrième ml des 4 ml du début (48 m.).

Tour 4 : 4 ml (comptent pour 1 db), 2 b au même endroit, [1 b dans la m. suiv. en changeant pour le fil C, 1 b dans ch. des 9 m. suiv. en changeant pour le fil B quand vous faites la dernière m., 1 b dans la m. suivante, (2 b, 1 db, 2 b) dans la m. suivante] quatre fois en tout en ne faisant pas les 3 dernières m. lors de la dernière répétition, fermez le tour avec une mc dans la quatrième ml des 4 ml du début (64 m.).

Tour 5 : 4 ml (comptent pour 1 db), 2 b au même endroit, [1 b dans ch. des 3 m. suiv. en changeant pour le fil C quand vous faites la dernière m., 1 b dans ch. des 9 m. suiv. en changeant pour le fil B quand vous faites la dernière m., 1 b dans ch. des 3 m. suiv., (2 b, 1 db, 2 b) dans la m. suivante] quatre fois en tout en ne faisant pas les 3 dernières m. lors de la dernière répétition, fermez le tour avec une mc dans la quatrième ml des 4 ml du début (80 m.).
Arrêtez le fil B.

Tour 6 : attachez le fil D, 4 ml (comptent pour 1 db), 2 b au même endroit, [1 b dans ch. des 5 m. suiv. en changeant pour le fil C quand vous faites la dernière m., 1 b dans ch. des 9 m. suiv. en changeant pour le fil D quand vous faites la dernière m., 1 b dans ch. des 5 m. suiv., (2 b, 1 db, 2 b) dans la m. suivante] quatre fois en tout en ne faisant pas les 3 dernières m. lors de la dernière répétition, fermez le tour avec une mc dans la quatrième ml des 4 ml du début (96 m.).
Arrêtez l'ouvrage.

NIVEAU

Intermédiaire

DIMENSIONS

30 x 30cm ou
15 x 15cm

IL VOUS FAUT

- 19m de coloris gris clair (A)
- 19m de coloris menthe (B)
- 52m de coloris charbon (C)
- 52m de coloris bleu océan (D)
- crochet de 4 mm

TECHNIQUES UTILISÉES POUR CE MODÈLE

- Crocheter en rond (voir page 121)
- Crochet jacquard (voir page 124)

POINTS UTILISÉS POUR CE MODÈLE

- Maille en l'air (voir page 122)
- Double bride (voir page 123)
- Maille coulée (voir page 122)
- Bride (voir page 122)

Moulin à vent

Le Moulin à vent est un bloc de patchwork très apprécié. Vous pouvez faire ce Moulin à vent dans un bloc de 30 cm ou de 15 cm — les quantités de fil nécessaires sont indiquées ici pour le bloc le plus grand, donc si vous faites la petite taille, ne faites pas les tours 7 à 12 et vous n'aurez besoin que des couleurs A et B.

INSTRUCTIONS

Tour de montage : avec le fil A, 4 ml, fermez avec une mc dans la première m. faite pour former un cercle.

Tour 1 : 4 ml (comptent pour 1 db), 1 b dans le cercle en changeant pour B, (1 b, 1 db) dans le cercle en changeant pour le fil A quand vous faites la dernière m., (1 db, 1 b) dans le cercle en changeant pour le fil B quand vous faites la dernière m., (1 b, 1 db) dans le cercle en changeant pour le fil A quand vous faites la dernière m., (1 db, 1 b) dans le cercle en changeant pour le fil B quand vous faites la dernière m., (1 b, 1 db) dans le cercle en changeant pour le fil A quand vous faites la dernière m., (1 db, 1 b) dans le cercle en changeant pour le fil B quand vous faites la dernière m., (1 b, 1 db) dans le cercle en changeant pour le fil A quand vous faites la dernière m., fermez avec une mc dans la quatrième m. des 4 ml du début (16 m.).

Tour 2 : 4 ml (comptent pour 1 db), 2 b au même endroit, 1 b dans la m. suiv. en changeant pour B, 1 b dans la m. suivante, (2 b, 1 db) dans la m. suiv. en changeant pour le fil A quand vous faites la dernière m., (1 db, 2 b) dans la m. suivante, 1 b dans la m. suiv. en changeant pour B, 1 b dans la m. suivante, (2 b, 1 db) dans la m. suiv. en changeant pour le fil A quand vous faites la dernière m., (1 db, 2 b) dans la m. suivante, 1 b dans la m. suiv. en changeant pour B, 1 b dans la m. suivante, (2 b, 1 db) dans la m. suiv. en changeant pour le fil A quand vous faites la dernière m., (1 db, 2 b) dans la m. suivante, 1 b dans la m. suiv. en changeant pour B, 1 b dans la m. suivante, (2 b, 1 db) dans la m. suiv. en changeant pour le fil A quand vous faites la dernière m., fermez le tour avec une mc dans la quatrième ml des 4 ml du début (32 m.).

Tour 3 : 4 ml (comptent pour 1 db), 2 b au même endroit, 1 b dans ch. des 3 m. suiv. en changeant pour le fil B quand vous faites la dernière m., 1 b dans ch. des 3 m. suiv., (2 b, 1 db) dans la m. suiv. en changeant pour le fil A quand vous faites la dernière m., (1 db, 2 b) dans la m. suivante, 1 b dans ch. des 3 m. suiv. en changeant pour le fil B quand vous faites la dernière m., 1 b dans ch. des 3 m. suiv., (2 b, 1 db) dans la m. suiv. en changeant pour le fil A quand vous faites la dernière m., (1 db, 2 b) dans la m. suivante, 1 b dans ch. des 3 m. suiv. en changeant pour le fil B quand vous faites la dernière m., 1 b dans ch. des 3 m. suiv., (2 b, 1 db) dans la m. suiv. en changeant pour le fil A quand vous faites la dernière m., (1 db, 2 b) dans la m. suivante, 1 b dans ch. des 3 m. suiv. en changeant pour le fil B quand vous faites la dernière m., 1 b dans ch. des 3 m. suiv., (2 b, 1 db) dans la m. suiv. en changeant pour le fil A quand vous faites la dernière m., fermez le tour avec une mc dans la quatrième ml des 4 ml du début (48 m.).

Tour 4 : 4 ml (comptent pour 1 db), 2 b au même endroit, 1 b dans ch. des 5 m. suiv. en changeant pour le fil B quand vous faites la dernière m., 1 b dans ch. des 5 m. suiv., (2 b, 1 db) dans la m. suiv. en changeant pour le fil A quand vous faites la dernière m., (1 db, 2 b) dans la m. suivante, 1 b dans ch. des 5 m. suiv. en changeant pour le fil B quand vous faites la dernière m., 1 b dans ch. des 5 m. suiv., (2 b, 1 db) dans la m. suiv. en changeant pour le fil A quand vous faites la dernière m., (1 db, 2 b) dans la m.

LÉGENDE

- maille en l'air (ml)
- maille coulée (mc)
- double bride (db)
- bride (b)

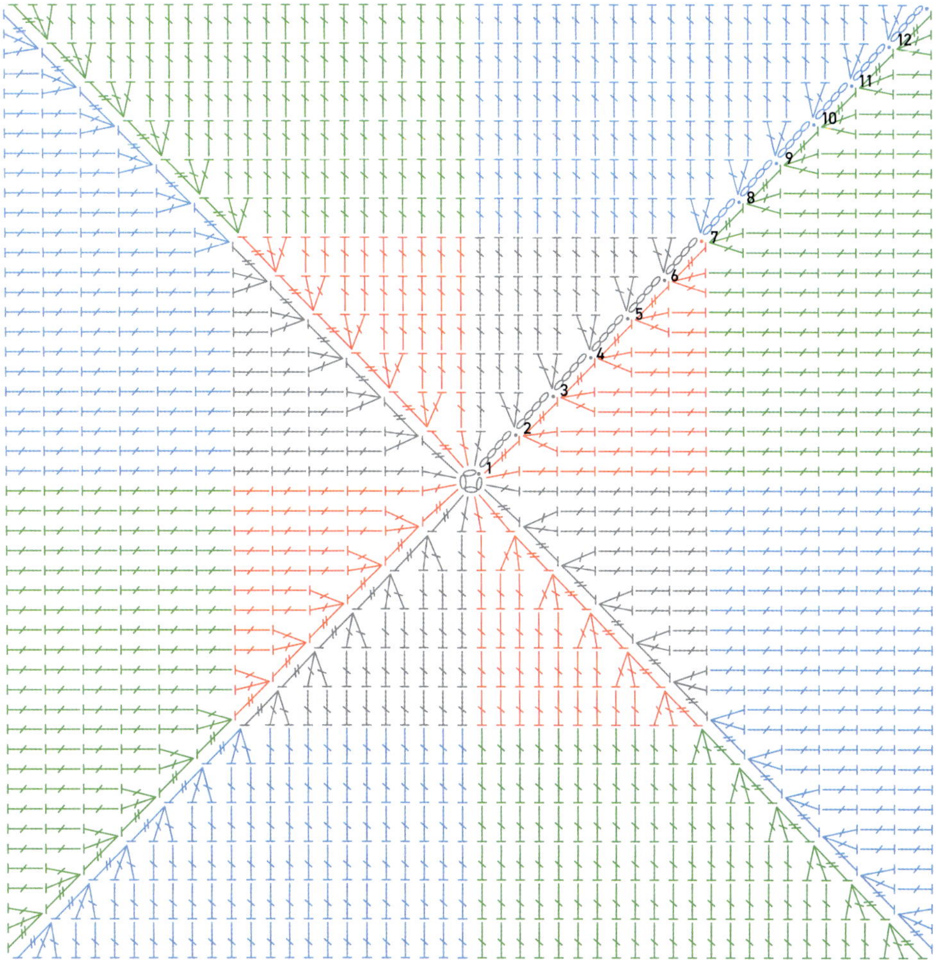

suivante, 1 b dans ch. des 5 m. suiv. en changeant pour le fil B quand vous faites la dernière m., 1 b dans ch. des 5 m. suiv., (2 b, 1 db) dans la m. suiv. en changeant pour le fil A quand vous faites la dernière m., (1 db, 2 b) dans la m. suivante, 1 b dans ch. des 5 m. suiv. en changeant pour le fil B quand vous faites la dernière m., 1 b dans ch. des 5 m. suiv., (2 b, 1 db) dans la m. suiv. en changeant pour le fil A quand vous faites la dernière m., fermez le tour avec une mc dans la quatrième ml des 4 ml du début (64 m.).

Tour 5 : 4 ml (comptent pour 1 db), 2 b au même endroit, 1 b dans ch. des 7 m. suiv. en changeant pour le fil B quand vous faites la dernière m., 1 b dans ch. des 7 m. suiv., (2 b, 1 db) dans la m. suiv. en changeant pour le fil A quand vous faites la dernière m., (1 db, 2 b) dans la m. suivante, 1 b dans ch. des 7 m. suiv. en changeant pour le fil B quand vous faites la dernière m., 1 b dans ch. des 7 m. suiv., (2 b, 1 db) dans la m. suiv. en changeant pour le fil A quand vous faites la dernière m., (1 db, 2 b) dans la m. suivante, 1 b dans ch. des 7 m. suiv. en changeant pour le fil B quand vous faites la dernière m., 1 b dans ch. des 7 m. suiv., (2 b, 1 db) dans la m. suiv. en changeant pour le fil A quand vous faites la dernière m., (1 db, 2 b) dans la m. suivante, 1 b dans ch. des 7 m. suiv. en changeant pour le fil B quand vous faites la dernière m., 1 b dans ch. des 7 m. suiv., (2 b, 1 db) dans la m. suiv. en changeant pour le fil A quand vous faites la dernière m., fermez le tour avec une mc dans la quatrième ml des 4 ml du début (80 m.).

Tour 6 : 4 ml (comptent pour 1 db), 2 b au même endroit, 1 b dans ch. des 9 m. suiv. en changeant pour le fil B quand vous faites la dernière m., 1 b dans ch. des 9 m. suiv., (2 b, 1 db) dans la m. suiv. en changeant pour le fil A quand vous faites la dernière m., (1 db, 2 b) dans la m. suivante, 1 b dans ch. des 9 m. suiv. en changeant pour le fil B quand vous faites la dernière m., 1 b dans ch. des 9 m. suiv., (2 b, 1 db) dans la m. suiv. en changeant pour le fil A quand vous faites la dernière m., (1 db, 2 b) dans la m. suivante, 1 b dans ch. des 9 m. suiv. en changeant pour le fil B quand vous faites la dernière m., 1 b dans ch. des 9 m. suiv., (2 b, 1 db) dans la m. suiv. en changeant pour le fil A quand vous faites la dernière m., (1 db, 2 b) dans la m. suivante, 1 b dans ch. des 9 m. suiv. en changeant pour le fil B quand vous faites la dernière m., 1 b dans ch. des 9 m. suiv., (2 b, 1 db) dans la m. suiv. en changeant pour le fil A quand vous faites la dernière m., fermez le tour avec une mc dans la quatrième ml des 4 ml du début (96 m.).

Arrêtez les fils A et B.

Tour 7 : attachez le fil C, 4 ml (comptent pour 1 db), 2 b au même endroit, 1 b dans ch. des

11 m. suiv. en changeant pour le fil D quand vous faites la dernière m., 1 b dans ch. des 11 m. suiv., (2 b, 1 db) dans la m. suiv. en changeant pour le fil C quand vous faites la dernière m., (1 db, 2 b) dans la m. suivante, 1 b dans ch. des 11 m. suiv. en changeant pour le fil D quand vous faites la dernière m., 1 b dans ch. des 11 m. suiv., (2 b, 1 db) dans la m. suiv. en changeant pour le fil C quand vous faites la dernière m., (1 db, 2 b) dans la m. suivante, 1 b dans ch. des 11 m. suiv. en changeant pour le fil D quand vous faites la dernière m., 1 b dans ch. des 11 m. suiv., (2 b, 1 db) dans la m. suiv. en changeant pour le fil C quand vous faites la dernière m., (1 db, 2 b) dans la m. suivante, 1 b dans ch. des 11 m. suiv. en changeant pour le fil D quand vous faites la dernière m., 1 b dans ch. des 11 m. suiv., (2 b, 1 db) dans la m. suiv. en changeant pour le fil C quand vous faites la dernière m., fermez le tour avec une mc dans la quatrième ml des 4 ml du début (112 m.).

Tour 8 : 4 ml (comptent pour 1 db), 2 b au même endroit, 1 b dans ch. des 13 m. suiv. en changeant pour le fil D quand vous faites la dernière m., 1 b dans ch. des 13 m. suiv., (2 b, 1 db) dans la m. suiv. en changeant pour le fil C quand vous faites la dernière m., (1 db, 2 b) dans la m. suivante, 1 b dans ch. des 13 m. suiv. en changeant pour le fil D quand vous faites la dernière m., 1 b dans ch. des 13 m. suiv., (2 b, 1 db) dans la m. suiv. en changeant pour le fil C quand vous faites la dernière m., (1 db, 2 b) dans la m. suivante, 1 b dans ch. des 13 m. suiv. en changeant pour le fil D quand vous faites la dernière m., 1 b dans ch. des 13 m. suiv., (2 b, 1 db) dans la m. suiv. en changeant pour le fil C quand vous faites la dernière m., (1 db, 2 b) dans la m. suivante, 1 b dans ch. des 13 m. suiv. en changeant pour le fil D quand vous faites la dernière m., 1 b dans ch. des 13 m. suiv., (2 b, 1 db) dans la m. suiv. en changeant pour le fil C quand vous faites la dernière m., fermez le tour avec une mc dans la quatrième ml des 4 ml du début (128 m.).

Tour 9 : 4 ml (comptent pour 1 db), 2 b au même endroit, 1 b dans ch. des 15 m. suiv. en changeant pour le fil D quand vous faites la dernière m., 1 b dans ch. des 15 m. suiv., (2 b, 1 db) dans la m. suiv. en changeant pour le fil C quand vous faites la dernière m., (1 db, 2 b) dans la m. suivante, 1 b dans ch. des 15 m. suiv. en changeant pour le fil D quand vous faites la dernière m., 1 b dans ch. des 15 m. suiv., (2 b, 1 db) dans la m. suiv. en changeant pour le fil C quand vous faites la dernière m., (1 db, 2 b) dans la m. suivante, 1 b dans ch. des 15 m. suiv. en changeant pour le fil D quand vous faites la dernière m., 1 b dans ch. des 15 m. suiv., (2 b, 1 db) dans la m. suiv. en changeant pour le fil C quand vous faites la dernière m., (1 db, 2 b) dans la m. suivante, 1 b dans ch. des 15 m. suiv. en changeant pour le fil D quand vous faites la dernière m., 1 b dans ch. des 15 m. suiv., (2 b, 1 db) dans la m. suiv. en changeant pour le fil C quand vous faites la dernière m., fermez le tour avec une mc dans la quatrième ml des 4 ml du début (144 m.).

Tour 10 : 4 ml (comptent pour 1 db), 2 b au même endroit, 1 b dans ch. des 17 m. suiv. en changeant pour le fil D quand vous faites la dernière m., 1 b dans ch. des 17 m. suiv., (2 b, 1 db) dans la m. suiv. en changeant pour le fil C quand vous faites la dernière m., (1 db, 2 b) dans la m. suivante, 1 b dans ch. des 17 m. suiv. en changeant pour le fil D quand vous faites la dernière m., 1 b dans ch. des 17 m. suiv., (2 b, 1 db) dans la m. suiv. en changeant pour le fil C quand vous faites la dernière m., (1 db, 2 b) dans la m. suivante, 1 b dans ch. des 17 m. suiv. en changeant pour le fil D quand vous faites la dernière m., 1 b dans ch. des 17 m. suiv., (2 b, 1 db) dans la m. suiv. en changeant pour le fil C quand vous faites la dernière m., (1 db, 2 b) dans la m. suivante, 1 b dans ch. des 17 m. suiv. en changeant pour le fil D quand vous faites la dernière m., 1 b dans ch. des 17 m. suiv., (2 b, 1 db) dans la m. suiv. en changeant pour le fil C quand vous faites la dernière m., fermez le tour avec une mc dans la quatrième ml des 4 ml du début (160 m.).

Tour 11 : 4 ml (comptent pour 1 db), 2 b au même endroit, 1 b dans ch. des 19 m. suiv. en changeant pour le fil D quand vous faites la dernière m., 1 b dans ch. des 19 m. suiv., (2 b, 1 db) dans la m. suiv. en changeant pour le fil C quand vous faites la dernière m., (1 db, 2 b) dans la m. suivante, 1 b dans ch. des 19 m. suiv. en changeant pour le fil D quand vous faites la dernière m., 1 b dans ch. des 19 m. suiv., (2 b, 1 db) dans la m. suiv. en changeant pour le fil C quand vous faites la dernière m., (1 db, 2 b) dans la m. suivante, 1 b dans ch. des 19 m. suiv. en changeant pour le fil D quand vous faites la dernière m., 1 b dans ch. des 19 m. suiv., (2 b, 1 db) dans la m. suiv. en changeant pour le fil C quand vous faites la dernière m., (1 db, 2 b) dans la m. suivante, 1 b dans ch. des 19 m. suiv. en changeant pour le fil D quand vous faites la dernière m., 1 b dans ch. des 19 m. suiv., (2 b, 1 db) dans la m. suiv. en changeant pour le fil C quand vous faites la dernière m., fermez le tour avec une mc dans la quatrième ml des 4 ml du début (176 m.).

Tour 12 : 4 ml (comptent pour 1 db), 2 b au même endroit, 1 b dans ch. des 21 m. suiv. en changeant pour le fil D quand vous faites la dernière m., 1 b dans ch. des 21 m. suiv., (2 b, 1 db) dans la m. suiv. en changeant pour le fil C quand vous faites la dernière m., (1 db, 2 b) dans la m. suivante, 1 b dans ch. des 21 m. suiv. en changeant pour le fil D quand vous faites la dernière m., 1 b dans ch. des 21 m. suiv., (2 b, 1 db) dans la m. suiv. en changeant pour le fil C quand vous faites la dernière m., (1 db, 2 b) dans la m. suivante, 1 b dans ch. des 21 m. suiv. en changeant pour le fil D quand vous faites la dernière m., 1 b dans ch. des 21 m. suiv., (2 b, 1 db) dans la m. suiv. en changeant pour le fil C quand vous faites la dernière m., (1 db, 2 b) dans la m. suivante, 1 b dans ch. des 21 m. suiv. en changeant pour le fil D quand vous faites la dernière m., 1 b dans ch. des 21 m. suiv., (2 b, 1 db) dans la m. suiv. en changeant pour le fil C quand vous faites la dernière m., fermez le tour avec une mc dans la quatrième ml des 4 ml du début (192 m.).

Arrêtez l'ouvrage.

NIVEAU
Intermédiaire

DIMENSIONS
15 x 15cm

IL VOUS FAUT
- 10m de coloris corail (A)
- 22m de coloris menthe (B)
- 10m de coloris rose (C)
- crochet de 4 mm

TECHNIQUES UTILISÉES POUR CE MODÈLE
- Crocheter en rond (voir page 121)
- Crochet jacquard (voir page 124)

POINTS UTILISÉS POUR CE MODÈLE
- Maille en l'air (voir page 122)
- Double bride (voir page 123)
- Maille coulée (voir page 122)
- Bride (voir page 122)

IDÉE D'ASSEMBLAGE

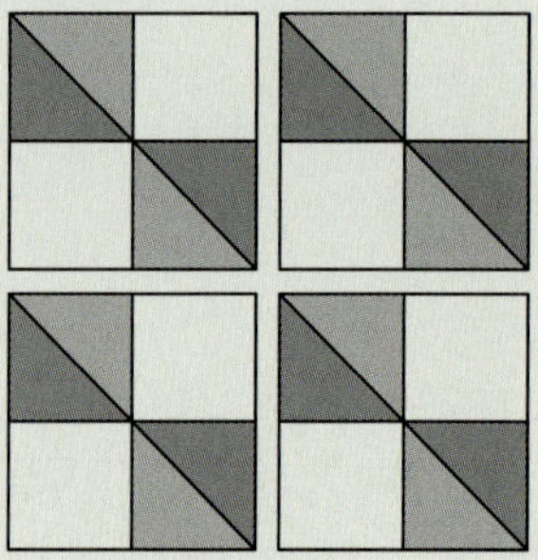

Deux à la suite

Ce bloc fonctionne à merveille tout seul, mais vous pouvez également l'associer avec Bloc de quatre de la page 42 ou Circle and Quarters de la page 8.

INSTRUCTIONS

Tour de montage : avec le fil A, 4 ml, fermez avec une mc dans la première m. faite pour former un cercle.

Tour 1 : 4 ml (comptent pour 1 db), 1 b dans le cercle en changeant pour B, (1 b, 2 db, 1 b) dans le cercle en changeant pour le fil C quand vous faites la dernière m., (1 b, 1 db) dans le cercle en changeant pour le fil A quand vous faites la dernière m., (1 db, 1 b) dans le cercle en changeant pour le fil B quand vous faites la dernière m., (1 b, 2 db, 1 b) dans le cercle en changeant pour le fil C quand vous faites la dernière m., (1 b, 1 db) dans le cercle en changeant pour le fil A quand vous faites la dernière m., fermez le tour avec une mc dans la quatrième ml des 4 ml du début (16 m.).

Tour 2 : 4 ml (comptent pour 1 db), 2 b au même endroit, 1 b dans la m. suivante en changeant pour B, *1 b dans la m. suivante, (2 b, 1 db) dans la m. suivante, (1 db, 2 b) dans la m. suivante, 1 b dans la m. suivante en changeant pour le fil C, 1 b dans la m. suivante, (2 b, 1 db) dans la m. suivante en changeant pour le fil A quand vous faites la dernière m.**, (1 db, 2 b) dans la m. suivante, 1 b dans la m. suivante en changeant pour B ; répétez de * à ** encore une fois, fermez le tour avec une mc dans la quatrième ml des 4 ml du début (32 m.). Arrêtez le fil A.

Tour 3 : 4 ml (comptent pour 1 db), 2 b au même endroit, 1 b dans chacune des 3 m.

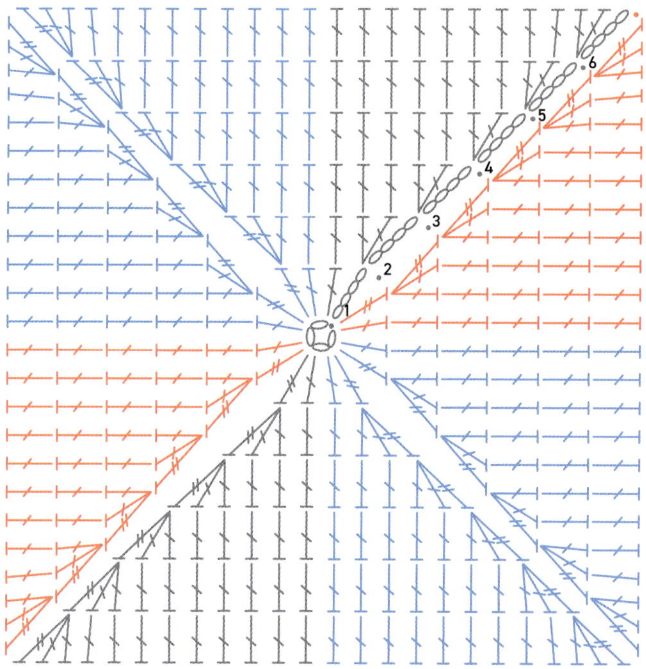

LÉGENDE

- maille en l'air (ml)
- maille coulée (mc)
- double bride (db)
- bride (b)

suivantes en changeant pour le fil B quand vous faites la dernière m., *1 b dans chacune des 3 m. suivantes, (2 b, 1 db) dans la m. suivante, (1 db, 2 b) dans la m. suivante, 1 b dans chacune des 3 m. suivantes en changeant pour le fil C quand vous faites la dernière m., 1 b dans chacune des 3 m. suivantes, (2 b, 1 db) dans la m. suivante en changeant pour le fil A quand vous faites la dernière m.**, (1 db, 2 b) dans la m. suivante, 1 b dans chacune des 3 m. suivantes en changeant pour le fil B quand vous faites la dernière m. ; répétez de * à ** encore une fois, fermez le tour avec une mc dans la quatrième ml des 4 ml du début (48 m.). Arrêtez le fil A.

Tour 4 : 4 ml (comptent pour 1 db), 2 b au même endroit, 1 b dans chacune des 5 m. suivantes en changeant pour le fil B quand vous faites la dernière m., *1 b dans chacune des 5 m. suivantes, (2 b, 1 db) dans la m. suivante, (1 db, 2 b) dans la m. suivante, 1 b dans chacune des 5 m. suivantes en changeant pour le fil C quand vous faites la dernière m., 1 b dans chacune des 5 m. suivantes, (2 b, 1 db) dans la m. suivante en changeant pour le fil A quand vous faites la dernière m.**, (1 db, 2 b) dans la m. suivante, 1 b dans chacune des 5 m. suivantes en changeant pour le fil B quand vous faites la dernière m. ; répétez de * à ** encore une fois, fermez le tour avec une mc dans la quatrième ml des 4 ml du début (64 m.). Arrêtez le fil A.

Tour 5 : 4 ml (comptent pour 1 db), 2 b au même endroit, 1 b dans chacune des 7 m. suivantes en changeant pour le fil B quand vous faites la dernière m., *1 b dans chacune des 7 m. suivantes, (2 b, 1 db) dans la m. suivante, (1 db, 2 b) dans la m. suivante, 1 b dans chacune des 7 m. suivantes en changeant pour le fil C quand vous faites la dernière m., 1 b dans chacune des 7 m. suivantes, (2 b, 1 db) dans la m. suivante en changeant pour le fil A quand vous faites la dernière m.**, (1 db, 2 b) dans la m. suivante, 1 b dans chacune des 7 m. suivantes en changeant pour le fil B quand vous faites la dernière m. ; répétez de * à ** encore une fois, fermez le tour avec une mc dans la quatrième ml des 4 ml du début} (80 m.). Arrêtez le fil A.

Tour 6 : 4 ml (comptent pour 1 db), 2 b au même endroit, 1 b dans chacune des 9 m. suivantes en changeant pour le fil B quand vous faites la dernière m., *1 b dans chacune des 9 m. suivantes, (2 b, 1 db) dans la m. suivante, (1 db, 2 b) dans la m. suivante, 1 b dans chacune des 9 m. suivantes en changeant pour le fil C quand vous faites la dernière m., 1 b dans chacune des 9 m. suivantes, (2 b, 1 db) dans la m. suivante en changeant pour le fil A quand vous faites la dernière m.**, (1 db, 2 b) dans la m. suivante, 1 b dans chacune des 9 m. suivantes en changeant pour le fil B quand vous faites la dernière m. ; répétez de * à ** encore une fois, fermez avec une mc dans la quatrième m. des 4 ml du début (96 m.). Arrêtez le fil.

PROJET 1

NIVEAU
Intermédiaire

DIMENSIONS
Motif: 20 x 41cm
Sac (bandoulière comprise) : 71 x 43cm

CROCHET
8mm

FIL

Coloris	Quantité
Couleur A roux	58m
Couleur B blanc	35m
Couleur C bleu ciel	82m
Couleur D gris clair	73m
Couleur E bleu	117m
Couleur F brun	130m
Couleur G navy	138m

La bordure commence ici

Sac Boho Hobo

Ce sac à bandoulière surdimensionné est crocheté avec un gros fil, qui est doublé afin de créer un sac vraiment épais. N'hésitez pas à ajouter des pompons ou une frange dans le bas du sac.

INSTRUCTIONS

Panneaux devant et dos

À partir du modèle TanneMaie de la page 30, crochetez six motifs en fil double.

Bloquez tous les motifs afin qu'ils mesurent 20 x 41 cm. Une fois bloqués, assemblez trois motifs pour chaque panneau à l'aide d'une couture invisible (voir page 127) et du fil de couleur G.

Tour d'assemblage et bandoulière

En tenant les deux panneaux ensemble, envers contre envers, et en travaillant à travers les deux panneaux, attachez le fil de couleur A à l'extrémité du premier rang sur le bord supérieur gauche, 1 ml (ne compte pas pour une m.), [1 ms dans le bord de chaque rang sur tout le tour jusqu'au coin supérieur droit, 50 ml, fermez avec une mc dans la première m. faite. Tournez et crochetez de nouveau sur les 50 ml que vous venez de faire, en faisant des ms tout le long jusqu'à ce que les mailles en l'air soient complètement recouvertes, fermez avec une mc dans la première ms du coin supérieur droit. Arrêtez l'ouvrage, rentrez les fils.

PROJET 2

NIVEAU
Intermédiaire

DIMENSIONS
71 x 71cm

CROCHET
4mm

FIL

Coloris	**Quantité**
Couleur A gris clair	168m
Couleur B blanc	236m
Couleur C jaune	150m

Couverture Stellar pour bébé

Cette couverture pour bébé est juste parfaite pour les nouveau-nés. Les mailles serrées en font une couverture chaude et confortable.

INSTRUCTIONS

À partir du modèle Corner Star de la page 44, crochetez quatre motifs.

Bloquez tous les morceaux afin qu'ils mesurent 30 x 30 cm. Une fois bloqués, assemblez quatre motifs à l'aide du fil de couleur B et la méthode d'assemblage que vous préférez. J'ai réalisé un assemblage au crochet (voir page 127).

BORDURE

Tour 1 : avec l'endroit face à vous attachez le fil de couleur C à la demi-b de n'importe quel angle, 1 ml (ne compte pas pour une m.), [(1 ms, 1 demi-b, 1 ms) dans la demi-b d'angle, 1 ms dans chaque m. jusqu'à l'angle suivant] 4 fois en tout, fermez avec une mc dans la première m. faite. Arrêtez l'ouvrage, rentrez les fils.

PROJET 3

NIVEAU

Intermédiaire

DIMENSIONS

45 x 45cm

CROCHET

4mm

FIL

Coloris	Quantité
Couleur A blanc	258m
Couleur B gris clair	288m
Couleur C corail	47m
Couleur D orange	47m
Couleur E citron vert	47m
Couleur F bleu océan	47m
Couleur G bleu marine	50m
Couleur H vert olive	50m
Couleur I or rouge	50m
Couleur J mandarine	50m
Couleur K rose	50m

FOURNITURES

Coussin de 45 x 45 cm

Coussin This Way Up

Ce coussin utilise trois blocs différents et une gamme de couleurs éclatante.
C'est un projet parfait pour utiliser tous les petits restes de laine.

INSTRUCTIONS

Panneau — à faire 2 fois

À partir du modèle Flèches de la page 62 et en crochetant seulement jusqu'au rang 14, faites un rectangle dans chacune des combinaisons suivantes :
Rectangle 1 : Couleurs C et A
Rectangle 2 : Couleurs A et D
Rectangle 3 : Couleurs D et A
Rectangle 4 : Couleurs A et E
Rectangle 5 : Couleurs E et A
Rectangle 6 : Couleurs A et F

Bloquez tous les rectangles afin qu'ils mesurent 15 x 7,5 cm.

À partir du modèle Flèches en dégradé de la page 50, crochetez trois carrés selon les coloris suivants :

Carré 1 :
Couleurs A, G, B, F, H

Carré 2 :
Couleurs A, E, B, I, D

Carré 3 :
Couleurs A, J, B, C, K

Crochetez la bordure comme suit :

Tour de bordure

Attachez le fil de couleur A dans la première m. de couleur A le long du bord supérieur du bloc, 1 ml (ne compte pas pour une m.), [1 ms dans chaque m. jusqu'à l'angle, (1 ms, 1 demi-b, 1 ms) dans la m. de l'angle] deux fois, 1 ms dans chacune des 12 m. suivantes en changeant pour le fil de couleur B quand vous faites la dernière m., puis continuez avec le fil de couleur B, [1 ms dans chaque m. jusqu'à l'angle, (1 ms, 1 demi-b, 1 ms) dans la m. de l'angle] deux fois, 1 ms dans chaque m. jusqu'au début du tour, fermez avec une mc dans la première m. faite (104 m.).
Arrêtez les fils de toutes les couleurs, rentrez les fils.

Bloquez les carrés afin qu'ils mesurent 15 x 15 cm.

À partir du modèle Neat Stripes de la page 80, crochetez trois carrés selon les coloris suivants :
Rangs 1 et 2 : Couleur B
Rangs 3-5 : Couleur G
Rangs 6-8 : Couleur B
Rangs 9-11 : Couleur H
Rangs 12-14 : Couleur B
Rangs 15-17 : Couleur I
Rangs 18-20 : Couleur B
Rangs 21-23 : Couleur J
Rangs 24-26 : Couleur B
Rangs 27-29 : Couleur K
Rangs 30-32 : Couleur B

Bloquez les carrés afin qu'ils mesurent 15 x 15 cm.

Assemblage

Utilisez la couture invisible (voir page 127) pour assembler tous les rectangles pour former une bande. Assemblez les blocs Flèches en dégradé pour faire une bande de la même manière à l'aide du fil de couleur A. Assemblez les blocs Neat Stripes pour faire une bande de la même manière à l'aide du fil de couleur B. Puis assemblez les trois bandes, en utilisant la couleur appropriée en fonction des deux bandes à assembler.

Une fois l'assemblage fait, vous devrez légèrement bloquer pour que cela mesure 45 x 45 cm.

Réalisation

Une fois que les deux panneaux sont faits et bloqués, réalisez la housse de coussin en faisant un tour de mailles serrées.

Tenez les deux panneaux ensemble, envers contre envers, et toutes les flèches tournées dans la même direction. En passant à travers les deux panneaux, attachez le fil de couleur B dans n'importe quel angle, 1 ml (ne compte pas pour une m.), (1 ms, 1 demi-b, 1 ms) au même endroit, [1 ms dans chaque m. ou bord de rang jusqu'à l'angle suivant, (1 ms, 1 demi-b, 1 ms) dans l'angle suivant] 3 fois, insérez le coussin avec quelques mètres de fil de couleur B, 1 ms dans chaque m. ou bord de rang jusqu'à la m. du début, fermez avec une mc dans la première m. faite. Laissez une longue extrémité de fil et rentrez-la dans le coussin.

Lorsque la housse de coussin a besoin d'être lavée, ressortez l'extrémité du fil et défaites un bord. Une fois lavé, vous pouvez de nouveau crocheter le bord en utilisant le fil d'origine ou les quelques mètres de rechange rentrés dans la housse avec le coussin.

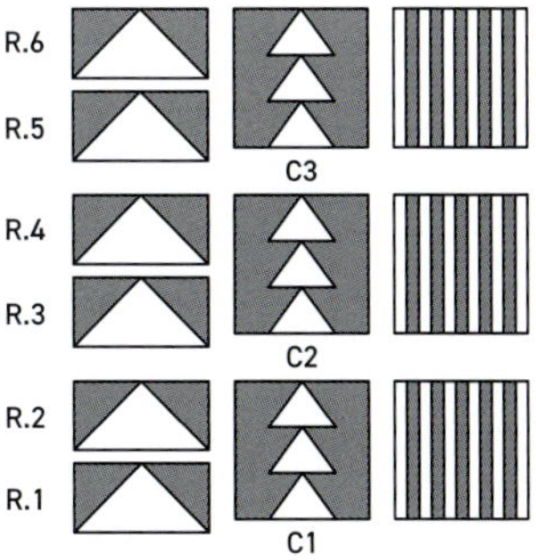

R : Rectangle (bloc Flèches)

C : Carré (bloc Flèches en dégradé)

PROJET 4

NIVEAU
Facile

DIMENSIONS
121 x 91cm

CROCHET
4mm

FIL

Coloris	**Quantité**
Couleur A chrysanthème	120m
Couleur B corail	240m
Couleur C orange	240m
Couleur D jaune d'or	240m
Couleur E citron vert	240m
Couleur F vert olive	240m
Couleur G bleu ciel	240m
Couleur H bleu de Côme	240m
Couleur I menthe	120m

Plaid Ups and Downs

C'est un beau projet à avoir dans votre panier de travail. J'ai utilisé un arc-en-ciel de couleurs pour faire ce plaid simple, mais magnifique. C'est la taille parfaite pour recouvrir vos jambes lorsque vous crochetez ou lisez un bon livre.

INSTRUCTIONS

À partir du modèle Triangle demi-carré de la page 20, crochetez six blocs dans chacune des combinaisons suivantes :

Combinaison 1 : A et B
Combinaison 2 : B et C
Combinaison 3 : C et D
Combinaison 4 : D et E
Combinaison 5 : E et F
Combinaison 6 : F et G
Combinaison 7 : G et H
Combinaison 8 : H et I

Bloquez tous les morceaux afin qu'ils mesurent 15 x 15 cm. Une fois bloqués, assemblez-les avec une couture invisible (voir page 127) en suivant le diagramme pour la disposition. Commencez en assemblant les blocs en bandes de six carrés, en faisant correspondre la couleur du fil pour l'assemblage avec la couleur des blocs. Une fois que les huit bandes sont faites, assemblez-les de la même façon.

Matériel et mercerie

Lorsque vous entrez dans une boutique de laine, vous vous retrouverez assailli de fils magnifiques aux couleurs délicieuses, de poids différent et de tous types de texture.
Le choix est excitant, mais il peut être un peu déroutant, et il en va de même pour les crochets et les accessoires. Utilisez ce guide pour savoir ce dont vous avez besoin pour commencer.

LE CHOIX DU FIL

Les fils appropriés pour le crochet vont du coton très fin à la laine épaisse. En règle générale, les fils qui ont une texture lisse et une torsion moyenne ou élevée sont les plus faciles à travailler. Pour faire des blocs, un fil de poids moyen est probablement meilleur, car il se travaille rapidement, il a un bon drapé et un rendu net.

La taille des blocs peut varier si le poids ou la marque du fil utilisé sont différents, donc avant que vous achetiez toute la laine nécessaire pour réaliser un projet, c'est une bonne idée de n'acheter qu'une pelote.
Faites un échantillon ou un bloc, lavez-le selon les instructions indiquées sur la bande de la pelote, bloquez-le pour le mettre en forme et demandez-vous si vous étiez à l'aise à crocheter le fil et si le rendu donne ce à quoi vous vous attendiez.

LA MATIÈRE

Les fils sont disponibles dans toute une gamme de fibres et d'associations différentes.

LAINE

La laine est un choix excellent pour les blocs. C'est une fibre résistante qui convient bien au crochet et qui a une excellente définition de point.Regardez si la laine peut être lavée en machine.

ACRYLIQUE

Le fil acrylique est un choix abordable pour les débutants et est très populaire. Il est idéal pour varier les points et les techniques, et pour tester les combinaisons de couleurs. Bien que l'acrylique puisse éventuellement finir par boulocher et perdre sa forme, il a l'avantage d'être lavable en machine, ce qui en fait un bon choix pour les articles qui peuvent nécessiter un lavage fréquent.

MÉLANGE LAINE/SYNTHÉTIQUE

Un fil composé à la fois de laine et de fibres synthétiques est un choix sûr. Choisir un fil qui a un petit pourcentage de fibres synthétiques (par exemple du nylon ou de l'acrylique) le rend agréable à travailler et à laver, tout en conservant les avantages de la laine.

COTON ET COTON MÉLANGÉ

Le coton peut présenter plus d'un défi pour les débutants. Il peut être un peu difficile à travailler, mais les points sont nets et soignés. Un mélange de coton est plus doux à travailler, tout en conservant une définition de point nette.

LES CROCHETS

Les crochets sont disponibles en différentes tailles et divers matériaux. Le matériau avec lequel un crochet est fabriqué peut affecter votre tension. Pour commencer, il est préférable d'utiliser des crochets en aluminium, car ils ont une tête pointue et un creux bien défini, et ils fonctionnent bien avec la plupart des fils. Les crochets en bambou sont également agréables à utiliser, mais ils peuvent être glissants avec certains fils.

Les crochets en plastique peuvent grincer avec des fils synthétiques. Vous pouvez également acheter des crochets à poignée souple ou en bois, qui sont parfaits pour travailler, surtout si le crochet devient une obsession.

QUELLE TAILLE DE CROCHET ?

Il est que la taille de crochet recommandée pour un fil ou un modèle en particulier ne convienne pas, et que votre ouvrage est trop serré ou trop lâche. Essayez différentes tailles de crochet jusqu'à ce que vous soyez content du bloc terminé. En fin de compte, vous devrez utiliser un crochet et un fil avec lesquels vous êtes à l'aise – les recommandations fil/crochet ne sont pas définitives. Sachez que toutes les étiquettes de fil ne recommandent pas forcément une taille de crochet.
Servez-vous de la taille des aiguilles à tricoter comme guide, ou un crochet d'une ou deux tailles plus grand.

MERCERIE

Il pourrait-être utile d'avoir les articles suivants dans votre sac.

CISEAUX

Utilisez une paire de petits ciseaux pointus à broder

RÈGLE ET MÈTRE RUBAN

Une règle rigide est ce qu'il y a de mieux pour mesurer l'échantillon. Un mètre ruban solide est bien pour prendre des mesures plus grandes.

MARQUEURS DE MAILLES

Les marqueurs de mailles sont pratiques pour indiquer la première maille d'un rang ou d'un tour, en particulier au début. Utilisez-les également pour maintenir la boucle de travail lorsque vous posez votre ouvrage.

ÉPINGLES

Utilisez des épingles à tête en verre inoxydables pour le blocage.

AIGUILLES

Les aiguilles à laine ou à tapisserie sont utilisées pour faire les coutures ou rentrer les fils. Choisissez des aiguilles avec des extrémités arrondies pour éviter de séparer les mailles.
Les aiguilles à laine ont des chas de différentes tailles, donc choisissez-en une qui convient à l'épaisseur du fil que vous utilisez.

Commencer et terminer un ouvrage au crochet

Il est possible de crocheter en rangs, en commençant avec une chaînette de base, ou en tours, en travaillant dans un cercle de base ou des mailles en l'air. Consultez la page 122 pour vous rappeler comment faire les points de base au crochet.

TENIR LE CROCHET ET LE FIL

La façon la plus courante de tenir un crochet est montrée ici, mais si cela ne vous convient pas, essayez de tenir la partie plate du crochet entre votre pouce et votre index comme si vous teniez un couteau.

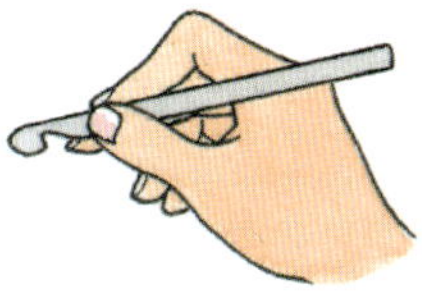

1 Tenir le crochet comme un stylo est la méthode la plus couramment utilisée. Posez le bout de votre pouce et de votre index sur la partie plate du crochet.

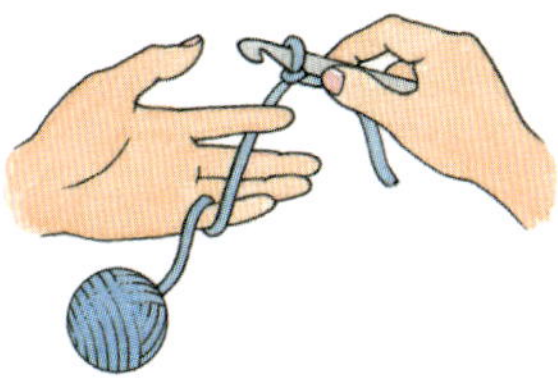

2 Pour contrôler le fil et garder la même tension, enroulez la petite extrémité du fil autour de votre index gauche et mettez sans serrer le fil venant de la pelote autour du petit doigt de la même main. Utilisez le majeur de la même main pour aider à tenir l'ouvrage. Si vous êtes gaucher, tenez le crochet dans votre main gauche et le fil dans votre main droite.

FAIRE UN NŒUD COULANT

1 Enroulez le fil comme sur le dessin, insérez le crochet dans la boucle, attrapez le fil avec le crochet et ramenez-le pour faire une boucle sur le crochet.

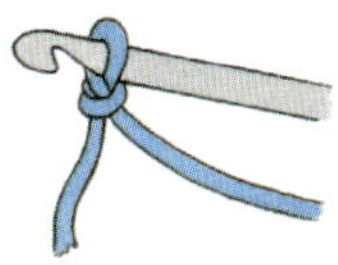

2 Tirez doucement sur le fil pour resserrer la boucle autour du crochet et terminer le nœud coulant.

CHAÎNETTE DE BASE

Le modèle vous indiquera combien de mailles en l'air vous devez faire. Cela peut être un nombre spécifique ou un multiple. Si un modèle vous indique de faire un multiple de 3 + 2, cela ne signifie pas faire un multiple de 5. Cela indique que vous devez faire un multiple de 3 et ensuite ajouter 2 mailles en l'air – par exemple 3 + 2, 6 + 2, 9 + 2 et ainsi de suite. Il se peut que l'on vous dise aussi d'ajouter des mailles en l'air pour tourner pour le premier rang.

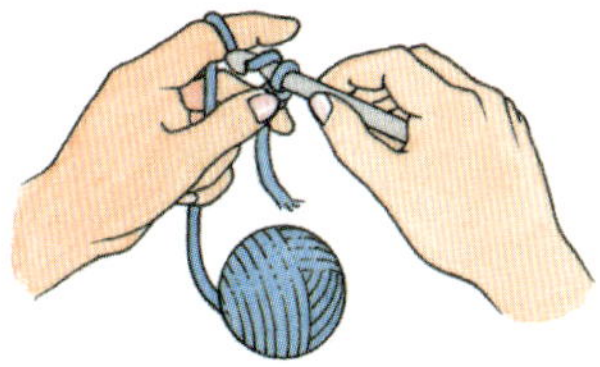

1 En tenant le crochet avec le nœud coulant dans votre main droite et le fil dans votre main gauche, enroulez le fil autour du crochet. Ramenez le fil à travers le nœud pour faire une nouvelle boucle et terminer la première maille en l'air.

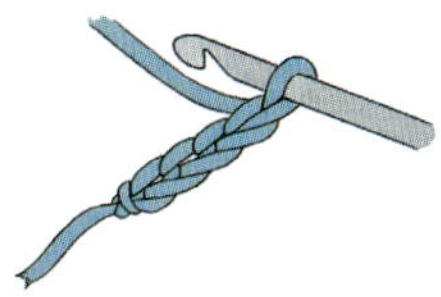

2 Répétez ce procédé, en tirant une nouvelle boucle de fil à travers la boucle déjà sur le crochet jusqu'à ce que la chaînette de base ait la longueur voulue. Comptez chaque boucle en « v » sur le devant de la chaînette comme une maille, sauf la boucle sur le crochet qui n'est pas à prendre en compte. Toutes les quelques mailles, déplacez le pouce et le doigt qui tiennent la chaînette pour la garder uniforme.

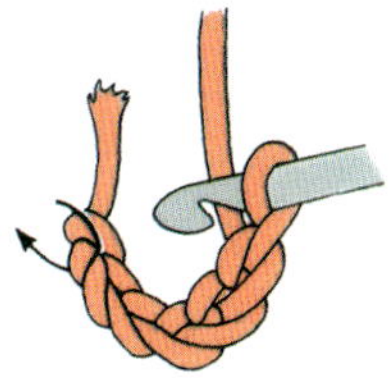

CERCLE DE BASE

1 Faites une courte chaînette de base comme indiqué dans le modèle. Fermez la chaînette en un cercle en faisant une maille coulée dans la première maille en l'air de la chaînette de base.

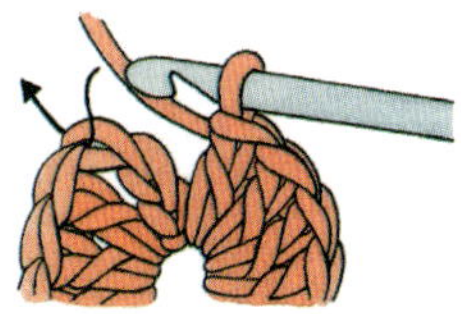

2 Crochetez le premier tour de mailles dans le centre du cercle, sauf indication contraire. À la fin du tour, la dernière maille est habituellement jointe à la première avec une maille coulée.

MAILLES EN L'AIR POUR TOURNER ET CHAÎNETTE

Lorsque vous crochetez, vous devez faire un nombre précis de mailles en l'air supplémentaires au début de chaque rang ou tour. Quand l'ouvrage est tourné à la fin d'un rang droit, les mailles en l'air supplémentaires sont appelées des mailles en l'air pour tourner, et quand elles sont faites au début d'un tour, c'est une chaînette de début.
Les mailles en l'air en plus amènent le crochet à la bonne hauteur pour faire la maille qui va suivre. Les mailles en l'air pour tourner ou la chaînette de début sont comptées comme

la première maille du rang ou du tour, sauf quand vous crochetez en mailles serrées où la maille en l'air pour tourner est ignorée. Le nombre de mailles peut être plus grand que ce qui est requis pour la maille, dans ce cas cela compte pour une maille plus un certain nombre de mailles en l'air.
À la fin du rang, la dernière maille est généralement faite dans les mailles en l'air pour tourner du rang précédent. La dernière maille peut être crochetée dans le haut de la chaînette ou des mailles en l'air pour tourner, ou dans une autre maille spécifique de la chaînette. À la fin du tour, la dernière maille est généralement jointe à la maille en l'air du début avec une maille coulée.

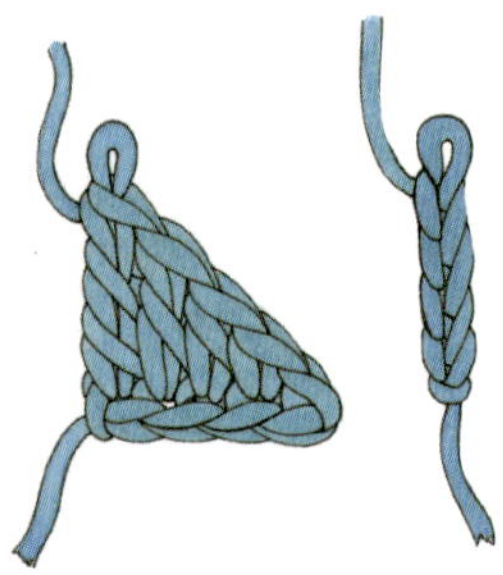

Nombre de mailles en l'air pour tourner ou pour la chaînette de début :

- Maille serrée (ms) : 1 maille en l'air
- Demi-bride (demi-b) : 2 mailles en l'air
- Bride (b) : 3 mailles en l'air
- Double bride (db) : 4 mailles en l'air
- Triple bride (tb) : 5 mailles en l'air

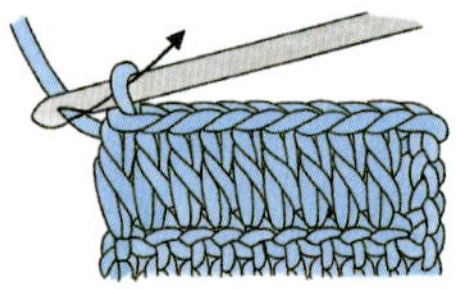

ARRÊTER L'OUVRAGE
Quand vous avez terminé de crocheter, coupez le fil à environ 15 cm de la dernière maille. Enroulez le fil autour du crochet et faites passer l'extrémité du fil à travers la boucle sur le crochet. Tirez doucement sur le fil pour resserrer la dernière maille, puis rentrez le fil.

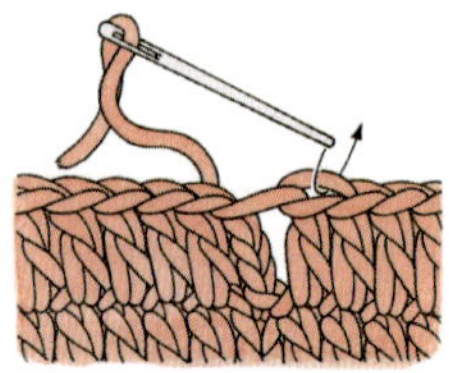

ARRÊTER LE DERNIER TOUR
Pour une finition soignée, n'utilisez pas de maille coulée pour fermer le dernier tour.
À la place, arrêtez l'ouvrage après la dernière maille, enfilez une aiguille à laine avec l'extrémité du fil et passez-la sous les boucles supérieures de la première maille du tour puis repassez par le centre de la dernière maille.

RENTRER LES FILS
Lorsque vous crochetez en rangs, utilisez une aiguille à laine pour rentrer les fils en diagonale sur l'envers de l'ouvrage. Lorsque vous crochetez en rond, rentrez les fils sous les mailles sur quelques centimètres. Si le modèle ne permet pas cela, passez sous quelques mailles, puis remontez à l'arrière d'une maille et passez sous des mailles au rang suivant.

Points de base

Tous les points au crochet sont basés sur une boucle tirée à travers une autre boucle avec le crochet. Il n'y a que quelques points à maîtriser, chacun d'une longueur différente. Voici un guide concis des points de base utilisés pour faire les blocs.

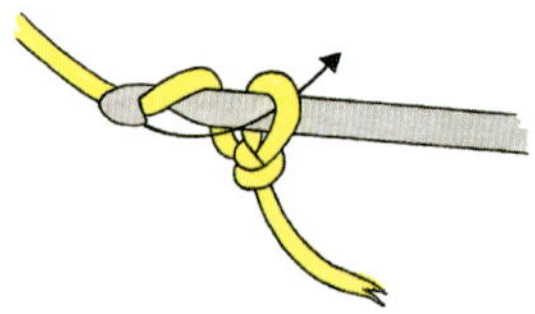

MAILLE EN L'AIR (ML)
Enroulez le fil autour du crochet et passez-le à travers la boucle sur le crochet pour former une nouvelle boucle sur le crochet.

MAILLE COULÉE (MC)
Insérez le crochet dans la maille indiquée, enroulez le fil autour du crochet et passez-le à travers la maille et la boucle sur le crochet.

MAILLE SERRÉE (MS)
Insérez le crochet dans la maille indiquée, enroulez le fil autour du crochet et passez-le à travers la maille (2 boucles sur le crochet). Enroulez le fil autour du crochet et passez-le à travers les deux boucles.

DEMI-BRIDE (DEMI-B)
Enroulez le fil autour du crochet, insérez le crochet dans la maille indiquée, enroulez le fil autour du crochet et passez-le à travers la maille (3 boucles sur le crochet). Enroulez le fil autour du crochet et passez-le à travers les trois boucles.

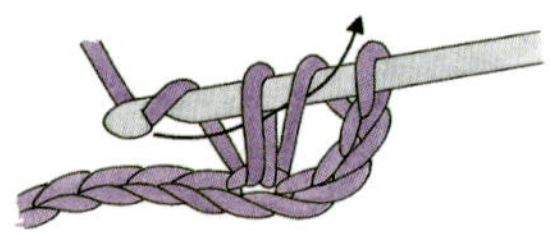

BRIDE (B)
Enroulez le fil autour du crochet, insérez le crochet dans la maille indiquée, enroulez le fil autour du crochet et passez-le à travers la maille (3 boucles sur le crochet). * Enroulez le fil autour du crochet et passez-le à travers deux boucles ; répétez depuis * encore une fois.

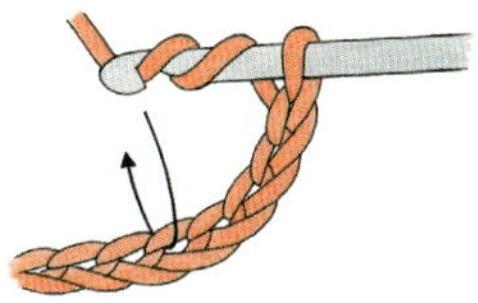

DOUBLE BRIDE (DB)

Enroulez le fil autour du crochet deux fois, insérez le crochet dans la maille indiquée, enroulez le fil autour du crochet et passez-le à travers la maille (4 boucles sur le crochet). * Enroulez le fil autour du crochet et passez-le à travers deux boucles ; répétez depuis * deux fois de plus.

Faire des mailles plus grandes

Vous pouvez faire des mailles plus grandes en enroulant le fil autour du crochet autant de fois que vous le voulez avant d'insérer le crochet dans la maille indiquée. Par exemple, enroulez le fil autour du crochet trois fois pour faire une triple bride (tb). Terminez la maille de la même façon qu'une double bride, en passant dans deux boucles à la fois de manière habituelle.

Variantes de points de base

Les points de base peuvent être modifiés de plusieurs manières pour obtenir différents effets. Ces changements simples sont tous faits en insérant le crochet à différents endroits dans l'ouvrage pour réaliser ces points.

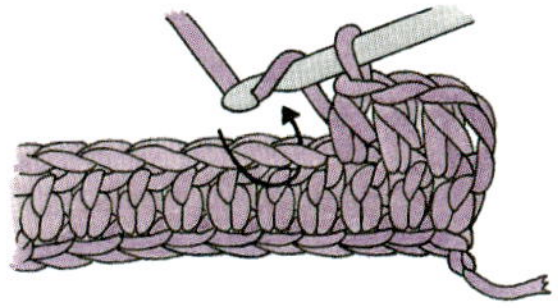

DANS LE BRIN AVANT (BR AV)

Plutôt que d'insérer le crochet sous les deux boucles supérieures pour faire la nouvelle maille de manière habituelle, insérez-le uniquement sous le brin avant.

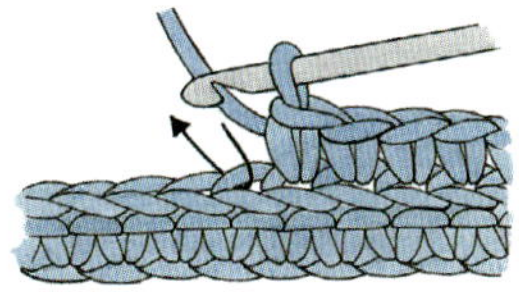

DANS LE BRIN ARRIÈRE (BR ARR)

Plutôt que d'insérer le crochet sous les deux boucles supérieures pour faire la nouvelle maille de manière habituelle, insérez-le uniquement sous le brin arrière.

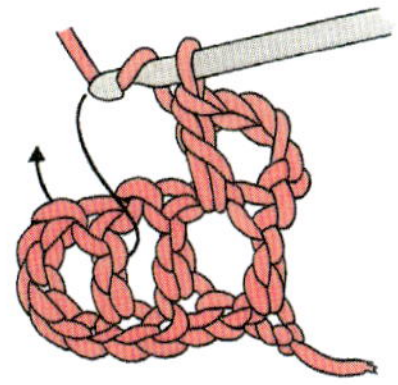

DANS UN ARCEAU EN CHAÎNETTE (ARC. CH)

Insérez le crochet dans l'espace sous une maille en l'air ou une chaînette. Ici, une bride vient d'être faite dans un arceau en chaînette.

Points spéciaux

En faisant plusieurs mailles au même endroit ou en écoulant plusieurs mailles ensemble, ou une combinaison des deux, vous pouvez créer des formes, motifs et textures intéressants. Les mailles en l'air pour tourner ou la chaînette de début peuvent être comptées comme la première maille d'un point spécial.

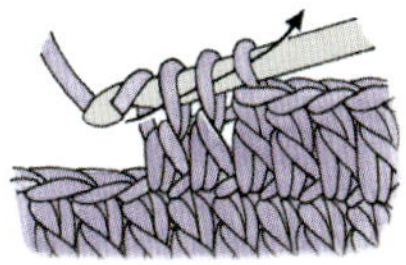

DIMINUTION (I.E. 2 MS ENS., 3 B ENS.)

On peut diminuer d'une ou deux mailles en écoulant deux ou trois mailles ensemble. Faites le nombre de mailles indiqué, en omettant la dernière étape (le dernier tour de fil autour du crochet) de chaque maille, afin que la dernière boucle de chaque maille reste sur le crochet. Enroulez le fil autour du crochet et passez-le à travers toutes les boucles sur le crochet.

AUGMENTATION (I.E. 5 B DANS LA ML SUIVANTE)

Cette technique est utilisée pour augmenter le nombre total de mailles quand vous devez mettre en forme votre ouvrage ou créer un effet décoratif comme une coquille. Faites simplement le nombre de mailles voulu au même endroit.

Les augmentations peuvent être faites sur les bords d'un ouvrage plat ou à n'importe quel endroit d'un rang ou d'un tour.

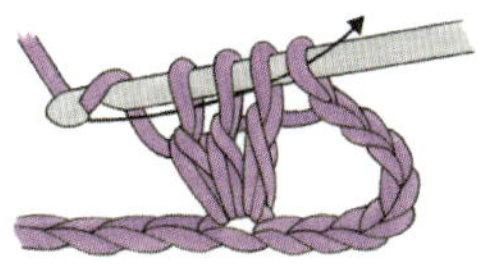

NOPE

Une nope est un groupe entre trois et six brides, ou des mailles plus longues, faites au même endroit et écoulées ensemble. Faites le nombre de mailles indiqué, en omettant la dernière étape de chaque maille, afin que la dernière boucle de chaque maille reste sur le crochet. Enroulez le fil autour du crochet et passez-le à travers toutes les boucles sur le crochet.

Jeux de couleur

La plupart des modèles de blocs utilisent une seule couleur pour chaque rang ou tour, avec la nouvelle couleur venant se fixer à la fin d'un rang ou d'un tour.
Le jacquard et l'intarsia nécessitent l'utilisation de plusieurs couleurs sur un rang.

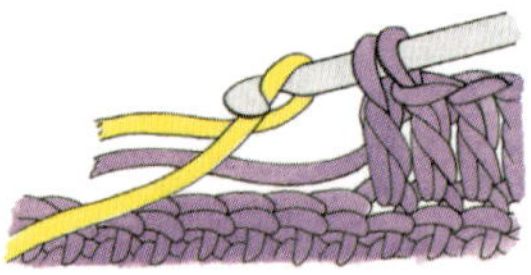

CHANGEMENT DE COULEUR AU MILIEU D'UNE MAILLE

Quand vous faites la dernière maille avec l'ancienne couleur, omettez la dernière étape (le dernier tour de fil autour du crochet) pour laisser la maille incomplète. Enroulez le nouveau fil autour du crochet et passez-le à travers toutes les boucles sur le crochet pour terminer la maille. Le nouveau fil fera les boucles supérieures de la maille suivante dans la nouvelle couleur.

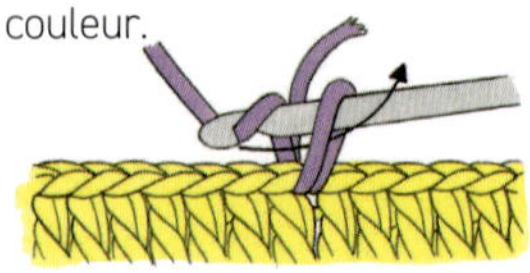

AJOUTER UNE NOUVELLE COULEUR

Insérez le crochet à l'endroit indiqué et tirez une boucle avec la nouvelle couleur, en laissant une extrémité de 10 cm. Faites le nombre requis de mailles en l'air pour tourner ou pour la chaînette du début. Continuez avec le nouveau fil.

INTARSIA CROCHET

Utilisez une pelote différente pour chaque section de couleur. Si la même couleur est utilisée deux fois sur le rang, vous aurez besoin de deux pelotes.

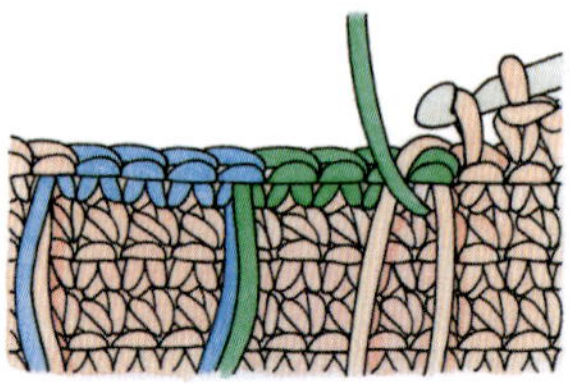

1 Suivez le modèle, en changeant les couleurs de manière habituelle aux endroits indiqués (voir à gauche) et en laissant les fils inutilisés à l'arrière de l'ouvrage. À chaque changement de couleur sur les rangs suivants, enroulez le nouveau fil autour de l'ancien à l'arrière de l'ouvrage pour éviter les trous.

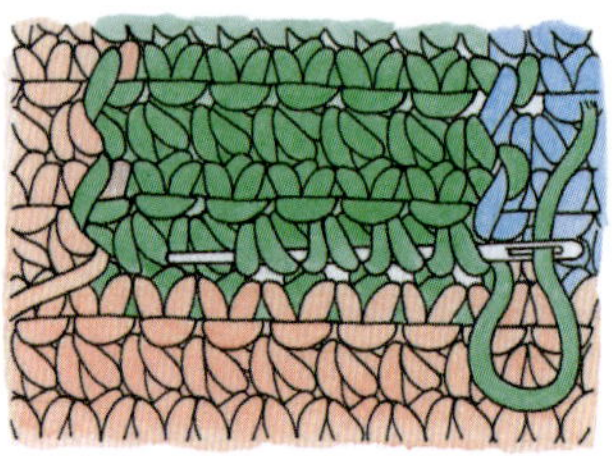

2 Faites très attention quand vous vous occupez de toutes les extrémités de fil sur un ouvrage en intarsia. Rentrez soigneusement chaque extrémité de fil dans une partie crochetée de la même couleur afin que cela ne soit pas visible sur l'endroit.

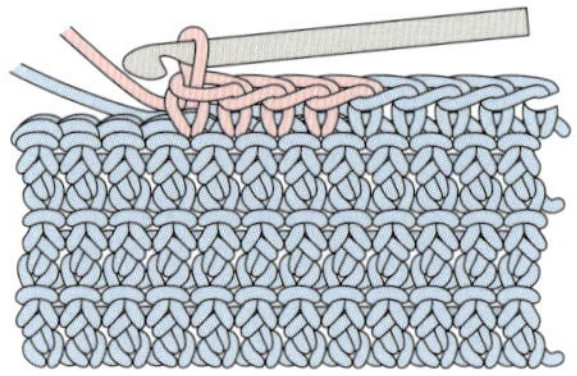

CROCHET JACQUARD

1 Changez pour la nouvelle couleur (rose) de manière habituelle (voir à gauche). Continuez en suivant le modèle, en passant le fil inutilisé (bleu) le long du bord supérieur du rang précédent à l'arrière de l'ouvrage, et en crochetant par-dessus (voir ci-dessus). Après le changement de couleur suivant, continuez à passer le fil inutilisé à l'arrière et à crocheter par-dessus de la même façon.

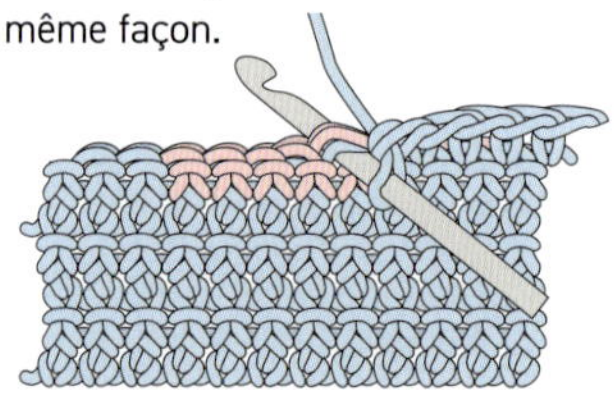

2 Lors du rang suivant et de tous les autres, insérez le crochet sous le fil passé à l'arrière et dans la maille pour maintenir le fil en place.

CROCHETER PAR-DESSUS LE FIL INUTILISÉ

Quand vous crochetez par-dessus un fil de couleur inutilisé, tenez ce dernier à l'arrière de l'ouvrage et crochetez par-dessus. Lorsque vous passez plus d'une couleur, tenez celle qui contraste le plus avec le fil de travail vers l'arrière et celle qui contraste le moins vers l'avant tout en gardant les deux fils derrière l'ouvrage.

Lire les modèles et diagrammes

Avec tous ces symboles, ces abréviations et ces diagrammes, le crochet peut paraître difficile et complexe lorsque l'on débute.

Les abréviations sont utilisées pour rendre les modèles plus simples et plus faciles à suivre. Les abréviations et les symboles peuvent varier d'un éditeur à un autre, aussi vérifiez toujours que vous comprenez le système utilisé avant de commencer votre ouvrage.

SIGNIFICATION DES SYMBOLES

Symbole	signification
*	début de la répétition
**	fin de la répétition
[ ]	Répétez les instructions entre les crochets le nombre de fois indiqué
( )	Cela peut être une explication (comptent pour 1 b) ou cela peut être lu comme un groupe de mailles faites au même endroit (1 b, 2 ml, 1 b)
▶	Une flèche indique le début d'un rang ou d'un tour

Symboles reliés en haut	
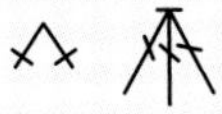	Un groupe de symboles reliés en haut représente des mailles qui doivent être écoulées ensemble, comme pour une diminution (i.e. 2 ms ens., 3 b ens.)

Symboles reliés en bas	
	Un groupe de symboles reliés en bas représente des mailles qui doivent être faites dans la même maille en dessous

Symboles reliés en haut et en bas	
	Parfois un groupe de mailles est relié en haut et en bas, créant un soufflé, une nope ou un popcorn

Symboles en arceau	
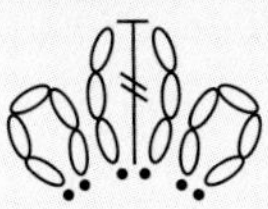	Parfois les symboles sont dessinés dans un angle, en fonction de la composition du modèle

LIRE LES DIAGRAMMES

Chaque modèle est accompagné d'un diagramme, qui doit être lu avec les instructions écrites. Une fois que vous êtes habitués aux symboles, ils sont faciles et rapides à suivre. Tous les diagrammes représentent les blocs sur l'endroit (le devant) de l'ouvrage.

DIAGRAMMES EN RANGS

- Les rangs endroit commencent à droite et se lisent de la droite vers la gauche.
- Les rangs envers commencent à gauche et se lisent de la gauche vers la droite.

DIAGRAMMES EN TOURS

Ces diagrammes commencent au centre, et chaque tour est lu dans le sens inverse des aiguilles d'une montre, dans le même sens que le travail. Parfois, un bloc crocheté en rond peut vous obliger à tourner l'ouvrage, ce qui est indiqué par une flèche sur le diagramme, auquel cas le tour doit être lu dans le sens de la flèche.

SYMBOLS AND ABBREVIATIONS

Symbole	Légende	Abreviation
○	Maille en l'air	ml
•	Maille coulée	mc
+	Maille serrée	ms
T	Demi-bride	demi-b
	Bride	b
	Double bride	db
	Diminution	dim
	Nope	nope
	Dans le brin arrière	br arr
	Dans le brin avant	br av
-	Début	déb.
-	Arceau en chaînette	arc. ch
-	Répétition	rép.
-	Endroit/envers	END/ENV
-	Maille(s)	m.
-	Ensemble	ens.
-	Jeté	j.

Calculer la quantité de fil nécessaire

Chacun des modèles de ce livre indique la quantité de fil nécessaire pour faire un bloc. Multipliez ce chiffre par le nombre de blocs que vous prévoyez de faire et arrondissez au mètre le plus proche.

La meilleure façon de calculer la quantité de fil dont vous aurez besoin est de faire quelques blocs avec le fil et les couleurs que vous souhaitez utiliser, puis de les défaire. Mesurez la quantité de fil utilisée pour chaque couleur, prenez la longueur moyenne et multipliez par le nombre de blocs que vous avez l'intention de faire. Ajoutez du fil supplémentaire pour assembler les blocs et crocheter les bordures.

Échantillon et blocage

Il est essentiel de crocheter un échantillon avant de commencer votre projet pour vérifier la tension. Pour terminer votre bloc proprement, vous aurez besoin de le bloquer. Vous pouvez utiliser l'échantillon pour tester les méthodes de blocage et de lavage.

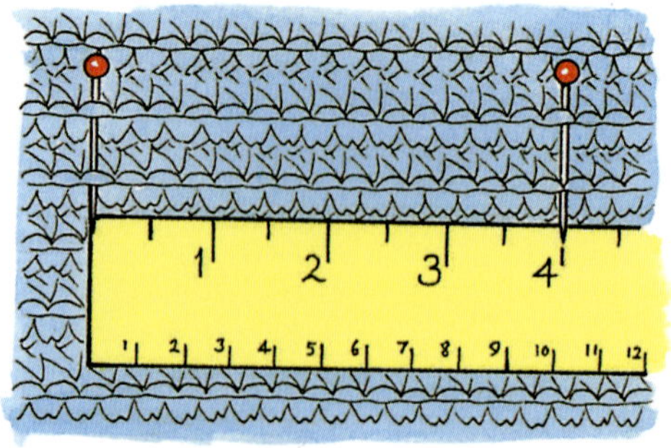

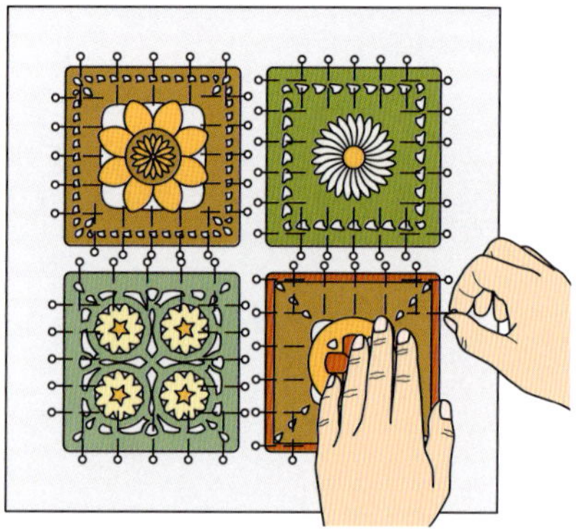

MESURE L'ÉCHANTILLON

Deux personnes ne crochètent pas avec la même tension, même si elles utilisent un fil et un crochet identiques. Faites toujours un échantillon ou un bloc avant de commencer votre projet afin de comparer votre tension avec celle du modèle, et d'avoir une idée du rendu de l'ouvrage terminé. C'est aussi utile pour tester différentes combinaisons de couleurs.

Pour tester votre tension, faites un échantillon ou un bloc avec le fil que vous souhaitez utiliser en suivant les instructions du modèle. Bloquez votre échantillon puis mesurez-le. Si votre échantillon est plus grand, essayez d'en faire un autre avec un crochet plus petit. Si votre échantillon est plus petit, essayez d'en faire un autre avec un crochet plus gros. Faites-le également si le résultat est trop mou et lâche ou trop serré et rigide. Continuez à essayer jusqu'à ce que vous trouviez la taille de crochet qui vous donnera la bonne tension, ou jusqu'à ce que vous soyez content du rendu de votre ouvrage. En fin de compte, il est plus important que vous utilisiez un fil et un crochet avec lesquels vous êtes à l'aise, plutôt que de suivre rigoureusement les instructions du modèle.

BLOCAGE

Le blocage est essentiel pour fixer les mailles et uniformiser l'ouvrage. Choisissez une méthode basée sur l'étiquette d'entretien du fil. En cas de doute, utilisez la méthode humide. Utilisez une planche à repasser ou une vieille couette, ou faites un tapis de blocage en fixant une ou deux épaisseurs de molleton recouvert d'un morceau de tissu en coton sur une planche plate.

MÉTHODE HUMIDE : ACRYLIQUE ET LAINE/MÉLANGE ACRYLIQUE

À l'aide d'épingles inoxydables, épinglez l'ouvrage crocheté sur une surface plane en respectant les mesures indiquées, et vaporisez-le d'eau froide pour l'humidifier.

Tapotez l'ouvrage pour aider l'humidité à pénétrer.

Mettez l'ouvrage bien en forme tout en gardant les rangs et les mailles droits. Laissez sécher avant de retirer les épingles.

MÉTHODE À LA VAPEUR : LAINE ET COTON

Épinglez l'ouvrage comme ci-dessus. Lorsqu'il y a des points en relief, épinglez l'ouvrage à l'endroit pour éviter d'écraser les points ; sinon, épinglez-le à l'envers. Envoyez une légère vapeur en tenant le fer à 2,5 cm au-dessus de l'ouvrage. Laissez la vapeur pénétrer pendant quelques secondes. Il est plus sûr d'éviter d'appuyer, mais si vous choisissez de le faire, couvrez d'abord l'ouvrage avec une serviette ou un chiffon propre.

Assemblage et bordures

Si vous réalisez votre projet à partir d'un modèle de bloc, vous devrez coudre ou crocheter les blocs ensemble avant d'ajouter une bordure. Une bordure au crochet ne se contente pas de terminer un projet avec style, mais elle aide également le bloc à conserver sa forme et empêche les bords de s'étirer.

ASSEMBLAGE

Les blocs peuvent être assemblés avec une couture ou au crochet. Épinglez-les ensemble pour qu'ils s'alignent bien et avoir un rendu net. Utilisez le même fil que celui dont vous vous êtes servi pour les blocs, ou plus fin, mais avec la même composition.

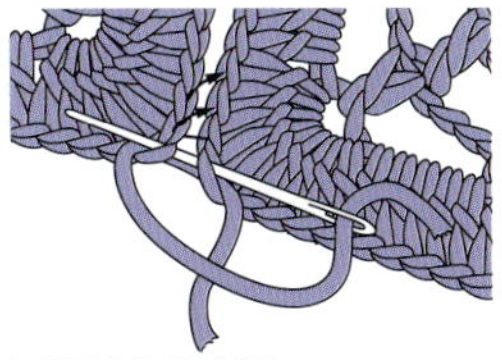

COUTURE PLATE

À l'aide d'une aiguille à coudre la laine, passez le fil dans les brins avant ou arrière des mailles correspondantes.
Pour que cela soit plus solide, faites deux points dans les brins des extrémités.

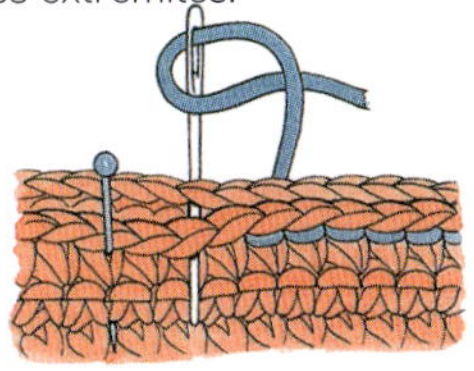

POINT ARRIÈRE

Tenez les blocs endroit contre endroit. À l'aide d'une aiguille à coudre la laine, faites une ligne de points arrière le long du bord.

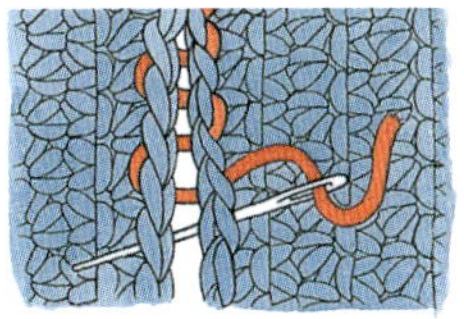

COUTURE INVISIBLE

Posez les blocs avec l'envers face à vous et l'un contre l'autre. À l'aide d'une aiguille à coudre la laine, faites des allers et retours autour du milieu des mailles, sans serrer les points trop fort.

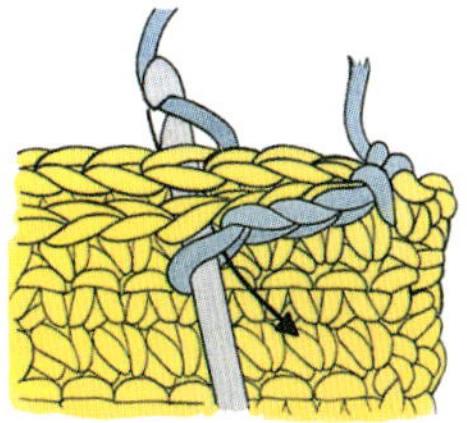

COUTURE AU CROCHET

Assemblez les blocs envers contre envers pour une couture visible, ou endroit contre endroit pour une couture invisible. Faites un rang de mailles coulées (ci-dessus) ou de mailles serrées à travers les deux boucles supérieures de chaque bloc. Lorsque vous utilisez cette méthode le long des côtés de blocs crochetés en rangs, faites assez de mailles régulièrement espacées pour que la couture ne soit pas trop serrée.

BORDURE SIMPLE

Faire un simple tour de mailles serrées aide à égaliser les bords avec des fins de rang un peu décalées et les mailles irrégulières.
Faites une bordure simple en crochetant un tour de mailles serrées autour du bloc, et en faisant trois mailles dans chaque angle.

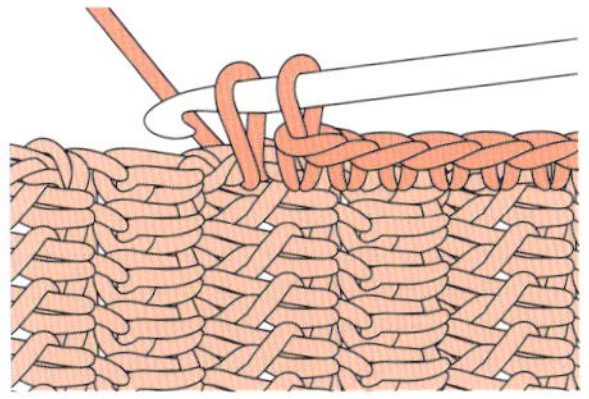

LE LONG DES BORDS

Lorsque vous crochetez le long du bord d'un bloc fait en rangs, insérez le crochet sous les deux brins de la première (ou dernière) maille de chaque rang. Faites les mailles à égale distance le long du bord. Essayez sur une petite longueur pour voir le nombre de mailles nécessaire pour un rendu plat. Pour guide :

- **Rangs de ms :** 1 ms dans le bord de chaque rang.
- **Rangs de demi-b :** 3 ms dans le bord tous les deux rangs.
- **Rangs de b :** 2 ms dans le bord de chaque rang.
- **Rangs de db :** 3 ms dans le bord de chaque rang.

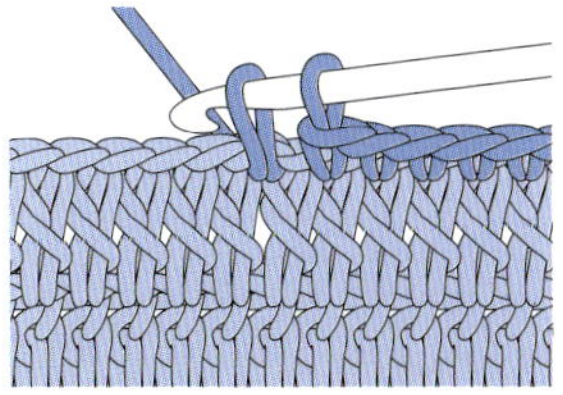

DANS LE BORD SUPÉRIEUR OU INFÉRIEUR

Lorsque vous crochetez dans le bord supérieur d'un rang, faites 1 ms dans chaque maille comme si vous faisiez un autre rang. Lorsque vous crochetez dans le bord inférieur d'une chaînette, faites 1 ms dans la boucle restante de chaque maille en l'air de la chaînette de base.

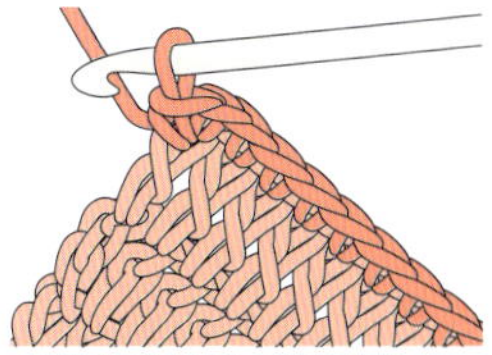

AUTOUR DES ANGLES

Vous devrez ajouter quelques mailles dans chaque angle pour que la bordure tourne autour de celui-ci sans déformer le bloc. À titre indicatif, habituellement on tourne autour des angles en faisant 3 ms (ou 1 ms, 1 demi-b, 1 ms) dans l'angle. Pour une bordure plus large ou plus complexe et que vous trouvez que le tour de base gondole trop ou qu'il est trop tendu une fois terminé, cela sera sans doute pire une fois que le reste de la bordure sera fait. À ce stade, prenez le temps de défaire le tour de base et de le refaire avec moins de mailles si cela gondole trop ou avec plus de mailles si c'est trop tendu. .

Index